印度尼西亚
国情报告
(2015)

REPORT ON NATIONAL SITUATION OF THE REPUBLIC
OF INDONESIA (2015)

主编 / 韦红　　副主编 / 王勇辉

社会科学文献出版社
SOCIAL SCIENCES ACADEMIC PRESS (CHINA)

本书受到2015年华中师范大学中央高校基本科研业务费（人文社科类）重大培育项目"'一带一路'背景下中国——印尼战略伙伴关系深化研究"（项目编号：CCNU15Z02004）资助。

主要编者简介

主编韦红：

韦红教授，女，法学博士，华中师范大学政治学研究院教授、博士生导师、副院长，主要研究领域为东南亚国际关系。曾主持2014年度国家社会科学基金重大项目《总体国家安全观下的中国东南周边地区安全机制构建研究》、2010年国家社科基金重点项目《我国积极参与国际体系变革进程并推动其和谐化发展研究》等。著有《东南亚五国民族问题研究》（民族出版社2002年）、《地区主义视野下的中国——东盟合作研究》（世界知识出版社2006年）等。并在《现代国际关系研究》、《国际问题研究》、《当代亚太》等期刊上发表论文40余篇。

副主编王勇辉：

王勇辉，法学博士，经济学博士后，华中师范大学政治学研究院副教授，剑桥大学访问学者，主要研究方向为东亚经济与合作、区域政治与发展等。曾主持2008年教育部青年项目《东亚货币合作的机制效用与中国经济安全》、2014年广西大学东盟研究院公开招标一般项目《中国对东盟投资的政治风险》等；作为子课题负责人参与2014年度国家社会科学基金重大项目《总体国家安全观下的中国东南周边地区安全机制构建研究》、2010年国家社科基金重点项目《我国积极参与国际体系变革进程并推动其和谐化发展研究》等。著有《东亚货币合作的政治经济学分析》（2008年世界知识出版社）和《两次金融危机背景下的世界经济》（2012年中国社会科学出版社）等。在《现代国际关系》、《东南亚研究》等国际刊物发表论文40余篇，并在 Fudan Journal of the Humanities and Social Sciences，The International Journal of Interdisciplinary Global Studies 等英文期刊上发表论文数篇。

序 言

印尼是东盟最大的经济体,也是 G20 成员,中国—印尼双边关系是中国同东南亚国际关系中非常重要的一环。中国和印尼建交以来,由于政治、宗教、种族等因素,两国的外交关系一波三折。2005 年 4 月 25 日,时任中国国家主席胡锦涛和时任印尼总统苏西洛在雅加达签订了《中国与印尼关于建立战略伙伴关系的联合宣言》,为中国和印尼双边关系翻开了新的一页,推动了中国—印尼关系向全方位、多层次和多渠道方向发展。2013 年 10 月 2 日,中国国家主席习近平访问印尼,将中国与印尼的双边关系提升为全面战略伙伴关系,双边合作被推至更高水平和更广领域。在地区和国际事务方面,双方决定在对方重大关切问题上相互支持,加强战略互信,并且提出了一系列具体的合作领域及发展目标。比如:加强基础设施建设、制造业、农业、投融资等领域合作,为双边贸易创造新增长点,实现 2015 年两国贸易额达到 800 亿美元的目标;加强海上合作,建立政府间渔业合作机制、启动渔业捕捞安排谈判;加强打击跨国犯罪和恐怖主义、防灾救灾等领域交流合作;扩大人文交流;等等。上述领域的合作已经取得良好成效,顺利实现了预订目标。在 2014 年 10 月 20 日佐科就任印尼总统后,佐科政府不断推出新政,其中包括庞大的基础设施投资计划和"全球海洋支点"战略等。根据佐科政府的《2015~2019 年中期建设发展规划》,印尼基础设施建设未来 5 年需约 4245 亿美元,而根据 2015~2019 年印尼政府的预算,基础设施领域支出预算约合 905 亿美元,因此印尼基础设施建设 5 年目标的完成,需要大量的国外投资和贷款。随着印尼加入亚洲基础设施投资银行和中国—印尼全面战略伙伴关系的推进,中国对印尼的投资面临前所未有的机遇。与此同时,中国提出的"21 世纪海上丝绸之路"建设也在积极推进,两国的战略构想有着高度的契合性，双方进一步合作有着前所未有的有利条件。

鉴于印尼在中国周边外交和"21世纪海上丝绸之路"倡议中的重要性，为加强对印尼的深度研究，华中师范大学政治学研究院在2015年中国—印尼建交65周年这一值得纪念的年份里，成立了印度尼西亚研究中心。该中心与华中师范大学中国周边安全与合作研究中心为姊妹单位。华中师范大学中国周边安全与合作研究中心致力于三大研究方向：一是东南亚地区的安全与合作；二是中国周边安全危机管理；三是中国周边安全战略。印尼作为中国周边一个重要国家，自然成为研究重点。印尼研究中心的建设目标是：建成国家对外决策的"智囊团"和"思想库"；建成印尼学术研究"重镇"和人才培养"中心"；建成开放的印尼信息资源"共享平台"；建成中国了解印尼政治（尤其是印尼外交）、经济、文化、社会的"窗口"。目前该中心建有印度尼西亚研究网站（www.cistudy.cn），编有《印度尼西亚动态月报》，并送呈国内相关研究机构，受到相关领域学者好评。

编写《印度尼西亚国情报告》，为各层次领导部门及企业社会团体提供资讯，是本中心的一项重要工作。为了更好地了解印尼及为本报告编写收集可靠的一手资料，本中心研究团队曾于2015年9月到印尼雅加达和泗水等地进行考察和调研。其中包括同中国驻印尼大使馆、印度尼西亚大学、印尼科技与高等教育部、印尼民主斗争党总部、印尼科学院等部门的相关官员和学者进行了座谈。通过实地考察和座谈，研究团队对印尼的发展现状有了更为直观的认识。印尼基础设施建设落后，虽然佐科政府有宏大的发展计划，但政府运作的低效、民众观念导致的社会与政府政策的低配合程度、政府财政的捉襟见肘、经济发展水平的低下等因素将影响佐科政府战略目标的实现。同样，这些因素也是中国对印尼投资和推进合作所面临的挑战。此外，调研中印尼华人社群也给我们留下深刻印象。华侨华人在印尼经济中占有重要地位，但出于历史上的一些原因，华侨华人在政治上的地位没能与其经济地位相匹配。如今印尼绝大多数华人被同化，但对中国依然有着特殊的情感，比如中国的歌曲，特别是港台歌曲依然在华人青年中受到广泛喜爱。随着中国崛起，很多华侨华人，特别是年青一代对中国关注度日益提高。但总体上，华侨华人和印尼其他族裔一样，对中国的经济社会发展的实况了解甚少。如何发挥华侨华人的优势，让其在中国—印尼的双边合作中发挥更大的作用，并使华侨华人成为推动"21世纪海上丝绸之路"的重要力量，仍是值得我们思考的重要课题。

同样，很多中国人对印尼的了解也不够深刻，中国—印尼人文交流还不够频繁和广泛，特别是两国年轻人的交流非常不够。推进中国—印尼全面战略伙伴关系，特别是有效推进"21世纪海上丝绸之路"建设，需要我们更多地了解印尼的政治、经济、社会、对外政策等动态发展情况。国内虽然有一些研究印尼的学者和机构，但是比起对其他大国的研究甚或其他东盟国家的研究，对印尼的研究还存在很大提升空间。鉴于上述原因，我们推出此书，希望能对国人了解印尼有所裨益，并能为相关研究人员、相关部门和机构决策提供些许参考。

这本书是集体努力的结果。韦红教授统筹规划，王勇辉副教授起草全书框架结构。具体写作分工如下：上篇"印度尼西亚概况"由王勇辉副教授撰写；中篇第一章由张弦博士撰写；第二章第一、二、四、五、六节由王勇辉副教授撰写，第三节由韦红教授和卫季硕士生撰写；第三章由赵长峰副教授撰写；第四章由韦红教授和张小强、顾涓、史自洋硕士生撰写；第五章由宋秀琚副教授撰写；下篇"大事记及统计数据"由王勇辉副教授编写。韦红教授和王勇辉副教授对全书进行了统稿和修改。华中师范大学政治学研究院研究生胡翊、郑伟伟、苏晓阳、李冬冬等在书稿写作过程中搜集了大量资料，并协作撰写了部分初稿。

在此，向所有帮助和关心书稿写作和出版的老师、同学和朋友表示诚心感谢。限于作者的时间和能力，书中难免有纰漏或不当之处，敬请诸位同行和读者多多批评和指导。

韦 红 王勇辉 于桂子山
2015年11月25日

目 录

上篇 印度尼西亚概况

一 简况 …………………………………………………… 003
二 地理 …………………………………………………… 004
三 简史 …………………………………………………… 005
四 行政区划和重点城市 ………………………………… 008
五 资源分布和产业基础 ………………………………… 018
六 交通通信 ……………………………………………… 021
七 工业 …………………………………………………… 023
八 农林业 ………………………………………………… 023
九 旅游业 ………………………………………………… 026
十 教育 …………………………………………………… 027
十一 对外贸易 …………………………………………… 027
十二 军事 ………………………………………………… 029
十三 外交 ………………………………………………… 030

中篇 印度尼西亚发展报告（2014~2015年）

第一章 2014~2015年印度尼西亚政治发展 ………… 035
　第一节 国会选举 ……………………………………… 036

第二节	总统选举	040
第三节	佐科政府执政	045
一	内阁及其改组	046
二	大力惩治腐败	048
三	积极保障人权	051
四	促进政教关系和谐	053
第四节	政党政治	055

第二章 2014～2015年印度尼西亚经济发展 …… 062

第一节	农业	062
一	农业总体发展情况	062
二	主要农业领域的发展状况	063
三	农业基础建设	072
四	存在的主要问题	074
五	农业发展前瞻	075
第二节	工业	076
一	工业发展情况	076
二	印尼工业园区	086
三	面临的主要问题	087
四	印尼工业发展前瞻	089
第三节	能源与矿产业	090
一	印度尼西亚能源矿产资源概况	091
二	印度尼西亚能源政策的调整	095
三	印度尼西亚能源矿业发展状况	097
四	印度尼西亚能源矿业开发国际合作	100
五	印度尼西亚能源矿业发展中存在的问题	105
第四节	金融业	107
一	金融业发展概况	107

二　主要金融行业情况 …………………………………………… 109

　　三　印尼金融业存在的问题 ……………………………………… 115

　　四　印尼政府采取的金融业发展措施 …………………………… 119

　第五节　对外贸易 …………………………………………………… 121

　　一　印尼对外贸易发展概况 ……………………………………… 121

　　二　印尼对外贸易主要方面的发展情况 ………………………… 122

　　三　印尼同主要地区和国家的经贸关系 ………………………… 127

　　四　印尼对外贸易面临的国际与国内环境 ……………………… 131

　　五　印尼对外贸易发展前瞻 ……………………………………… 134

　第六节　中国—印度尼西亚贸易关系发展情况 …………………… 135

　　一　中国—印尼经贸关系回顾 …………………………………… 135

　　二　中印尼双边贸易 ……………………………………………… 136

　　三　中国与印尼在双边贸易面临的问题与挑战 ………………… 144

第三章　2014～2015年印度尼西亚外交发展 ……………………… 149

　第一节　佐科外交的总体印象 ……………………………………… 150

　　一　佐科外交（政策）面临的挑战 ……………………………… 150

　　二　佐科是否会继承前任的外交政策 …………………………… 154

　第二节　佐科外交的特征 …………………………………………… 155

　　一　力图发挥中等强国作用 ……………………………………… 156

　　二　坚决维护印尼的主权 ………………………………………… 158

　　三　强调实用主义 ………………………………………………… 160

　　四　积极促进民主 ………………………………………………… 161

　第三节　佐科外交的主要内容 ……………………………………… 163

　　一　改组外交部，外交服务于人民 ……………………………… 163

　　二　提出"全球海洋支点"构想 ………………………………… 166

　　三　打击毒品犯罪，执行毒犯死刑 ……………………………… 173

　　四　强化经济外交 ………………………………………………… 174

第四节 佐科外交的总体表现 …………………………………… 176
　　一 印尼与东盟的关系 …………………………………… 177
　　二 印尼与澳大利亚的关系 ……………………………… 180
　　三 印尼与日本的关系 …………………………………… 188
　　四 印尼与美国的关系 …………………………………… 191
　　五 印尼与中国的关系 …………………………………… 193

第四章　2014～2015年印度尼西亚社会发展 …………………… 204
第一节 旅游 ……………………………………………………… 204
　　一 印尼旅游资源概况 …………………………………… 204
　　二 印尼政府促进旅游业发展的措施 …………………… 206
　　三 印尼旅游业发展现状以及存在的问题 ……………… 210
第二节 医疗卫生 ………………………………………………… 215
　　一 印度尼西亚医疗卫生服务体系概况 ………………… 215
　　二 印尼医疗卫生系统存在的主要问题 ………………… 218
　　三 印尼医疗卫生系统改革方向 ………………………… 220
　　四 中国和印尼在医疗卫生领域的合作 ………………… 221
第三节 环境 ……………………………………………………… 222
　　一 印度尼西亚的自然环境 ……………………………… 222
　　二 印度尼西亚的环境现状及问题 ……………………… 224
　　三 印度尼西亚政府环境治理举措 ……………………… 227
　　四 印度尼西亚环境治理存在的问题 …………………… 234

第五章　2014～2015年印度尼西亚人文发展 …………………… 236
第一节 印度尼西亚民族 ………………………………………… 236
　　一 印度尼西亚民族概况 ………………………………… 236
　　二 印度尼西亚民族政策 ………………………………… 241
第二节 印度尼西亚文化 ………………………………………… 243

一　印度尼西亚文化概况 243
　　二　印度尼西亚文化活动（2014～2015年） 244
第三节　印度尼西亚教育 250
　　一　印度尼西亚教育概况 250
　　二　印度尼西亚教育成就（2014～2015年） 252
第四节　印度尼西亚宗教 256
　　一　印尼宗教概况 256
　　二　印度尼西亚宗教活动（2014～2015年） 258

下篇　大事记及统计数据

　一　2014年印度尼西亚大事记 267
　二　2014年中国—印度尼西亚关系大事记 272
　三　经济社会数据统计表格 274

附　主要参考文献和资料 292
　一　文献类 292
　二　报刊类（以2014年全年和2015年1～6月报刊为主） 294
　三　网站类 294

上篇
印度尼西亚概况

一 简况

印度尼西亚，全称为印度尼西亚共和国，简称印尼，是东南亚地区一个重要国家。

印度尼西亚国旗：印度尼西亚《"四五"宪法》第35条规定印度尼西亚国旗为红白旗。长方形，由红色横带和白色横带上下两部分组成。整体比例为2:3。红色代表勇气，白色代表纯洁。

印度尼西亚国徽："嘉鲁达潘查希拉"（Garuda Pancasila），是一只金色的昂首展翅的印度神鹰，象征印尼人民的光荣和胜利。嘉鲁达神鹰代表力量，而神鹰身上的金色代表荣耀。嘉鲁达神鹰双爪紧抓的绶带上，铭刻着印度尼西亚的国家格言：Bhinneka Tunggal Ika，意思是"殊途同归"。国徽中间的盾牌象征着印度尼西亚的国防，盾牌由五个部分组成：五角星、绿色椿树、水牛头、棉花和稻穗、金链环；分别象征着"潘查希拉"五项原则：信仰神道、人道主义、民族主义、民主主义、社会公正。国徽中的红色和白色与国旗中的颜色相同，同样分别代表着勇气和纯洁，而盾牌上的黑色细线条象征着穿过印度尼西亚领土的赤道。

印度尼西亚国歌：《伟大的印度尼西亚》（Indonesia Raya），由印度尼西亚 W. R. Supratman 于1924年创作而成，1945年8月17日正式成为印度尼西亚国歌，被写入印度尼西亚《"四五"宪法》。

印度尼西亚语言：民族语言共有200多种，官方语言为印尼语。

印度尼西亚宗教：约87%的人民信奉伊斯兰教，是世界上穆斯林人口最多的国家。6.1%的人民信奉基督教，3.6%信奉天主教，其余信奉印度教、佛教和原始拜物教等。

印度尼西亚法定货币：印度尼西亚盾（以下简称印尼盾）。与人民币汇率之比为 1∶0.0005（2015 年）。

印度尼西亚重要节日：伊斯兰教开斋节、宰牲节；民族觉醒日（纪念 1908 年印尼民族运动组织"至善社"成立）5 月 20 日；独立日：8 月 17 日。

印度尼西亚 2013 年人口总量为 2.488 亿，是世界第四人口大国。有 100 多个民族，其中爪哇族人占 45%，巽他族 14%，马都拉族 7.5%，马来族 7.5%，其他 26%。

二　地理

印度尼西亚位于东经 94°45′~141°05′，北纬 6°08′~南纬 11°15′，横跨赤道，处于亚洲东南部太平洋和印度洋之间。南北跨度 1888 公里，东西跨度 5110 公里。陆地边界 2774 公里，东部伊里安查亚与巴布亚新几内亚（边界长度 820 公里）接壤，北部加里曼丹与马来西亚的沙捞越、沙巴（边界长度 1782 公里）接壤，南部西努沙登加拉省与新独立的东帝汶毗邻（边界长度 172 公里），与澳大利亚隔海相望。

印度尼西亚由太平洋和印度洋之间 17508 个大小岛屿组成，其中约 6000 个有人居住，是世界上最大的群岛之国，素有"赤道翡翠"之美誉。主要岛屿有爪哇岛、苏门答腊岛、苏拉威西岛、加里曼丹岛（南部）和伊里安岛（西部）。岛屿之间是为数众多的海峡和内海，其中巽他海峡、马六甲海峡、龙目海峡等是沟通太平洋和印度洋的重要通道。

内海主要有爪哇海、苏拉威西海、佛罗勒斯海和班达海等。地形以山地和高原为主，苏门答腊、爪哇、加里曼丹、伊里安岛平原辽阔，多沼泽，其他岛屿仅沿海有狭长的平原。

多火山，且活动频繁。全国 400 余座火山分布在除加里曼丹外各岛，其中 100 座为活火山。高度超过 9000 英尺的火山将近 20 座。位于伊里安查亚省查亚维查亚（JAYAWIJAYA）山脉的查亚峰（PUNCAKJAYA）是印尼最高山峰，海拔 5030 米（15300 英尺），山顶终年白雪覆盖。

1957年12月3日印尼政府宣布其领海宽度为12海里,按群岛原则,各岛屿最外端点的连接直线为基线。1980年3月21日宣布200海里专属经济区,1983年10月18日颁布的5号法令通过了200海里专属经济区。其海洋面积为790万平方公里(包括专属经济区),相当于陆地面积的4倍,专属经济区面积为270万平方公里。海岸线约长8.1万公里。

三 简史

印度尼西亚是一个历史悠久的国家。

19世纪末至20世纪30年代,原始人类——猿人的化石先后在印度尼西亚爪哇的不同地点被发现,分别被定名为"爪哇人"、"瓦甲克人"和"梭罗人",爪哇是世界原始人类发源地之一。印度尼西亚最早的原始居民是维达人、尼革利陀人和美拉尼亚人。大约从公元前4万年起,印度尼西亚的原始居民就已经进入了氏族社会。根据中国古籍记载及印尼出土石刻碑文的研究,大约在公元前2世纪后半期出现了最早的奴隶制国家,叫做叶调。①

印尼社会长期处于封建割据状态,先后分为印度教王国和伊斯兰教王国两个时期。公元1世纪佛教传入印尼,印尼进入印度宗教文化影响时期。公元5世纪出现了最早的王国加里曼丹东部的古戴王国和西爪哇的达鲁玛王国,7世纪在苏门答腊的巨港出现了东南亚强大的海上王国室利佛逝,13世纪末,拉登威查雅在爪哇建立了印尼历史上最强大的麻喏巴歇王国,统一了印尼。13世纪伊斯兰教传入印尼,16世纪伊斯兰教王国淡目灭掉麻喏巴歇,印尼进入伊斯兰王国鼎盛时期。1511年葡萄牙人为夺取香料侵入印尼东部马鲁古群岛,西班牙人也接踵而来,遭到爪哇、苏门答腊和马鲁古地区伊斯兰教王国的联合抵抗。1596年荷兰侵入,1602年荷兰在印尼建立了具有政府职能的"东印度公司"。1799年12月底,荷属东印度公司宣布破产。1800年殖民政府取而代之,通称"荷印政府"。1811~1816年英国取代荷

---

① 厦门大学历史系《印度尼西亚简史》编写组:《印度尼西亚简史》,商务印书馆,1978年,第3~6页。

兰建立了殖民地政府，英驻爪哇总督莱佛士在当地推行部分自治并废除奴隶贸易，以土地所有制取代荷兰的强迫种植制。1816年后荷兰逐渐恢复对印尼的殖民统治，至1903年征服亚齐，才完全占有整个印尼。其间，印尼各地反抗荷兰的斗争从未间断，其中最著名的有1816~1818年的马鲁古反荷起义、1825~1830年爪哇人民大起义、西苏门答腊的反荷战争、1873~1903年的亚齐战争等。

20世纪初印尼出现民族觉醒运动。1908年5月20日，印尼第一个有组织、有纲领、有领导的政治组织，即"至善社"宣告成立。1912年伊斯兰协会成立，主张与荷兰合作，进入议会开展斗争。同年，现代穆斯林组织穆罕默迪亚成立，致力于社会和经济改革。1920年印尼共产党成立。1926年印尼共产党领导民族大起义，遭到荷兰殖民者的残酷镇压。同年传统穆斯林组织伊斯兰教士联合会成立，开始改造穆斯林的社会文化运动。1927年苏加诺等组建印尼民族党，采取与荷兰不合作政策，争取民族独立。1928年10月28日在巴达维亚（即现雅加达）举行的第二届全印尼青年大会上，来自全国各种族，不同语言、宗教和文化背景的青年宣誓要忠于"一个国家，即印度尼西亚；一个民族，即印尼民族；一种语言，即印尼语"。1942年日本侵占印尼。1945年日本投降后，印尼爆发了"八月革命"。

1945年8月17日苏加诺宣布独立，建立印度尼西尼亚共和国，苏加诺和哈达分别出任总统、副总统，颁布了《"四五"宪法》。1945年11月10日爆发了反抗英军的泗水保卫战。1946年英军撤出印尼，尾随英军入侵的荷兰人企图恢复对印尼的殖民统治，遭到印尼军民的坚决反击，1946年11月双方签订了《林牙椰蒂协定》。1947年7月荷军撕毁协定，向印尼共和国发动第一次殖民战争。后双方签订了《伦维尔协定》。1948年9月发生镇压印尼共产党的"茉莉芬事件"。1948年12月，荷军借机向印尼共和国发动第二次殖民战争。1949年11月双方签订了《圆桌会议协定》，印尼成为联邦共和国，加入荷印联邦。1950年8月印尼成立统一的印度尼西亚共和国，颁布了临时宪法。同年8月27日，印尼第60个加入联合国。

1950~1959年印尼实行议会制，推行"自由民主"，共出现了7届总理内阁。1954年8月宣布脱离荷印联邦。1955年举行首次全国大选。同年4月在万隆举行亚非会议。先后粉碎了亚齐、爪哇、南苏拉威西的"伊斯兰教国/伊斯兰教军"运动（1950～1965年）、"南马鲁古共和国"分离运动（1950年）、苏门答腊"印尼共和国革命政府"和苏拉威西"全民斗争宪章"分裂运动（1958年）。1959年苏加诺宣布恢复《"四五"宪法》，实行"总统制"，推行"有领导的民主"，提出民族主义、宗教主义和共产主义三种思潮合作的设想，即"纳沙贡"思想。1963年收复荷兰殖民者占据的西伊里安。同年9月为反对马来西亚联邦成立而发动"对抗马来西亚运动"，并因抗议马来西亚成为联合国安理会成员而于1965年1月一度退出联合国。

1965年9月30日，苏加诺警卫团的翁东营长发动"九·三〇运动"，宣布成立"革命委员会"，接管政权。同年10月1日，陆军情报中心宣布陆军战略后备部队司令苏哈托临时掌管陆军领导权，对"九·三〇运动"发起者采取军事行动，大肆逮捕、处决印尼共产党人和同情者。美、英最新解密的档案和学术界的研究显示印尼陆军与这次运动有密切关系，实际上是在美、英直接支持下借故对印尼共产党进行屠杀。1966年3月11日苏哈托代行总统职权，次日，苏哈托宣布解散印尼共产党。1968年军人出身的苏哈托出任印尼共和国第二任总统，结束苏加诺"旧秩序"（ORDE LAMA），开始"新秩序"（ORDE BARU），实行反共反华和寻求西方援助的政策，与东南亚邻国修好并共同组建东盟。1969年4月开始实施五年建设计划。1971年举行大选，1973年简化政党，只保留专业集团、印尼建设团结党和印尼民主党。1975年吞并东帝汶为印尼第27个省。

1997年下半年在泰国金融危机的影响下，印尼出现金融危机，政局剧烈动荡。1998年3月苏哈托第七次蝉联总统，技术专家出身的哈比比为副总统。1998年5月13、14日，印尼雅加达等地发生几十年来最严重的攻击华人的骚乱事件，给华人的生命财产造成极为严重的损失，印尼出现了政局的全面动荡和政治、经济、社会的空前危机。5月20日苏哈托在人民示威和众叛亲离中被迫交权给哈比比副总统，哈比比出任印尼共和国第三任总统。印尼开始进入民主改革的过渡期。

1999年6月印尼举行30多年来第一次自由、民主的全国大选，共有48个政党参加，苏加诺的女儿梅加瓦蒂领导的民主斗争党获33.76%的选票成为议会第一大党。1999年8月30日按照哈比比政府和葡萄牙、联合国达成的三方协议，东帝汶在联合国监督下就是否接受印尼的自治方案举行全民投票，78.5%的选民拒绝接受，东帝汶脱离印尼，开始独立进程。1999年10月人协大会投票选举伊斯兰教士联合会主席瓦希德为印尼共和国第四任总统、梅加瓦蒂为副总统。2001年7月23日，印尼人协特别会议通过了罢免总统瓦希德的决议，同时任命梅加瓦蒂为印尼第五任总统，总统任期至2004年，梅加瓦蒂成为印尼历史上第一位女总统。2004年10月，苏希洛·班邦·尤多约诺就任印尼总统。2009年7月，苏希洛竞选连任成功。2014年7月22日，佐科·维多多以53.15%的得票率当选印尼2014～2019年度总统。①

印度尼西亚和中国的友谊源远流长。根据中国史籍记载，远在2000年前，印度尼西亚和中国人民就已经开始了友好往来，建立了经济和文化联系。据考古调查，在印度尼西亚的主要岛屿曾发掘出中国古代的铜币和陶器。据记载，后汉永建六年十二月（公元132年初）印尼叶调国遣使来中国。唐宋之后，两国关系愈加密切，印尼的香料成为中国的重要输入品之一。

四 行政区划和重点城市

1. 行政区划

印度尼西亚现行宪法为《"四五"宪法》。该宪法于1945年8月18日颁布实施，曾于1949年12月和1950年8月被《印尼联邦共和国宪法》和《印尼共和国临时宪法》替代，1957年7月5日恢复实行。1999年10月至2002年8月间先后进行过4次修改。宪法规定，印尼为单一的共和制国家，"信仰神道、人道主义、民族主义、民主主义、社会公正"是建国五项基本原则（简称"潘查希拉"）。实行总统制，总统为国家元首、行政首脑和武装部队最高统帅。2004年起，总统和副总统不再由人民协商会议选举产生，

---

① 中华人民共和国驻印度尼西亚共和国大使馆经济商务参赞处网站，http://id.mofcom.gov.cn。

改由全民直选；每任 5 年，只能连任一次。总统任命内阁，内阁对总统负责。①

《"四五"宪法》规定印度尼西亚的政体为总统共和制，实行三权分立原则，行政权、立法权、司法权相互独立又相互制衡，分别由不同部门掌握。

印度尼西亚立法机构：人民协商会议（简称人协）、人民代表会议（简称国会）、地方代表理事会。人民协商会议由人民代表会议（国会）和地方代表理事会共同组成，负责制定、修改和颁布宪法，并对总统进行监督。如总统违宪，有权弹劾罢免总统。每 5 年换届选举。人民代表会议行使除修宪之外的一般立法权。国会无权解除总统职务，总统也不能宣布解散国会；但如总统违反宪法，国会有权建议人协追究总统责任。地方代表理事会系 2004 年 10 月新成立的立法机构，负责有关地方自治、中央与地方政府关系、地方省市划分以及国家资源管理等方面的立法工作。成员分别来自全国 33 个省级行政区②，每区 4 名代表，共 132 名，兼任人协议员。设主席 1 名，副主席 2 名。

印度尼西亚司法机构：最高法院及其各级法院。法院包括五种类型：普通法院、宪法法院、宗教法院、军事法院和行政法院。普通法院分为三级：地方法院、高等法院以及最高法院。其中地方法院为初审法院，高等法院为上诉法院，最高法院是国家最高审判机构，由首席法官和法官组成。首席法官由总统根据国会的提名任命，法官由首席法官和司法部长推荐，经国会提名后由总统任命。宪法法院由最高法院、国会和总统挑选的 9 名法官组成，并由这 9 名法官通过相互推荐的方式选出主席和副主席。宪法法院具有的职能包括：审查法律的合宪性，审查政府机构之间的权力冲突，决定政党的解散，解决由大选产生的纠纷以及决定是否同意对总统的弹劾等。宗教法院由宗教部监督，其官员包括首席法官在内都由该部任命。在区或市级的普通法

---

① 中华人民共和国外交部网站，http://www.fmprc.gov.cn。
② 此处数据引自中华人民共和国外交部网站，与后文中所述 34 个省级行政区有出入，原因在于此处并未统计进大雅加达首都特区。

院附近，都设有宗教法庭，受理婚姻和继承案件。宗教法院依据伊斯兰法所做的决定，必须得到区级法院的批准才能生效。伊斯兰高级法院只适用于中爪哇地区，但其他地方初审宗教法庭的决定通常是终审。军事法院分为初审法院和上诉法院，审理以军人为被告的刑事案件。军队中的空军、陆军、海军以及武装警察部队都设有军事法院。除通常的军事法院外，在危急时期，如发生叛乱时，可以成立特别军事法庭。行政法院种类很多，主要用于裁决有关行政性的争议。主要包括：税务审议局、土改法院、住房事务委员会。

印度尼西亚行政机构：印度尼西亚各级政府。印度尼西亚行政区划：共有一级行政区（省级）34个，包括大雅加达首都、日惹、亚齐3个地方特区和31个省。二级行政区（县/市级）共512个。具体情况见表1。

表1 2014年印度尼西亚34个省市情况

省 市	省会	面积（平方千米）	岛屿数量
苏门答腊			
亚齐特区	班达亚齐	5795600	663
北苏门答腊省	棉兰	7298123	419
西北苏门答腊省	巴东	4201289	391
廖内省	北干巴鲁	8702366	139
占碑省	占碑	5005816	19
南苏门答腊省	巨港	9159243	53
明古鲁省	明古鲁	1991933	47
楠榜省	班达楠榜	3462380	188
邦加—勿里洞省	邦加槟港	1642406	950
廖内群岛省	丹戎槟榔	820172	2408
爪哇			
大雅加达首都特区	雅加达	66401	218
西爪哇省	万隆	3537776	131
中爪哇省	三宝垄	3280069	296
日惹特区	日惹	313315	23
东爪哇省	泗水	4779975	287
万丹省	塞朗	966292	131

续表

省　市	省会	面积（平方千米）	岛屿数量
小巽他			
巴厘省	登巴萨	578006	85
西努沙登加拉省	马塔兰	1857232	864
东努沙登加拉省	古邦	4871810	1192
加里曼丹			
西加里曼丹省	坤甸	14730700	339
中加里曼丹省	帕朗卡拉亚	15356450	32
南加里曼丹省	马辰	3874423	320
东加里曼丹省	三马林达	12906664	370
北加里曼丹省	布伦干	7546770	—
苏拉威西			
北苏拉威西省	万鸦老	1385164	668
中苏拉威西省	帕卢	6184129	750
南苏拉威西省	望加锡	4671748	295
东南苏拉威西省	肯达里	3806770	651
哥伦达洛省	哥伦达洛	1125707	136
西苏拉威西省	马穆朱	1678718	—
马鲁古和巴布亚			
马鲁古省	安汶	4691403	1422
北马鲁古省	德尔纳特	3198250	1474
西巴布亚省	苏朗	9702427	1945
巴布亚省	查亚普拉	31903605	598

资料来源：整理自 *Statistical Yearbook of Indonesia 2014*，印度尼西亚中央统计局。

印度尼西亚政党：1975年颁布的政党法只允许3个政党存在，即专业集团党、印尼民主党、建设团结党。1998年5月解除党禁。1999年1月28日颁布的新政党法规定，50名以上年满21岁的公民只要遵循"不宣传共产主义，不接收外国资金援助，不向外国提供有损于本国利益的情报，不从事有损于印尼友好国家的行为"的原则，便可成立政党。2014年大选中，共有15个政党参选，10个政党获得国会议席，民主斗争党成为国会第一大党。主要大党有以下几个。

（1）民主斗争党（Partai Demokrasi Indonesia-Perjuangan）：由原印尼民主党分裂出来的人士组建，1998年10月正式成立。系民族主义政党，印尼世俗政治力量代表。以"潘查希拉"为政治纲领，弘扬民族精神，反对宗教和种族歧视。2014年国会选举中获109个议席，是国会第一大党。现任总主席为梅加瓦蒂·苏加诺普特丽（Megawati Soekarnoputri）。

（2）专业集团党（Partai Golongan Karya）：1959年组成松散的专业集团联合秘书处，1964年10月由61个群众组织联合成立专业集团，1970年12月扩大为包括291个群众组织在内的专业组织，1967年至1999年6月为事实上的执政党，但一直自称为社会政治组织。1999年3月7日正式宣布为政党。以"潘查希拉"为政治纲领，主张在民主和民权基础上进行政治体制改革，保障人权，改善民生。2014年国会选举中获91个议席，是国会第二大党。总主席为阿布里扎尔·巴克利（Aburizal Bakrie）。

（3）大印尼运动党（Gerindra）：成立于2008年2月6日，以"潘查希拉"为政治纲领，倡导民族主义、人道主义。2009年大选中力推普拉博沃参选，因实力不济竞选失败。在2014年国会选举中获73个议席。总主席为普拉博沃·苏比延托（Prabowo Subianto）。

（4）民主党（Partai Demokrat）：成立于2001年9月9日，以"潘查希拉"为政治纲领，以维护和巩固国家统一为目标，倡导民族主义、宗教信仰自由、多元主义和人道主义。2009年4月国会选举中获148个议席，2014年国会选举中议席大幅下滑。现任总主席为苏希洛·班邦·尤多约诺（Susilo Bambang Yudhoyono）。

（5）国家使命党（Partai Amanat Nasional）：成立于1998年8月23日，党员多为印尼第二大穆斯林团体穆哈默迪亚（Muhammadiyah）成员，具有伊斯兰现代派特征。主张三权分立制衡、人民主权、经济平等、种族宗教和睦等。2009年国会选举中获53个议席，是国会第五大党。现任总主席为哈达·拉加萨（Ir. Hatta Rajasa）。

（6）建设团结党（Partai Persatuan Pembangunan）：1973年1月由伊斯兰教士联合会、印尼穆斯林党、印尼伊斯兰教士联盟党和白尔蒂伊斯兰教党合并组成。20世纪80年代后伊斯兰教士联合会退出。原政治纲领为"潘查希拉"，现回归伊斯兰教，并将党徽重新改回麦加天房图案。主张司法独立，实施广泛地方自治和宗教平等，全面提高人口素质。2009年国会选举中获38个议席，是国会第六大党。现任总主席为苏尔亚达尔马·阿里（Suryadharma Ali）。①

佐科上台后，印尼于2014年10月组建内阁，阁员34人，任期至2019年，包括：政治法律安全统筹部长特佐·埃迪·普尔迪亚特诺［Laksamana TNI（Purn.）Tedjo Edhy Purdijatno］，经济统筹部长索菲安·贾里尔（Sofyan Djalil），海洋统筹部长英德罗约诺·苏西洛（Indroyono Soesilo），人类发展与文化统筹部长布安·马哈拉尼（Puan Maharani），部长级国务秘书普拉蒂克诺（Pratikno），内政部长扎赫约·库莫罗（Tjahjo Kumolo），外交部长蕾特诺·马尔苏迪（Retno Lestari Priansari Marsudi），国防部长里亚米扎尔德·里亚库杜［Jenderal TNI（Purn.）Ryamizard Ryacudu］，司法人权部长亚索纳·劳利（Yasonna Laoly），财政部长班邦·布罗佐内戈罗（Bambang Brodjonegoro），能源与矿产资源部长苏迪尔曼·赛义德（Sudirman Said），工业部长萨利赫·胡辛（Saleh Husin），贸易部长拉赫马特·戈贝尔（Rachmat Gobel），农业部长阿姆兰·苏莱曼（Amran Sulaiman），环境与林业部长西蒂·努尔巴亚（Siti Nurbaya Bakar），土地与空间规划部长菲力·穆尔希丹·巴尔丹（Ferry Mursyidan Baldan），交通部

---

① 中华人民共和国外交部网站，http://www.fmprc.gov.cn。

长伊格纳休斯·约南（Ignasius Jonan），海洋渔业部长苏西·普吉亚司杜蒂（Susi Pudjiastuti），劳工部长哈尼夫·达基里（Hanif Dhakiri），公共工程与住房部长巴苏基·哈迪穆尔约诺（Basuki Hadimuljono），卫生部长妮拉·穆卢克（Nila Djuwita Anfasa Moeloek），文化与初中级教育部长阿尼斯·巴斯维丹（Anies Rasyid Baswedan），社会部长科菲法·因达尔·帕拉万萨（Khofifah Indar Parawansa），宗教部长鲁克曼·哈基姆·塞义夫丁（Lukman Hakim Saifuddin），旅游部长阿里耶夫·叶海亚（Arief Yahya），信息与通信部长鲁迪安塔拉（Rudiantara），科技与高等教育部长穆罕默德·纳西尔（Muhammad Nasir），中小企业与合作社部长努拉·普斯帕约加（Anak Agung Gede Ngurah Puspayoga），妇女与儿童部长约哈娜·延比塞（Yohana Yembise），提高国家机构效率与行政改革部长尤迪·克里斯南迪（Yuddy Chrisnandi），农村、落后地区发展与移民部长马尔万·贾法尔（Marwan Ja'far），国家发展规划部长安德里诺夫·哈尼亚戈（Andrinof Chaniago），国营企业部长莉尼·苏玛尔诺（Rini Soemarno），青年与体育部长伊马姆·纳赫拉维（Imam Nahrawi）。

2. 主要城市和旅游胜地

（1）首都雅加达

雅加达，位于东经106°49′，南纬6°10′，属于热带雨林气候，年平均气温为27℃，是印度尼西亚的首都和最大的城市。雅加达地处爪哇岛的西北海岸，是东南亚第一大城市，世界著名的海港。雅加达被划为首都特区，由印尼政府直接管辖，享有省级地位。雅加达是印度尼西亚的政治、经济、文化中心，海陆交通的枢纽，是太平洋与印度洋之间的交通咽喉，也是亚洲通往大洋洲的重要桥梁。雅加达多数居民为印尼爪哇人，少数为华人、华侨、荷兰人，官方语言为英语、印度尼西亚语。

雅加达城区主要划分为两大部分，北面滨海地区是旧城，为海运和商业中心。南面是新区，市内交通便利，市内主要交通工具是出租汽车、三轮车。

雅加达风景秀丽，是印尼三大旅游城市之一，主要旅游资源包括伊斯蒂赫拉尔清真寺、雅加达独立广场、印度尼西亚缩影公园、民族纪念碑、中央博物馆、安佐尔梦幻公园、拉古南动物园。雅加达市内的最高建筑——独立纪念塔"民族解放纪念碑",是雅加达的象征。这座由苏加诺总统所建的大理石碑,高137米,其顶端有一个用35千克纯黄金打造的火炬雕塑,象征印尼的独立精神。

(2)泗水

泗水是东爪哇省首府,城市面积为300平方公里,人口360万,是仅次于雅加达的全国第二大城市、海军主要基地,是印尼重要的制造业、农产品加工业、贸易中心之一及爪哇岛的海、空交通枢纽。因在独立斗争时期英勇抗英而被誉为"英雄城"。

(3)棉兰

棉兰为北苏门答腊省首府,城市面积为342平方公里,人口约为180万,是印尼第三大城市。临马六甲海峡,是印尼对外贸易的西大门和国内外游客的主要出入境口岸之一。印尼、马来西亚和泰国经济成长三角区的成立加强了它作为苏北省和印尼北部地区发展中心的地位,推动了该市食品加工、纺织业、皮革制品、化工、建材、金属和运输工具等小工业的迅速发展。市容整洁,绿树成荫,气候宜人。市内的苏丹王宫建于1888年。

(4)万隆

万隆是西爪哇省首府,巽他族文化中心,人口170万。地处高谷,周围群山环抱,风景秀丽,气候宜人。此地设有50余家高校及研究机构,并拥有全国唯一的飞机制造厂。著名的亚非会议曾在此举行,会议原址独立大厦现已辟为亚非会议博物馆。

(5)日惹

日惹位于中爪哇,为全国3个省级特区之一,直属中央政府管辖。城市面积32.5平方公里,人口42万。是印尼重要的文化、教育中心,展示爪哇传统文化的窗口,也是著名的旅游胜地,拥有举世闻名的婆罗浮屠佛塔等名胜古迹。在独立战争时期,日惹是印尼共和国的第一个首都。

(6) 旅游胜地巴厘岛

巴厘岛，作为行政区划时被称为巴厘省，是印度尼西亚33个一级行政区之一，也是著名的旅游胜地。该岛距离印尼首都雅加达约1000公里，与爪哇岛之间仅有3.2公里宽海峡相隔，面积约5630平方公里，人口约315万，其省会设于岛上南部的丹帕沙。居民主要是巴厘人，信奉印度教，以庙宇建筑、雕刻、绘画、音乐、纺织、歌舞和风景闻名于世。巴厘岛因历史上受印度文化宗教的影响，居民大都信奉印度教，是印尼唯一信仰印度教的地方。但这里的印度教同印度本土的印度教不大相同，是印度教的教义和巴厘岛风俗习惯的结合，被称为巴厘印度教。巴厘岛人的古典舞蹈典雅多姿，在世界舞蹈艺术中具有独特的地位，亦是印尼民族舞蹈中一枝鲜艳的奇葩。其中，狮子与剑舞最具代表性。巴厘的雕刻（木雕、石雕）、绘画和手工艺品也以其精湛的技艺、独特的风格遐迩闻名。在岛上处处可见木石的精美雕像和浮雕，因此，该岛又有"艺术之岛"的美誉。玛斯是该岛著名的木雕中心。巴厘岛居民每年举行的宗教节日近200个，每逢节日，歌舞升平。巴厘岛万种风情，景物甚为绮丽，因此，它还享有多种别称，如"神明之岛"、"恶魔之岛"、"罗曼斯岛"、"绮丽之岛"、"天堂之岛"、"魔幻之岛"等。主要的旅游景点有：海神庙、高尔夫球场、圣泉庙、乌布王宫、京打玛尼火山、乌鲁瓦图断崖、金巴兰海滩、库塔海滩、阿勇河漂流、圣猴森林公园。

(7) 苏丹王宫

坐落于日惹的苏丹王宫——爪哇岛上的文化坐标。日惹苏丹王宫已有近250年的历史了，它是由日惹首任苏丹王哈孟古·布沃诺一世设计并建造的。印尼独立后政府允许王室家族继续住在宫内，并允许沿用旧制，因此苏丹王宫又被称为"活着"的王宫。这座王宫具有典型的爪哇古典建筑的特点，王宫并非金碧辉煌，但显得典雅高贵，王宫没有高墙森院，紧挨王宫的外围是居民区，王宫就像是一座城中城。王宫分七部分，其中两部分已成为国立加查玛达大学校园；一所朝东的宫殿，是十世苏丹现在的住所，因为这所宫殿面向东方，所以日惹城内的房屋均不得坐西朝东。除了这座宫殿不对外开放，其他的部分均作旅游开放供游客参观。宫内有一所四周无墙的大厅，称"宝王厅"，是苏丹接见贵宾的会客厅。虽没有墙壁却非常美丽高雅，廊柱上刻有浮雕；宫内有几座博物馆，有几世苏丹结婚时乘坐的轿子；有日常使用的器皿，有银器、锡器，其中还有中国明清时期的瓷器；有几世苏丹的一些历史照片及文字；有收藏的"嘉美兰"乐器；还有给王族做服装的蜡染布和织布机。王宫内的侍卫身穿传统的"巴迪克"蜡染服饰和纱笼，头戴小圆帽，腰间别着一把格丽斯短剑。

印尼其他岛屿上有的也有苏丹王宫，但只作为王宫供游览，没有实际统治功能。唯有日惹的苏丹仍保留王位，并且还担任政府要职。这是因为九世苏丹曾积极参与推翻荷兰殖民统治，印尼独立后曾任印尼副总统。现在日惹的王宫既是政府部门，又是文化教育的场所，还是旅游胜地。

（8）日惹婆罗浮屠佛塔

婆罗浮屠，于公元 750~850 年由当时统治爪哇岛的夏连特拉王朝统治者兴建。"婆罗浮屠"这个名字的意思很可能来自梵语"Vihara Buddha Ur"，意思就是"山顶的佛寺"。后来因为火山爆发，佛塔群下沉，并隐盖于茂密的热带丛林中近千年，直到 19 世纪初才被清理出来。与中国的长城、印度的泰姬陵、柬埔寨的吴哥窟并称为古代东方四大奇迹。

婆罗浮屠是作为一整座大佛塔建造的，从上往下看它就像佛教金刚乘中的一座曼荼罗，同时代表着佛教的大千世界和心灵深处。塔基呈正方形，边长大约 118 米。这座塔共九层，下面的六层是正方形，上面三层是圆形。顶层的中心是一座圆形佛塔，被七十二座钟形舍利塔团团包围。每座舍利塔装饰着许多孔，里面端坐着佛陀的雕像。佛塔的建筑材料是取自附近河流的约 5.5 万立方米石料。这些石料被切成合适的大小，由人工运至建筑地点。石块之间用榫卯连接。建筑完工之后工匠们在石块上刻下浮雕。佛塔建有良好的排水系统，以适应当地的暴雨。为防积水，每个角上都有装饰着滴水嘴兽的排水孔，整座佛塔共有 100 个这样的排水孔。婆罗浮屠有大约 2670 块浮雕，其中 1460 块为叙事浮雕、1212 块为装饰浮雕，覆盖了建筑的立面和回廊。浮雕的总面积达 2500 平方米，分布于隐藏的塔基和塔身之上。叙事浮雕被分为11组，环绕整座建筑，总长3公里。第一组浮雕在隐藏的塔基中，其余十组从婆罗浮屠东门开始分布于塔身的下面四层。墙上的叙事浮雕顺时针分布，而回廊上的反方向分布。这种分布方式符合佛教徒朝拜圣迹时的右旋礼：信徒顺时针绕行，而圣迹常在右侧。除了石头上雕刻的佛教大千世界故事之外，婆罗浮屠还有许多佛像。双腿交叉的佛像端坐于莲花座上。它们分布于塔身（色界）的五层正方形和塔顶（无色界）的三层圆形上。

五　资源分布和产业基础

地质勘探调查证明，印度尼西亚的矿产资源十分丰富。金属矿主要有：铝土矿、镍矿、铁矿砂、铜、锡、金、银等；非金属矿主要有煤、石灰石和花岗岩，锌、水银、锰、铅、白土、安山岩、石英砂、长石、白云石、高岭土、膨润土、沸石、磷酸盐、石膏等也有一定的储量。但是由于印尼地质勘探技术落后，统计工作薄弱，资源开发利用能力差，政府对本国的资源储备状况掌握极不完整，长期以来矿产资源主要由外国公司开发利用。根据印尼能源与矿产资源部的统计资料，其主要矿产资源储量和分布情况如下：富含石油、天然气以及煤、锡、铝矾土、镍、铜、金、银等矿产资源。矿业在印尼经济中占重要地位，产值约占GDP的10%。

1. 矿产资源储量和分布情况

（1）主要金属矿

铝土矿：印尼铝土矿资源储量为19亿吨，探明储量2400万吨，主要分布在邦加—勿里洞省、西加里曼丹省和廖内省。2004年产量为133万吨，出口110万吨。目前主要由印尼国营矿业公司PT Aneka Tambang TBK进行铝土矿的开采工作，开采地点主要在廖内省宾淡岛和西加里曼丹省。印尼国内对铝土矿的需求量很少，虽然印尼有铝业公司如PT Inalum，但其通常直接从国外（如澳大利亚）进口铝材。

镍：印尼镍矿资源储量约13亿吨，探明储量6亿吨，主要分布在马鲁古群岛、南苏拉威西省、东加里曼丹省和巴布亚岛。2004年镍矿砂产量约

400万吨，出口约325万吨。目前，主要由印尼国营矿业公司和加拿大的PT International Nickel Indonesia（INCO）公司经营。与铝土矿一样，由于冶炼技术和设备的缺乏，印尼国内对镍矿需求很少，对镍产品的需求则从国外如中国、日本和美国进口。

铁矿：印尼铁矿主要分布在爪哇岛南部沿海——西苏门答腊、南加里曼丹和南苏拉威西，总储量为21亿吨，但开发利用较少。目前，从事铁矿生产的主要有印尼国营矿业公司和印尼铁矿砂公司，年产量仅几万吨。印尼铁矿不出口，主要满足国内需求。

铜矿：印尼铜矿主要分布在巴布亚岛的Grassberg、Inter-Mediate ore Zone和Big Gossan地区、北苏拉威西岛的哥伦达洛省，资源储量约6600万吨，探明储量为4100万吨。印尼铜矿开采基本上被外国公司或合资企业所控制。Indonesia Company是印尼最大的铜业公司，其矿区在巴布亚岛。其次是美、日和印尼各占45%、35%和20%股份的PT Newmont Nusa Tenggara公司，矿区在西努沙登加拉岛。

锡矿：主要分布在西部的邦加—勿里洞群岛、井里汶岛以及苏门答腊岛的东海岸地区，资源储量146万吨，已探明储量约46万吨。2004年锡产量7.3万吨，出口4.8万吨。成品锡6%在国内销售，其余94%出口，其中出口美国和欧洲各19%，出口亚洲地区56%。目前，经营锡矿开采和加工的企业主要有印尼锡业有限公司和PT Koba Tin两家。

金矿：印尼金矿资源储量约191万吨，探明储量3200吨，主要分布在苏门答腊岛、苏拉威西、加里曼丹和巴布亚岛，主要经营公司有印尼国营矿业公司、PT Newmont Nusa Tenggara、PT Freeport Indonesia Company、PT Aneka Tambang、PT Newmont Minahasa 5家公司。

银矿：印尼银矿资源储量约3.6万吨，探明储量1.1万吨，主要分布在邦加—勿里洞群岛、苏门答腊岛西南的明古鲁省、加里曼丹岛中西部和西爪哇岛。主要经营的有印尼国营矿业公司、PT Newmont Nusa Tenggara、PT Freeport Indonesia Company、PT Aneka Tambang、PT Kelian Equatorial Mining 5家公司。

(2) 主要非金属矿

油气：印尼潜在石油储量在 2013 年达 38.5 亿桶，已探明储量达 36.9 亿桶。石油储备大多分布在苏门答腊，达 50.2 亿桶，占全国石油储量的 62.1%。爪哇和加里曼丹各有 18.1 亿桶和 5.7 亿桶的石油储量。1.4 亿桶分布在巴布亚、马鲁古和苏拉威西地区。印尼的石油储备总额约占世界石油总额的 0.5%。对外能源高度依赖对印尼的能源安全造成潜在的威胁。天然气 2012 年储存量为 150.39 万亿标准立方英尺。

煤：2013 年印尼的煤炭储量达 289.7 亿吨。若煤炭年开采量为 4.31 亿吨，且没有新探明的煤炭资源，那么现已探明的煤炭资源在 50 年内会枯竭。印尼的煤炭储量约占世界煤炭总量的 0.8%，但印尼是煤炭出口大国，79.5% 的煤炭产量出口到国外。

2. 可再生资源

印尼地热资源丰富，印尼地热的总潜力达到 28.910 兆瓦，分布在 312 个位置（苏门答腊岛 93 处，中爪哇 71 处，加里曼丹和苏拉威西 70 处，巴厘和努沙登加拉 33 处，马鲁古 33 处，巴布亚 12 处）。

印尼水力发电潜力可达 75000 兆瓦，发电点遍布印尼群岛。截至 2014 年，已安装的水力发电厂的产能达到 7573 兆瓦。生物能源潜藏量为 32654 兆瓦。其他可再生能源如太阳能、风能、海洋能和铀能，具有在未来开发的潜力。太阳能量达 4.80 千瓦时/(平方米·天)，风力发电量达 3~6 米/秒，海洋能量达 490 亿瓦、铀能发电量达 3000 兆瓦。具体情况见表 2。

表 2 印尼可再生能源

序列	类型	资源动力	容量（兆瓦）	比例
1	水电	75000 兆瓦	7573	10.1%
2	地热	28910 兆瓦	1344	4.65%
3	生物能	32654 兆瓦	1717	5.26%
4	太阳能	4.80 千瓦时/(平方米·天)	48	—
5	风能	3~6 米/秒	1.87	—

续表

序列	类型	资源动力	容量（兆瓦）	比例
6	海洋能	490 亿兆瓦	0.01	0%
7	铀	3000 兆瓦	30	1%

资料来源：整理自 *Statistical Yearbook of Indonesia 2014*，印度尼西亚中央统计局。

六 交通通信

1. 印尼交通运输的现状

由于印尼是一个岛国，各岛之间主要依靠轮渡和客轮往来，与海外地区联系依赖水运和空运。公路和水路系重要运输手段，其中公路担负着国内近90%的客运和50%的货运。铁路设施相对落后，仅爪哇和苏门答腊两岛建有铁路。空运近10年发展迅速。雅加达是印尼重要的交通枢纽。航空网以雅加达为中心，通过其与国内外主要城市交织而成。火车以雅加达为始发站，往来于爪哇岛和苏门答腊岛之间。

航空：新加坡、泰国、中国、巴基斯坦、欧洲和北美各国都有飞往印尼的航班，印尼国内各大城市之间也有航班相通。

铁路：多集中于爪哇岛，北线从雅加达经井里汶、三宝垄到泗水；南线从雅加达，经万隆、日惹到泗水，列车都是朝发夕至。截至2009年底，印尼全国铁路总里程6458公里，其中窄轨铁路5961公里。2009年完成客运发送量2.07亿人次，货运发送量1892万吨。

公路：爪哇岛和苏门答腊岛上公路交通比较发达，从雅加达、万隆、泗水等中心城市有通往周边地区的短距离高速公路，各大城市间有长途汽车往来。2013年底，全国共有轿车11484514辆，摩托车84732652辆，货车5615494辆，公交车2286309辆。[①] 截至2013年，印尼乡村公路总长达

---

① 印度尼西亚中央统计局网站，http://www.bps.go.id/linkTabelStatis/view/id/1425。

38570千米,省道总长53642千米,市区道路总长415788千米。①

水运:印尼全国水运航道21579公里,共有各类港口670个,主要港口25个。河运、海运船只6600艘左右。2008年全国港口共完成国际货运量1.9亿吨,国内货运量4.1亿吨。

空运:截至2013年,全国共有各型号民用飞机1062架。民用机场196个,其中29个国际机场,167个国内机场。雅加达苏加诺—哈达国际机场为最大机场。主要航空公司有鹰记、狮航、室利佛逝、亚航等。

2. 通信

印尼通信设施建设较为滞后,享有巨大的发展空间。2014年,印度尼西亚拥有邮局的乡村为4158个,2013年家庭装有固定电话的比例为5.86%,拥有移动电话的家庭比例为86.09%。2013年印尼有限通信用户为10085624人,无线通信用户为311709063人。2013年使用网络的家庭比例为32.33%。周期性出版物中报纸占比81.66%,小报占比1.38%,杂志期刊占比16.96%。2013年上映的电影主要为动作片,占比30.07%,其次为恐怖片18.27%。② 共有各类报刊3000多种。主要印尼文报纸有《罗盘报》、《专业之声报》、《印尼媒体报》、《共和国日报等》、《革新之声报》和《印尼商报》,英文报纸有《雅加达邮报》、《雅加达环球报》、《印尼观察家报》等,中文报纸有《国际日报》、《商报》、《千岛日报》、《星洲日报》(原《印度尼西亚日报》)等。

通讯社目前只有安塔拉通讯社,系官方通讯社,1937年12月13日创立,在印尼27个省设有分社,约有300名记者。该社2007年3月恢复了北京分社,并派驻常驻记者。广播电视主要有公立的印尼国家电台和印尼国家电视台。印尼国家电台于1945年9月11日成立,设有53个分台和对外广播的"印尼之声"台(用10种语言广播),现有员工8500人。印尼电视台于1962年8月17日正式运营,共有13个分台,395个转播器,覆盖印尼全

---

① 印度尼西亚中央统计局网站,http://www.bps.go.id/Subjek/view/id/17#subjekViewTab3 | accordion-daftar-subjek2。

② 数据来源:整理自 *Statistical Yearbook of Indonesia 2015*,印度尼西亚中央统计局。

境。原为政府经营，2000年后成为公共电视台。现有员工约7200人。私营电视台有鹰记电视台、教育电视台、美都电视台等11家全国性电视台以及众多的地方电视台。各地的电台有1800余个。①

七 工业

印度尼西亚资源丰富，拥有丰富的能源资源和矿产资源，因此印度尼西亚工业主要以重工业为主，重工业在印尼国民经济中占有重要地位。印度尼西亚目前还没有形成较为完善的工业体系，其具有优势和竞争力的工业行业主要有油气行业、煤炭行业、矿产行业、纺织行业。工业发展方向是强化外向型制造业。2013年制造业占GDP比重为28.4%。主要部门有采矿、纺织、轻工等。锡、煤、镍、金、银等矿产产量居世界前列。2013年产锡3.2万吨，煤3.75亿吨，镍3623.6万吨，金59.1吨；汽车销售111.6万台，摩托车销售714万辆；纺织品出口额125亿美元。落后的基础设施建设、低效的政府办事效率以及烦琐的审批程序、部分工业原料对外过于依赖等问题制约了印尼的工业发展。2014年12月18日，印尼总统佐科在国家发展计划大会上宣布了《印尼2015~2019年中期改革日程和经济发展规划》，为印尼未来5年的经济发展设定了目标，也为印尼的工业发展制定了方向。

八 农林业

印度尼西亚是农业大国，农林业在印尼国民经济中占有重要地位，2014年农林业占印尼国内生产总值的11.04%，其中农业占10.33%，林业占0.71%。② 印尼全国耕地面积约8000万公顷，2013年印尼湿地面积为8112103公顷。印尼农业的主要粮食作物包括：水稻、玉米、大豆、黄豆、花生、木薯、甘薯等，参见表3；主要种植蔬菜包括：葱、辣椒、土豆、卷心菜、中国卷心菜、西红柿，参见表4；主要种植药物包括：姜黄、姜属植

---

① 中华人民共和国外交部网站，http://www.fmprc.gov.cn/mfa_chn/gjhdq_603914/gj_603916/yz_603918/1206_604954/。

② 数据来源：整理自 *Statistical Yearbook of Indonesia 2015*，印度尼西亚中央统计局。

物、高良姜、爪哇小豆蔻、爪哇姜黄、东印度高良姜、黑姜黄、姜、菖蒲、印度桑葚、马鞭草科、穿心莲等,参见表5;主要种植水果包括:芒果、榴莲、橙子、香蕉、木瓜、蛇皮果等,参见表6。印尼盛产经济作物,2013年出产干胶67040吨,棕榈原油1739050吨,棕榈仁364820吨,可可5450吨,咖啡2980吨,茶9610吨,金鸡纳树皮0.70吨,蔗糖255470吨,烟草276吨。①

表3　2014年印度尼西亚粮食作物种植面积及产量基本情况

单位:公顷,吨

粮食作物	种植面积	产量
水稻	13793640	70831753
玉米	3838015	19032677
木薯	1003293	23458128
大豆	615019	953956
花生	499079	638258
甘薯	156677	23820225

数据来源:整理自 *Statistical Yearbook of Indonesia 2015*,印度尼西亚中央统计局。

表4　2014年印度尼西亚主要蔬菜种植面积及产量基本情况

单位:公顷,吨

蔬菜	种植面积	产量
葱	119966	1227839
辣椒	257791	1846202
土豆	76090	1316016
卷心菜	62642	1432266
中国卷心菜	59258	597675
西红柿	56095	895167

数据来源:整理自 *Statistical Yearbook of Indonesia 2015*,印度尼西亚中央统计局。

---

① 数据来源:整理自 *Statistical Yearbook of Indonesia 2015*,印度尼西亚中央统计局。

表 5 2014 年印度尼西亚主要药物种植面积及产量

单位：平方米，千克

种类	面积	产量
姜黄	48007385	111921479
姜属植物	3389975	7358747
高良姜	20454792	62034572
爪哇小豆蔻	14302454	72626364
爪哇姜黄	12731661	25110110
东印度高良姜	20431279	36790239
黑姜黄	3189900	6496446

数据来源：整理自 *Statistical Yearbook of Indonesia 2015*，印度尼西亚中央统计局。

表 6 2014 年印度尼西亚主要水果种植产量基本情况

单位：吨

水果	产量	水果	产量
芒果	2464236	香蕉	7008407
榴莲	855553	木瓜	830496
橙子	1999238	蛇皮果	1035902

数据来源：整理自 *Statistical Yearbook of Indonesia 2015*，印度尼西亚中央统计局。

2013 年印尼拥有森林面积 12942.5 万公顷，森林覆盖率超过 60%。主要包括防护林（protection forest）2991.8 万公顷，储备自然保护区（reserve and nature conservation area）2739.9 万公顷，有限生产林（limited production forest）2768.7 公顷，永久生产林（permanent production forest）2889.7 公顷，转换生产林（convertible production forest）1552.5 公顷。2013 年木材生产情况见表 7。

表 7 2013 年印度尼西亚木材生产基本情况

单位：平方米

种类（用途）	产量	种类（用途）	产量
伐木	45770454	夹板	3261970
锯材	1217868		

数据来源：整理自 *Statistical Yearbook of Indonesia 2015*，印度尼西亚中央统计局。

九　旅游业

印度尼西亚旅游业是印尼非油气行业中仅次于电子产品出口的第二大创汇行业，政府长期重视开发旅游景点、兴建饭店、培训人员和简化入境手续。1997 年以来受金融危机、政局动荡、恐怖爆炸、自然灾害、禽流感等不利影响，旅游业发展缓慢。2006 年起旅游业稳健发展，2009 年过后，发展迅速，见图 1。

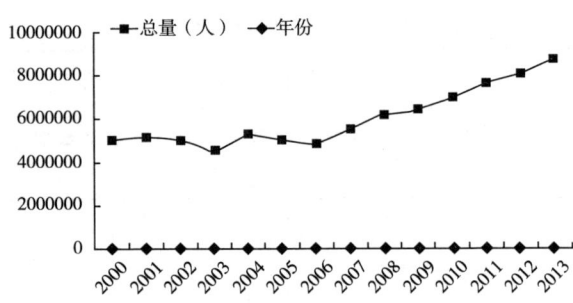

图 1　赴印尼旅游游客人数变化

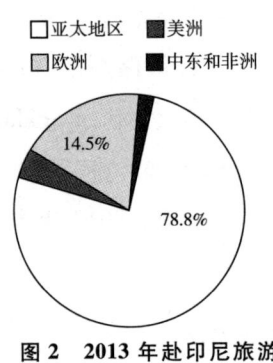

图 2　2013 年赴印尼旅游游客来源

根据印尼国家统计局资料显示，赴印尼旅游的游客主要来自亚太地区，占比 78.8%，其次是欧洲地区，占比 14.5%（见图 2）。2013 年亚太地区赴印尼旅游人数为 6943416 人，欧洲地区赴印尼旅游人数达 1285097 人，2013 年赴印尼旅游的国际游客为 8802129 人。主要景点有巴厘岛、雅加达缩影公园、日惹婆罗浮屠佛塔、普拉班南神庙、苏丹王宫、北苏门答腊多巴湖等。

十 教育

印尼实行九年制义务教育。2012年教育预算为286万亿盾，占财政总预算的20.2%。截至2012年，印尼共有小学169897所，初中48912所，高中28574所，大学3815所，[①] 著名大学有雅加达的印度尼西亚大学、日惹的加查马达大学、泗水的艾尔朗卡大学、万隆的万隆工学院、班查查兰大学、茂物的茂物农学院等。2013年小学入学率为98.34%，初中入学率为90.62%，高中入学率为63.64%，15岁以上人口文盲率为6.08%。

十一 对外贸易

对外贸易在印尼国民经济中占有重要地位。印尼的出口产品主要包括石油、天然气、煤炭、铜矿、镍矿、烟草、水果、咖啡、茶叶、咖啡豆、金枪鱼、虾、螃蟹、扇贝、棕榈油、纺织品、鞋、胶合板、碎橡胶、电子设备等，其中石油和天然气是印尼主要出口产品，2014年印尼石油和天然气出口总额为300.188亿美元，占出口总比17.06%。[②] 主要出口国包括中国、日本、新加坡、菲律宾、马来西亚、缅甸、韩国等。印尼进口货物主要包括大米、肥料、水泥、原油、石油制品、钢铁、摩托车、通信设备等。主要进口国包括中国、日本、新加坡、韩国、马来西亚、泰国等。

出口：2014年印度尼西亚出口总额1759.8亿美元，进口总额1781.788亿美元，二者相比2013年都有所减少。非石油天然气商品出口总额为1459.612亿美元，进口总额1347.189亿美元。与2013年相比，2014年进出口总额均有所下滑。[③]

2014年印尼主要出口地区及总额分布如下。

亚洲：东盟是印尼最大出口地区，2014年印尼出口至东盟地区的货物

[①] 印度尼西亚中央统计局网站，http://www.bps.go.id/Subjek/view/id/17#subjekViewTab3 | accordion-daftar-subjek2。

[②] 数据来源：整理自 Statistical Yearbook of Indonesia 2015，印度尼西亚中央统计局。

[③] 数据来源：整理自 Statistical Yearbook of Indonesia 2015，印度尼西亚中央统计局。

总量为8803.34万吨,总金额为396.681亿美元,东盟区域内印尼的主要出口国家和地区为菲律宾和马来西亚,亚洲其他主要出口国家和地区为中国和日本。2014年,日本是印尼最大的出口国,出口货物总量为5096.45万吨,出口总金额达到231.175亿美元。中国为印尼第二大出口国,2014年印尼出口至中国的货物总量为12533.19万吨,总金额为176.059亿美元;美洲:美洲是印尼出口第二大地区,2014年印尼出口至美洲货物总量为6916.34万吨,总金额为210.350亿美元。美国是印尼在美洲的最大出口国,2014年印尼出口至美国的货物总量为628.81万吨,总金额达165.301亿美元。欧洲:2014年印尼出口至欧盟货物总量为809.67万吨,总金额为168.935亿美元,荷兰是欧盟区域内印尼最大的出口国。2014年印尼出口至其他欧洲地区货物总量为141.06万吨,总金额达17.781亿美元。大洋洲:2014年印尼出口至大洋洲货物总量为233.54万吨,总金额达57.384亿美元。非洲:印尼与非洲贸易往来较少,2014年印尼出口至非洲货物总量为567.09万吨,总金额达62.629亿美元。

石油天然气在2014年的出口总额为300.188亿美元,占出口总比17.06%,进口总额434.599亿美元,占进口总比24.39%。2014年原油出口1240万吨,总额达到92.15亿美元,进口1618.59万吨,总额达到130.724亿美元,出口石油产品555.69万吨,36.235亿美元,进口2909.36万吨,总额达到273.625亿美元。2014年天然气出口2378.62万吨,总额达到171.803亿美元,进口358.99万吨,总额为30.25亿美元。①

2014年印尼出口煤炭40823.84万吨,相比2013年,煤炭出口减少1609.68万吨,下降3.8%,2014年煤炭出口总价值为208.193亿美元,同比2013年减少36.821亿美元,下降15%。主要出口国为印度、中国、日本、韩国,其中印度为印尼煤炭出口总量最大的国家,2014年印尼出口至印度的煤炭总量为13635.21万吨,总额达56.727亿美元,中国为印尼煤炭出口总量第二大国家,2014年印尼出口至中国的煤炭总量为9928.03万吨,

---

① 数据来源:整理自 Statistical Yearbook of Indonesia 2015,印度尼西亚中央统计局。

总价值47.257亿美元,第三位为日本,2014年印尼出口至日本的煤炭总额为3558.46万吨,总价值25.937亿美元。①

进口:2014年印尼进口总量为14776.46万吨,同比2013年,总量增加662.47万吨,增长4.7%,总额为1781.788亿美元,总额同2013年相比减少了84.499亿美元,下降4.5%。印尼主要进口产品包括大米、肥料、水泥、原油、成品油、钢铁、摩托车、通信设备等。②

东盟为印度尼西亚主要进口地区,2014年印尼自东盟进口货物总量为4357.98万吨,总额为507.26亿美元,东盟区域内印尼的主要进口国为新加坡、马来西亚和泰国,2014年新加坡为印尼第二大进口国。中国是印尼第一大进口国,2014年印尼自中国进口货物1657.86万吨,总额为306.243亿美元。印尼与欧盟经贸往来密切,2014年印尼自东盟进口货物总重339.87万吨,总额达到126.914亿美元。

十二 军事

印度尼西亚实行积极防御的国防政策,将"全民国防安全体系"作为巩固国防的基础,在国防建设上倡导"军民一体化"的指导方针。

印度尼西亚《国防法》规定,总统对全国武装力量拥有最高领导权,在国防与安全委员会及国防部长协助下就国防与安全事务做出重大决策,通过国民军司令和警察总长对全国武装力量实施领导和指挥。国防部负责制定和执行国防政策,国民军司令部负责全军的管理、教育和训练及战时指挥。国家武装力量由正规军和准军事部队组成。印尼实行义务兵与志愿兵相结合的兵役制度,义务兵服役期为2年。

正规军印尼国民军(TNI):1945年10月5日成立,由荷兰殖民时期的"荷印殖民军"和日本占领时期的"国民后备军"改编而成。设陆、海、空3个军种,现役总兵力36.6万人。其中陆军27万人,海军6.4万人,空军

---

① 数据来源:整理自《印度尼西亚2015年统计年鉴》,*Statistical Yearbook of Indonesia* 2015。
② 数据来源:整理自《印度尼西亚2015年统计年鉴》,*Statistical Yearbook of Indonesia* 2015。

3.2万人。陆、海、空三军分别设军种参谋长负责部队日常管理和训练。军队曾长期拥有国防安全和社会政治双重职能，现主要担负国防安全任务。

准军事部队包括警察和民兵。警察部队曾于1964年纳入武装部队总部领导，与国民军合称"印尼武装部队"（ABRI）。2000年7月正式独立并直接由总统领导，负责维护国内安全，目前警力近23万人。[1]

十三 外交

印尼对外关系奉行独立自主、不结盟的外交政策。至今，印尼已与世界上八大地区，162个国家和1个地区建立了友好关系。1967年8月参与发起建立东南亚国家联盟，视之为"贯彻对外关系的基石之一"，切实参与地区合作。2003年7月至2004年7月担任东盟轮值主席国。2006年4月主持召开东盟外长会议，讨论2020年东盟共同体计划。主张大国平衡，重视与美、中、日、澳以及欧盟的关系。积极参与国际事务，重视不结盟运动和南南合作。1992~1995年任不结盟运动主席国，1998年担任"77国集团"主席国。2005年4月与南非共同主持召开2005年亚非峰会和万隆会议50周年纪念活动。2006年4月举办亚洲及太平洋经济社会委员会第62届会议。5月举办伊斯兰发展中八国集团（D8）首脑峰会，接任D8主席国。2006年10月当选2007~2008年度联合国安理会非常任理事国。2007年12月在巴厘岛举办联合国气候变化大会，通过"巴厘路线图"。2009年5月在万鸦老召开世界海洋大会。2008~2014年先后举办7届"巴厘民主论坛"。2011年担任东盟轮值主席国，11月在巴厘岛举行东亚领导人系列峰会。2013年10月在巴厘岛举行亚太经合组织第二十一次领导人非正式会议。[2]

参与的地区合作包括：东盟地区论坛、亚欧会议、东盟东部经济增长区、东亚—拉美合作论坛、亚洲相互协作与信任措施会议、亚太经贸合作组

---

[1] 中华人民共和国驻印度尼西亚共和国大使馆经济商务参赞处网站，http://id.mofcom.gov.cn/article/ddgk/zwjingji/201005/20100506903155.shtml。

[2] 中华人民共和国外交部网站，http://www.fmprc.gov.cn/mfa_chn/gjhdq_603914/gj_603916/yz_603918/1206_604954/。

织等。

　　加入的国际组织：伊斯兰会议组织、石油输出国组织、世界贸易组织、亚洲奥林匹克理事会、G20 峰会、不结盟运动、77 国集团、亚太经济合作组织等。①

---

　　① 印度尼西亚外交部网站，http：//www.deplu.go.id/。

中篇

印度尼西亚发展报告
(2014~2015年)

第一章 2014~2015年印度尼西亚政治发展

2014年是印度尼西亚政治发展史上重要的一年。自苏哈托时代结束至今，印度尼西亚经过10多年的发展已经成为一个民主制度要素较为齐备的国家。2004年印度尼西亚进行了划时代的总统直接选举，是印尼民主化以来第一次的政权成功转移。2014年，在苏西洛两届总统任期结束以后，印尼进行了第三次国会和总统直接选举，也是第二次通过选举而进行的政权和平转移。作为世界上最大的穆斯林国家，这次选举是对印尼民主体制是否能够得到巩固的检验，因此被认为是印尼民主进程中具有重大意义的一次选举。

回顾2014年以来的政治发展，最重要的政治事件和最热门的政治话题莫过于出身平民的佐科·维多多（Joko Widodo）成功当选总统。2014年7月9日，时任雅加达省长的佐科在总统大选中击败大印尼运动党候选人普拉博沃·苏比延托（Prabowo Subianto），当选印尼第7任总统，印尼正式进入"佐科时代"，国家的发展掀开了新的篇章。佐科就职后，积极落实施政纲领，加大基础设施建设，积极改善民生；严厉打击贪腐，着力保障人权；整顿官僚体系，落实任人唯贤；倡导宗教宽容，维护族群和谐。可以说，佐科总统上任后，印尼政坛风气为之一新，政府质量、效力、诚信和包容度的改善令人印象深刻，其清廉和亲民的"平民总统"形象更是深入人心，赢得了人民的信任，得到了大众的拥护。

然而随着时间的推移，由于支持佐科的政党联盟在印尼国会中处于少数地位，朝小野大的状况一直没有办法改变，"府会之争"对佐科政府的施政颇多掣肘；同时既有的政坛势力盘根错节，佐科的"不近人情"和强力扫腐又得罪了包括党内同志在内的一帮人；再加上受大环境影响，印尼货币持续贬值，物价居高不下，经济增长乏力，在各种因素的综合作用下，佐科的支持率出现大幅度下滑，其施政遭遇了更多的挑战。以下分别从国会选举、总统大选、政府执政、政党政治等四大方面，详细论述过去一年印尼政治发展情况。

第一节 国会选举

2014年是印度尼西亚的大选年，不仅要选出新一届国会，还要选出印尼第7任总统。印尼实行行政、立法、司法三权分立制度。其中，印尼议会由人民协商会议（简称人协）、人民代表会议（通称国会）和地方代表理事会三部分组成。人协是国家最高权力机关，其职责包括负责制定、修改和颁布宪法，根据大选结果任命总统、副总统等。国会是国家立法机构，拥有立法权、预算审批权、法律监督权和修正权等。[①] 1998年苏哈托下台后，印尼通过4次修宪确立新的议会制度，规定人协由全民直选的国会议员和地方代表理事会成员组成。2009年，通过选举产生了560名国会议员和132名地方代表理事会议员。

2014年的印尼国会大选实际上是各政党通过竞选来分配国会的560个席位。国会席次的多少不仅影响着各党派在国会中的发言权，还会影响到总统和副总统候选人的推举和竞选，因而国会选举一向被视为总统大选的"前哨战"和温度计，席次竞争异常激烈。由于认为2008年《选举法》提高了设置政党的难度和参选总统的门槛，有政党因此在选前向宪法法院提出了诉讼，要求修改选举法相关条款。但出于时间紧迫不可能及时通过新法等原因，2014年1月，宪法法院仍然裁示在2014年国会选举中必须遵守2008年《选举法》，即规定政党或政党联盟必须获得全国总票数的25%或者获得

---

① 参见中国全国人民代表大会网站关于印尼议会的介绍，http://www.npc.gov.cn/npc/xinwen/2011-06/13/content_1658581.htm。

国会席次的20%（即国会560席中的112席）以上，才有资格提名总统候选人。实际上，自印尼2004年首次国会直选以来，没有一个政党占有具控制性的多数议席。①因而政党通常不仅不得与其他党派结盟以共同提名总统候选人，而且即使在执政以后也必须共组执政联盟来应对反对党的挑战。

  根据印尼普选委员会发布的公告，2014年国会选举由印尼全国1.9亿注册选民投票选出560名国会议员，另选出省、市、县级议会议员和地方代表理事会成员。②据统计，印尼全国有将近6600名候选人角逐中央席位，另有约16000人参加地方自治县市议会的选举。③共有12个全国性政党〔民主斗争党（PDI-P）、专业集团党（Golkar）、大印尼运动党（Gerindra）、民主党（PD）、民族复兴党（PKB）、国民使命党（PAN）、福利公正党（PKS）、民族民主党（NasDem）、建设团结党（PPP）、民心党（Hanura）、星月党（PBB）、团结公正党（PKPI）〕和亚齐特区的3个地方政党参加选举。2014年国会选举的竞选活动时间是2014年3月16日至4月5日，从4月6日开始进入选举前的"静默期"，不得再举行跟竞选有关的活动。每个全国性政党可以在全国77个选区各举行7次竞选活动，即总共进行539次拉票活动。选战打响后，印尼各政党花样百出，通过打名人牌、竞选广告造势、树立选举看板、深入街巷访谈等方式，积极拉拢选民支持，炒热选举气氛。选前最被看好的是印尼民主斗争党（PDI-P），该党的党主席是印尼国父苏加诺之女、印尼第5任总统梅加瓦蒂。3月14日，梅加瓦蒂宣布民主斗争党将提名备受瞩目的雅加达省长佐科·维多多为该党总统候选人，成功吸引选民目光。作为近年来印尼新晋的政治明星，佐科在雅加达省长任上作风清廉、深入民间，赢得了雅加达乃至印尼社会的广泛认可。国会选举前的一次民调显示，佐科的选民支持率达到45%，他的高人气也使他所在的民主斗争党的

---

① 《民调：仅3位总统候选人上阵》，《国际日报》（印尼）2014年4月4日。
② 《印尼举行国会选举》，新华网雅加达2014年4月9日电，http：//news.xinhuanet.com/world/2014-04/09/c_1110168256.htm。
③ 《印尼国会选举投票结束 民主斗争党未取得较大优势》，国际在线2014年4月10日消息，http：//gb.cri.cn/42071/2014/04/10/7371s4498224.htm。

支持率一度遥遥领先专业集团党和大印尼行动党等其他党派。①

本次国会选举另一个值得关注的地方是印尼选举系统的高效运行及在整个选举过程中的有效监督。印尼的选举机构与多数国家都不一样，不仅数量较多，而且各个机构的职能也不相同，实行了互相监督的机制。印尼普选委员会（KPU）是印尼所有政治选举的组织机构，由7名委员组成，任期5年，选举其中1名为主席。选举监督委员会（BAWASLU）是独立的选举监督组织，委员会成员必须是非政党人员。除了这两种机构外，印尼还有一个选举道德理事会（DKPP），主要负责对选举组织和监督机构违法行为进行处理，以及颁布选举行为准则。根据印尼普选委员会的公开资料显示，2014年的国会竞选更加强调公平公正并加强了对选举违规事项的监督。选举监督委员会公开通报了福利公正党违反选举规则，让儿童参加3月16日在苏加诺体育馆举行的竞选活动；宗教部长苏利亚达玛以公职身份出席建设团结党3月17日在玛琅举行的竞选活动；一些政党在电视台播放的竞选广告违反了2012年第8号选举法限定的次数（如民族民主党一天之内在美都电视台播放竞选广告12次，专业集团党的竞选广告在ANTV电视台一天之内播放15次等）。②选举监督机构的高效运作保证了整个选举活动的顺利进行。不过尽管面对强力监督，2014年国会选举中依然有政党和候选人为吸引摇摆选民而进行贿选。不少政党在造势活动中支付了每个参与者2万~5万印尼盾（约合11~28元人民币）不等的现金，亦有政党许诺在大选前向民众提供免费米、面、油等生活用品。③造成这一局面的原因有两个：一是选民对于议员选举不感兴趣。选民发现以前选出的议员并不能为自己带来多大改变，于是渐渐地不再关心议会选举，无论谁当选都无所谓；二是政党内竞争非常激烈，候选人数量往往是议会席位的10倍以上。本次国会选举是开放式名单比例代表制，选民不仅要选党还要选人，党内排名靠前的候选人才能当

---

① 《印尼国会选举投票结束 民主斗争党未取得较大优势》，国际在线2014年4月10日消息，http://gb.cri.cn/42071/2014/04/10/7371s4498224.htm。
② 《监委会披露政党竞选活动违反选举规则》，《国际日报》（印尼）2014年3月27日。
③ 《印尼国会选举折射选民困惑》，《人民日报》2014年4月7日。

选,这就刺激了少数候选人用金钱买票。

2014年4月9日是印尼法定的公共假日,国会选举从这天上午8时整开始正式进行投票。印尼民主斗争党的总统候选人佐科·维多多在雅加达省长官邸附近的苏罗巴蒂公园投票站投票。他在投票后表示:"有信心民主斗争党将以较大优势赢得选举,成为多数党。"[1] 经过一个月的等待,2014年5月9日深夜,印度尼西亚普选委员会公布了国会选举计票结果,民主斗争党获得最多票数,得票率为18.95%,成为国会第一大党;专业集团党排名第二,获得14.75%的选票;大印尼运动党得票率为11.81%,排名第三;总统苏西洛所在的民主党在本次国会选举中滑落到第四,仅获得10.19%的选票。[2] 各政党得票情况见表1-1。各政党势力的此消彼长,预示着随后举行的总统大选及今后5年印尼国内政局的变化。不过,此次选举结果公布后,印尼媒体和政治观察者纷纷指出,"佐科旋风"并未像预期那样对民主斗争党的选票产生太大影响。分析人士称,民主斗争党过于轻视竞争对手以及太晚宣布将佐科定为该党总统候选人,或许是此次选举结果不尽如人意的原因。[3] 民主斗争党也表示,由于未能达到内部原定27%的得票率,该党将进行评估和反省。

表1-1 2014年印尼国会选举得票情况统计

单位:%,张

得票排名	政党名称	选票比例	得票数
1	民主斗争党(PDI-P)	18.95	23681471
2	专业集团党(Golkar)	14.75	18432312
3	大印尼运动党(Gerindra)	11.81	14760371

---

[1] 《印尼举行国会选举》,新华网雅加达2014年4月9日电,http://news.xinhuanet.com/world/2014-04/09/c_1110168256.htm。

[2] 《印尼公布国会选举结果 民主斗争党获胜》,新华网雅加达2014年5月10日电,http://news.xinhu-anet.com/2014-05/10/c_1110627447.htm。

[3] 《印尼国会选举投票结束 民主斗争党未取得较大优势》,国际在线2014年4月10日消息,http://gb.cri.cn/42071/2014/04/10/7371s4498224.htm。

续表

得票排名	政党名称	选票比例	得票数
4	民主党（PD）	10.19	12728913
5	民族复兴党（PKB）	9.04	11298957
6	国民使命党（PAN）	7.59	9481621
7	福利公正党（PKS）	6.79	8480204
8	民族民主党（NasDem）	6.72	8402812
9	建设团结党（PPP）	6.53	8157488
10	民心党（Hanura）	5.26	6579498
11	星月党（PBB）	1.46	1825750
12	团结公正党（PKPI）	0.91	1143094

资料来源：据印尼普选委员会（KPU）官方网站公布的信息绘成，参见 http：//data. kpu. go. id/。

第二节　总统选举

根据印尼现行《选举法》的规定，国会选举得票数超过25%或者国会席次超过20%（即560席中的112席）的政党或政党联盟才有资格提名总统候选人。而在2014年4月的国会选举中，得票数第一的民主斗争党也仅仅获得18.95%的选票，因而没有一个政党可以单独提名总统候选人，只能通过政党联盟的方式联合提名。本来在国会选举前，已有多人表达过要出马竞选总统的意愿，其中包括专业集团党主席巴克利（Aburizal Bakrie）、前三军总司令、民心党主席维兰托（Wiranto），星月党主席尤斯里（Yusril Mahendra）和建设团结党主席苏里亚达玛（Suryadharma）等政坛名人。国会选举后，这些希望参选的人士因各自所在的政党达不到总统候选人提名的法定门槛而被迫放弃，不得不偃旗息鼓。[①]

2014年5月，经过12个全国性政党频繁的公开磋商和幕后协调，最终

[①]《印尼新国会特色与两组总统候选人大决战》，《联合早报》（新加坡）2015年5月23日。

形成了两大政党联盟。民主斗争党、民心党、民族民主党、民族复兴党、团结公正党5个政党联合,共组所谓的"辉煌联盟"(KIH),支持由民主斗争党提名的佐科—卡拉(Joko Widodo-Jusuf Kalla)组合,后来印尼选举委员会公布其选举编号为2号;而大印尼运动党、专业集团党、建设团结党、福利公正党、国民使命党、星月党和民主党7个政党联合,组成了所谓的"红白联盟"(KMP),共同支持由大印尼运动党提名的普拉博沃—哈达(Proabowo Subianto-Hatta Rajasa)组合,其选举编号为1号。"红白联盟"和"辉煌联盟"的相关情况见表1-2。

表1-2 2014年印尼总统大选中的两大政党联盟

选举代号	联盟名称	政党联盟成员	国会席次(%)	提名候选人
1	红白联盟	大印尼运动党、专业集团党、建设团结党、福利公正党、国民使命党、星月党、民主党	353席(63.04%)	普拉博沃(前陆军特种部队司令)—哈达(前经济统筹部长)
2	辉煌联盟	民主斗争党、民心党、民族民主党、民族复兴党、团结公正党	207席(36.96%)	佐科(雅加达省长)—卡拉(前副总统)

值得一提的是,在本次总统大选中,印尼华人改变了以往对政治冷漠的态度,开始积极参与。大雅加达首都特区副省长钟万学(总统大选后接替佐科成为首位华裔省长)在2014年初表示,可与普拉博沃合作作为副总统候选人参加竞选。①另一位华人媒体大亨陈明立也曾以副总统候选人的身份与印尼民心党主席维兰托搭档宣布角逐2014年总统之位,但是国会选举的结果让他的参政意愿暂时落空。②在正式候选人名单公布后,陈明立选择支

---

① 《印尼华裔副省长钟万学或被提名为副总统候选人》,《星洲日报》(印尼)2014年3月6日。
② 《与华裔企业家搭档 印尼前三军总司令宣布参选总统》,《联合早报》(新加坡)2013年7月4日。

持 1 号普拉博沃—哈达组合。虽然与大多数华人的选择不同，但陈明立的加入让普拉博沃的电视宣传占有了绝对优势，这也是华人在印尼政坛发挥影响力的一种体现。

本次总统大选还有一个引人关注的事件是宪法法院在选前裁决：由于只有两对候选人，因此大选只进行一轮投票。随后，普选委员会根据宪法法院的决定，确定本次总统大选一轮定输赢。实际上，根据 2008 年《选举法》的相关规定，总统候选人只有获得全国 50% 以上的选票和每个省区都超过 20% 的选票才能当选。如果在第一轮选举中没有一对候选人的选票超过 50%，则必须由第一轮得票前两名的候选人组合进入第二轮投票。尽管有争议，宪法法院和普选委员会的决定最终还是得到了执行。

2014 年 6 月 1 日，印尼普选委员会（KPU）对外正式公告普拉博沃—哈达和佐科—卡拉这两对总统/副总统候选人，总统大选正式进入竞选阶段。不同于国会选举可以提前一年就开始预热宣传，本次总统竞选宣传日期是 6 月 4 日至 7 月 5 日，只有一个月的时间。总统大选投票日定在 7 月 9 日，投票日前 3 天为静默日，不得进行任何竞选活动，原有的竞选道具如海报、条幅等必须撤除，但媒体仍可以对选举情况进行报道。竞选期间，印尼普选委员会一共举行了 5 轮总统选举电视辩论。前 4 轮都是在每周日晚上举行，最后 1 轮在竞选活动的最后一天 7 月 5 日举行。每轮辩论的主题由普选委员会决定，内容涉及印尼的经济政策，例如环境、能源、食品安全、进出口、农业发展等，也涉及社会政策，例如教育、社会福利，同时有关于国家安全和外交政策的辩论。亿万选民通过电视辩论了解了佐科和普拉博沃的竞选纲领和宏图大志。[1] 普拉博沃是前总统苏哈托的女婿，同时也是前陆军特种部队司令，其展现出的强人形象为相当一部分选民所喜好。但是，他的竞选纲领提出政治上加强中央集权，经济上限制外资和贸易自由化，捍卫伊斯兰教、提高军警待遇等，这将带来一系列的政治和社会变动，引起不少选民担忧。

---

[1] 《印尼总统选战白热化 两候选人展开激烈电视辩论》，《联合早报》（新加坡）2014 年 6 月 17 日。

与之相比，形象亲民的佐科利用各种机会清晰阐释了其内政外交理念，在电视辩论中占了上风。佐科的竞选政纲更加符合印尼多元文化背景下的发展中国家国情，赢得了选民的青睐。佐科的竞选纲领见表1-3。

表1-3 佐科的竞选纲领总目标及政治治理部分内容

	竞选承诺和发展政纲
总目标	建立一个团结的、政治上有尊严、经济上富强的多元文化国家；实现"海洋强国梦"，成为全球文明枢纽中心
政府治理	完善法制，实现预算、政府购买及审计电子化，提高政府运行的透明度；大力打击腐败，建设清正廉洁的政府；反对政治酬庸，成立"选贤与能"的专业内阁；保护少数族群（宗教和种族少数派）利益，解决过去的人权侵害问题

资料来源：参见 R. M. A. vander Schaar, "Joko Widodo's Political & Economic Agenda: Future of Jokowi's Indonesia", https://agenda.weforum.org/news/indonesias-president-jokowi-we-have-to-reinvent-our-economies-our-societies/。

选前激烈紧张的拉票活动结束后，2014年7月9日上午8时，印尼举行了历史上第三次总统直选的投票活动。根据普选委员会公布的资料，近1.9亿合资格选民中，有1.3亿多名选民在全国33个省和特区的47.8万个投票站参加了投票，投票率为69.58%，高于国会选举的投票率。整个选举过程大致平静，没有发生大的暴力事件。[①]当天投票结束后，一些民意调查机构进行出口民调，有6家机构认为佐科获得胜利，有4家则认为普拉博沃赢得大选，但是双方差距不大，基本上在52%:48%左右，由此可见此次大选竞争空前激烈。[②]两个候选人也都对外宣布自己取得了胜利，并举行了庆祝活动。[③]佐科的队伍还在雅加达举行了胜利游行。但是很快，双方都呼吁自己的支持者要保持冷静，停止一切庆祝活动，等待印尼普选委员会公布的

---

① 《印尼总统大选投票平静举行》，新华网2014年7月9日电，http://news.xinhuanet.com/world/-2014-07/09/c_1111538185.htm。
② "Narrow Finish as Indonesia Presidential Candidates Stand Their Ground", *Jakarta Global*, July 10, 2014.
③ "Indonesian presidential candidate declares victory, opponent says not so fast", *CNN*, July 10, 2014.

正式结果。①在此期间,印尼总统苏西洛接见了两位候选人,呼吁他们要冷静,不要制造事件,双方也都表示会安静等待选举的结果。②为了安全起见,雅加达2万多名军警上街维持秩序,以防不测。③7月20日,双方的支持者在雅加达联合举行晚会,表明不论选举委员会公布的结果是什么,双方都会接受、寻求和解。7月22日晚,印尼普选委员会宣布了总统大选正式结果,佐科以53.15%的得票率当选印度尼西亚新一届的总统,得票数是70997833票。普拉博沃则以46.85%的得票率饮恨本次大选,得到的选票数是62576444票。双方选票差距在844万票左右。④2014年印尼总统大选投票结果见表1-4。

表1-4 2014年印尼总统大选投票结果

总统候选人	副总统候选人	所属政党	所得票数	百分比
佐科·维多多(Joko Widodo)	优素福·卡拉(Jusuf Kalla)	民主斗争党(PDI-P)	70997833	53.15
普拉博沃·苏比延托(Prabowo Subianto)	哈达·拉贾萨(Hatta Rajasa)	大印尼运动党(Gerindra)	62576444	46.85
有效总票数			133574277	100.00

资料来源:参见"Official, final tally: Jokowi 53.15%, Prabowo 46.85%", *The Jakarta Post*, July 22, 2014。

按照印尼选举法的规定,在选举结果公布后的3天之内,败者可以申诉。普拉博沃团队随即发表声明,指印尼普选委员会主办的本次总统大选不公正,拒绝接受7月22日公布的选举结果。实际上,普拉博沃早前就认为本次大选有舞弊存在,影响到总计2100万张选票。⑤他要求普选委员会推迟

---

① "Prabowo Calls for Patience, Abide by Law, While Awaiting Official Results", *Jakarta Global*, July 10, 2014.
② "Indonesian leader urges presidential election loser to concede", *Reuters*, July 21, 2014.
③ "TNI to deploy special force in case of nonconductive situation", Antaranews.com, July 22, 2014.
④ 《选委会宣布佐—卡赢得总统选举》,《国际日报》(印尼)2014年7月23日。
⑤ "Ex-general alleges massive fraud in Indonesia vote", AP.com, July 18, 2014.

两周公布大选结果,并且在全国 5000 多个投票点重新投票。普选委员会最终只同意在雅加达的 13 个投票站进行重新投票,但拒绝推迟公布大选结果。①因对普选委员的态度不满,普拉博沃随后宣布"退出选举"②。但在可能受到《选举法》规定的 6 年监禁或巨额罚金处罚的情况下,其随后澄清只是退出计票过程。普拉博沃最终选择于 7 月 25 日向印尼宪法法院上诉,要求宪法法院裁定他获胜或者重新举行大选。经过 20 多天马拉松式的开庭审判,印尼宪法法院在听取证人证言并审查普选委员会提呈的证据后,最终于 8 月 21 日晚间做出了裁决,9 名法官一致决定驳回普拉博沃所有的诉求。③这也是自印尼 1998 年民主改革以来,第一次就计票进程和选举程序来进行起诉的案例。虽然大选中有不少杂音和纷扰,但平民出身、既没有军方也没有财阀背景的佐科,最终还是战胜财雄势大的竞选对手,当选印尼新一任总统。这是印尼民主政治的胜利,具有划时代的意义,说明印尼政治体制正逐步走向成熟。

第三节 佐科政府执政

2014 年 10 月 20 日,印尼首都雅加达举行了盛大的总统就职典礼。典礼在印尼人民协商会议大楼内举行,多位印尼前任总统及多国政要参加。在人协主席祖尔基夫利(Zulkifli Hasan)的见证下,佐科及副总统卡拉签署就职书并宣誓就任印尼第 7 任正、副总统。佐科在就职演说中号召全体印尼人民团结协作,将印尼建设成一个主权完整、经济发达自主、文化独特的国家。他表示,印尼民族的未来在于海洋,政府将大力发展海洋产业,将印尼建设成一个强大的海洋国家。④由此,佐科正式入主总统府独立宫,开始其

---

① "KPU decline Prabowo Camp's demand to delay election results announcement", *Jakarta Global*, July 20, 2014.
② "Prabowo withdraws from Indonesian election process", CNN.com, July 22, 2014.
③ 《印尼宪法法院裁决大选纠纷案 普拉博沃阵营失败》,中新社雅加达 8 月 21 日电。
④ 《印尼当选总统佐科宣誓就职》,新华网 2014 年 10 月 20 日电,http://news.xinhuanet.com/world/2014 - 10/20/c_ 1112895630.htm。

2014 至 2019 年的 5 年任期，印尼迎来了"佐科时代"。

一 内阁及其改组

佐科在竞选总统时明确承诺，将成立"选贤与能"的专业内阁。他认为，内阁部长必须具备清廉、专业化这些优质特点，内阁成员中专业人才的比例应该占到 70% 以上。佐科坚决反对旧式的政治酬庸，改变过去的组阁传统，不向其所属的政党联盟分配部长名额。他还创新甄选内阁部长形式，宣布民众可以参与提名内阁部长候选人。在确定内阁部长的口袋人选后，佐科要求印尼肃贪委员会连同其他机构一起对内阁新成员候选人进行审查，以排除具有涉贪嫌疑的候选人。同时，内阁成员宣誓就职后必须向肃贪委员会上报个人财务状况接受监督。

佐科原计划于 10 月 22 日即宣布内阁名单，但由于上报肃贪委的内阁成员名单中有 8 名人选有问题，因此延迟至 10 月 27 日才公布正式的内阁成员名单。当天公布的 34 名内阁成员部门包括：政治法律安全统筹部，经济统筹部，海洋统筹部，人类发展与文化统筹部，内政部，外交部，国防部，司法人权部，财政部，能源与矿产资源部，工业部，贸易部，环境与林业部，农业部，土地与空间规划部，交通部，海洋渔业部，劳工部，公共工程与住房部，卫生部，文化与初中级教育部，社会部，宗教部，信息与通信部，国务秘书部，科技与高等教育部，妇女与儿童部，提高国家机构效率与行政改革部，农村、落后地区发展与移民部，国家发展规划部，国营企业部，中小企业与合作社部，旅游部，青年与体育部。佐科特别将其内阁称为"工作内阁"（Working Cabinet），寄寓着希望所有政府成员都能够勤勉自律、兢兢业业、高效服务的含义。[①]佐科政府的内阁部长中有 20 名是专业人士出身，14 名由各政党推荐，所以又被称作"专业内阁"。尽管在客观条件制约下，没能实现专业人士占内阁成员 70% 以上的原定目标，但这届内阁已经是印

---

① "Jokowi's Cabinet announced, here is the lineup", *The Jakarta Post*, October 26, 2014.

尼历史上专业人士占比例最高的一届。①此外，新内阁 34 名部长中有 26 名男部长，8 名女部长，其中包括首位女外交部长蕾特诺（Retno L. P. Marsudi），这是历届内阁中女部长最多的一届。

佐科十分重视并强调政府的效能和执行力。初任总统时，就曾因为效能不彰而解散过全国住房建设与管理机构、林业部际委员会、综合经济区发展机构、全国消除童工委员会、东印尼发展委员会、印尼糖业委员会等 10 个政府机构。执政一段时间后，佐科深感印尼政府现有机构叠床架屋，定位不清，效率不高。他表示："希望对起码 100 个政府机构进行评估，只有那些真正有益于公众并且有效率的机构才能得到保留。如果职能不清定位不明，那么它们就必须与其他机构合并，如此才不会浪费公帑。"②这样，调整内阁进行政府重组就提上了议事日程。另一方面，近一年来，印尼经济减速、货币贬值、物价上涨。2015 年前两个季度，经济增长率分别为 4.72% 和 4.67%，为逾 5 年来的最低增速。执政党和民间将此归咎主要内阁部长工作不力。原本被寄予厚望的佐科总统在执政近 10 个月的时候结束了他的"蜜月期"，不得不面对支持率的快速下跌，因此面临改组内阁的巨大压力。据一份媒体 7 月份公布的民调显示，超过 5.6 成的受访民众对佐科政府近一年的业绩表示不满意或认为欠佳，只有约 4 成表示满意或基本满意。③

饱经传言后，终于在 2015 年 8 月 12 日，佐科进行了上任后的首次内阁改组，更换了 5 名主要内阁部长和 1 名内阁秘书。佐科当天宣布，印尼前央行行长达尔明·纳苏蒂安将接替索菲安·贾里尔担任经济统筹部长，索菲安将转任国家发展规划部长，印尼现任总统府幕僚长卢胡特·潘查伊坦将接替特佐·埃迪·普尔迪亚特诺担任政治法律安全统筹部长，印尼前财政部长里扎尔·拉姆利取代英德罗约诺·苏西洛担任海洋统筹部长。另外，印尼著名的银行家托马斯·伦邦将接替拉赫马特·戈贝尔担任贸易部长，印尼前国会

---

① "Welcoming Jokowi's Working Cabinet", *The Jakarta Post*, October 31, 2014.
② "President Jokowi to likely merge agencies", *The Jakarta Post*, August 24, 2015.
③ 《民调显示逾五成民众对佐科政府业绩不满》，《千岛日报》（印尼），2015 年 7 月 13 日。

副议长普拉莫诺·阿农将担任新国务秘书。①新的内阁成员在发展经济方面拥有丰富的经验,相信将会提振百姓对政府的信心,并提高内阁的效率和工作表现。

二 大力惩治腐败

印尼的腐败问题从苏哈托时期开始积习已久,几乎渗透到社会的各个阶层,成为一种社会病态。根据透明国际(Transparency International)发布的《2013年腐败印象指数》,印尼在参评的177个国家中排名第114位,②属于"严重腐败"国家。横向比较,印尼的腐败程度在东盟老成员国中是最为严重的,其排名不仅远低于新加坡、文莱和马来西亚,也比菲律宾和泰国低。尤为严重的是,在佐科上台前,时任印尼宪法法院院长的阿基·莫塔尔(Aki Mochtar)受贿当场被抓,后被法庭判处终身监禁。法庭指控其收受地方领导巨额贿赂后对地方选举施加影响,他还涉嫌在担任首席法官和国会议员期间洗钱1800亿印尼盾。作为国家最高法律机构之一的宪法法院院长涉贪被捕,可见贪腐现象在这个国家政界的严峻程度。有评论认为:"肃贪委和宪法法院被认为是印尼反贪肃贪的最后堡垒,如今宪法法院院长被捕,最后堡垒宣告失守。宪法法院的权威已经荡然无存,政府和法律的威信也一败涂地。"③

佐科总统对待腐败问题的态度是一贯而明确的。他认为,腐败,尤其是政府官员腐败,一方面会导致社会不公资源配置扭曲,激起民怨,严重威胁社会稳定;另一方面会影响政府透明度,削弱外来投资者意愿,损害国家长远发展。④还在总统竞选期间,佐科就承诺要惩治腐败,打造一个干净及专业的政府。正式就职后,佐科厉行改革,努力回应民众期待。佐科提倡官员

---

① 《印尼总统佐科小幅改组内阁》,《亚太日报》2015年8月12日。
② 参见 Transparency International, *Corruption Perceptions Index* 2013, http://www.transparency.org/cpi2013/results。
③ 余歌沧:《印尼宪法法院院长涉贪落马》,《亚洲周刊》2013年10月27日。
④ "JokoWi says building system prevent corruption is important" *The Jakarta Post*, May 26, 2015.

节俭，反对铺张浪费。印尼提高国家机构效率与行政改革部规定，自2014年12月1日起，官方聚会不再供应外国大餐，而改为芋头糕、蒸玉米、蒸木薯等印尼当地小吃。自2015年1月1日起，高级官员停办奢华宴会，必须宴请时则邀请宾客人数最多不能超过400人。所有政府部门必须遵守此项规定，违者将受到降级或延迟领取奖金的处分。①与此同时，佐科还大幅削减内阁成员的差旅费预算，以给国家建设留出更多资金。佐科本人以身作则，自费乘民航经济舱飞赴新加坡参加小儿子的毕业典礼，大儿子结婚时更是在喜帖上写明不接受宾客任何形式的礼物或捐赠，获得舆论广泛好评。②此外佐科认为，与事后追惩相比，建立完善的事前预防体系对防治腐败同样重要。他发布了有关预防和根除腐败具体措施的No.7/2015号总统令，要求建设中央和地方政府预算电子系统，并加强对政府官员的问责。③

在与腐败的斗争中，佐科特别重视印尼肃贪委员会（KPK）的地位，积极支持其发挥作用。苏哈托下台后，有鉴于腐败现象的触目惊心，国会于2002年通过第30号法令，决定将侦办贪腐案件的职能从警察系统中独立出来，成立专门的肃贪委员会。肃贪委法律地位特别，几乎是独立于立法、司法、行政三权之外的第四股力量。虽然其长官由总统任命，国会审核通过，但肃贪委的工作却不受国会或者政府的影响，而只对公众负责。针对腐败案件，肃贪委可以调查、侦缉、查扣、抓捕、拘留，有权要求任何部门和个人配合调查。④佐科上台后，肃贪委一方面加强自身的组织建设，如持续招募新人并对妇女进行培训；⑤另一方面，加大了反腐肃贪的打击力度。根据新闻媒体报道出来的案例，肃贪委对前任和现任政府部门高官、国会议员、地方行政首长及议会成员、法官和律师乃至执政党干部都进行了调查侦缉。例

---

① 《印尼总统坐经济舱赴新加坡参加儿子毕业典礼》，国际在线2014年11月27日，http：//gb.cri.cn/42071/2014/11/27/5931s4782102.htm。
② 《印尼总统长子大婚　婚礼从简拒收礼被赞亲民》，新华网2015年6月13日，http：//news.xinhuanet.com/world/2015-06/13/c_127910354.htm。
③ "Jokowi says building system prevent corruption is important", The Jakarta Post, May 26, 2015.
④ "Introduction of KPK", http：//www.icac.org.hk/newsl/issue22eng/button3.htm.
⑤ "KPK holds anti corruption training for women in Surabaya", The Jakarta Post, May 26, 2015.

如针对国民电子身份证项目贪腐疑云，肃贪委将政府后勤署主任法兹里（Fadzri Sentosa）带走讯问；[①]针对印尼民主斗争党前任国会议员向官员索贿以资助该党全国代表大会的传言，肃贪委讯问了民主斗争党秘书长哈斯托（Hasto Kristiyanto）。[②]最有代表性的事件是，针对佐科总统提名的警察总监人选布迪·古纳万（Budi Gunawan），他同时也是民主斗争党主席梅加瓦蒂的挚友，肃贪委于2015年1月13日将其列为贪污嫌犯，怀疑其在警队任职时曾索取贿赂。肃贪委的这一行为，虽然让佐科总统颇感无面，酿成了一场不小的政治风波，但也充分说明了其独立的地位和无所畏惧的办案态度。事实上，佐科总统最后还是听从肃贪委的意见，撤销了对布迪的任命。

尽管如此，佐科仍然力挺肃贪委。首先，有国会议员试图提案修改2002年第30号肃贪委法令，以限制和削弱肃贪委权力。佐科总统明确反对修改计划，认为此举不利于肃贪工作，这就意味着国会不能强行修订法案。对于总统的态度，肃贪委表示非常赞赏，认为"总统这种态度，令肃贪委非常宽慰，摆脱了相互猜疑的情绪。反贪工作将如往常一样继续进行"。[③]其次，针对部分地方官员对肃贪委的畏惧和不满情绪，佐科总统亲自出面做化解和指导工作。由于担心惹上麻烦，多做多错，许多地方尽量少花钱，以致出现了政府预算明显下降的情况。佐科命令内阁秘书长起草了一份政府通告，指引地方官员如何正确行事以规避触法风险，同时鼓励他们在法律许可的界限内积极工作。[④]最后，佐科积极满足肃贪委在办公馆舍和办案装备等硬件方面的需求，如曾以"节日津贴"的形式一次补助给肃贪委员2000亿印尼盾（折合1500万美元）。这些都充分显示了佐科政府对肃贪委作为印尼主要反腐败机构的重视和认可。[⑤]

---

① "KPK grills Bulog boss in e-ID graft case", *The Jakarta Post*, Sep. 23, 2015.
② "PDI-P denies bribe money goes to congress", *The Jakarta Post*, July 16, 2015.
③ "Law revision needed supervise KPK", *The Jakarta Post*, June 24, 2015.
④ "Government responds to regional leaders' fear of the KPK", *The Jakarta Post*, August 26, 2015.
⑤ "Jokowi gives Rp 200b worth of holiday bonuses to KPK", *The Jakarta Post*, July 09, 2015.

三 积极保障人权

佐科总统因其出身平民、白手起家的个人经历，十分理解弱势群体的艰辛以及维护公平公正的重要。他在竞选纲领中提出，要保护少数族群（包括宗教和种族少数派）的利益，同时解决过去的人权侵害问题。总统上任后，佐科积极支持和依靠印尼国家人权委员会（Komnas HAM）等官方机构来落实其人权保护的政纲。此外，他还十分强调宗教之间的包容和谐，政府宗教部门大力引导不同宗教的信众和平共处。

印尼国家人权委员会是印尼的国家人权机构。1999年国会通过的第39号法令规定了印尼国家人权委员会的职能、预算和人员编制。2000年的《人权法》赋予国家人权委员会对侵犯人权的各种行为进行准司法调查的权力，并明确规定在调查中可以引进外部独立专家。2008年的第40号法令进一步授权印尼国家人权委员会对种族歧视问题进行监管，保障少数族群的合法权益。佐科政府成立以来，印尼国家人权委员会表现得非常活跃，关注范围非常之广。涉及问题包括：宗教少数群体权利，如2015年8月11日宣布在此前巴布亚省托利卡拉县（Tolikara）发生的教派骚乱中存在侵犯信仰自由的情况[1]；少数族群权利，如在日惹特区政府限制华裔公民拥有土地一案中，国家人权委两次致信当地政府，敦促废除这一带有强烈歧视色彩的规定[2]；生命健康权，如在国内持续推动禁烟法案，并认定每年一度政府允许的烧蕉产生霾害，是国家侵犯人民健康权的行为，由此推动政府吊销相关执照并处罚非法烧蕉[3]；商业与人权，如制订《国家人权行动计划》，要求公司和商业团体承担相应的人权保护责任[4]；难民权利，如和联合国难民署

---

[1] "Komnas HAM finds human rights violations in Tolikara incident", *The Jakarta Post*, August 11, 2015.

[2] "Police, TNI oppress residents in land conflicts: Komnas HAM", *The Jakarta Post*, September 25, 2015.

[3] "Govt looks to suspend licenses of forest-burning companies", *The Jakarta Post*, September 19, 2015.

[4] "Human Rights guidelines prepared for business", *The Jakarta Post*, June 20, 2015.

（UNHCR）签订谅解备忘录，共同保护那些身处印尼的难民①；对警察权力的监督，如在肃贪委因指控警察总监候选人布迪涉贪后，警察部门也逮捕了两名肃贪委委员还以颜色，国家人权委员会谴责印尼警察当局在侦办此案中存在滥用权力问题；人权工作者权利，如呼吁国会通过立法来保障人权活动家的人身安全②；历史上的人权侵害问题，国家人权委员会非常关注这个问题，如宣布1965年政变后对印尼共产党（PKI）成员的系统检控是大规模侵犯人权的行为③等。印尼国家人权委如何发挥自身作用，下面试举两例予以说明。

鉴于传统习惯的存在和经济利益的考虑，每年夏天在苏门答腊和加里曼丹群岛，都存在政府允许的大规模烧蕉清地行为，林火四起、灰霾漫天，造成严重的大气污染。烧蕉不仅易引发林火，还造成了所在地区严重的呼吸道疾病，甚至成为年年影响新加坡的国际问题。据廖内省卫生局数据统计，2015年烧蕉造成的霾害至今已导致当地有超过4.3万人罹患呼吸道感染疾病，比上一年增加将近1倍。国家人权委员会受理了该地区环保人士发起的有关烟霾导致民众健康受损的投诉，并展开了调查。负责调查的国家人权委员会委员罗伊查杜尔表示："烟霾已是一年一度的灾害，政府侵犯了人民健康生活的基本权利，因为它没有阻止这一切的发生。中央政府、地方政府及机构都有责任防止发生林火引发的霾害。"④ 在佐科总统的支持下，国家人权委员会针对这一问题持续跟进并施加压力，终于促使环境与林业部进行行政处罚，吊销了286家公司进行烧蕉作业的许可证，并表示将严惩那些鼓动烧蕉的人。⑤另一个例子是，2015年7月17日，在巴布亚省的托利卡拉（Tolikara）县，印尼基督教福音派信众与正在进行开斋节祷告的伊斯兰信徒发生了冲突，事件很快演化成了骚乱，造成清真寺、店铺和住宅被烧毁，共

---

① "Komnas HAM" signs agreement with UNHCR", *The Jakarta Post*, July 29, 2015.
② "Law required to protect human rights activist", *The Jakarta Post*, May 30, 2015.
③ "Time set record straight: Megawati", *The Jakarta Post*, May 29, 2015.
④ "Thousands of Indonesians down with respiratory illnesses from haze", *The Jakarta Post*, September 11, 2015.
⑤ "Government told to punish instigators of forest burning", *The Jakarta Post*, September 12, 2015.

11人遭到枪击,其中1人不治身亡。印尼国家人权委员会很快介入了托利卡拉事件的调查,并在3周后提出了调查报告。国家人权委员会委员马内格(Maneger Nasution)在调查报告中深入探讨了事件发生的前因后果,指出在本次事件中,一是特定宗教群体基于信仰进行宗教崇拜的自由受到了侵犯;二是事件造成了1人死亡和多人受伤,人的生命权也受到了威胁;三是骚乱带来恐惧,人们享受和平安全的权利也被剥夺。国家人权委员会随后向中央政府和地方行政当局发出了建议信,希望汲取教训,确保类似事件未来在其他地方不要重演。[①]佐科总统在收到国家人权委员会的报告后,与巴布亚社区和跨宗教的领袖进行了对话,以平息该地区的紧张局势和安抚国民的不安情绪,并下令内政部长重建在事件中被烧毁的清真寺。他强调要构建宗教信徒之间的包容,呼吁所有宗教团结起来,维护印度尼西亚的完整统一。

四 促进政教关系和谐

印尼是世界上穆斯林人口最多的国家,但伊斯兰教在印尼并不是国教,印尼自建国以来就奉行政教分离,是一个遵从"潘查希拉"五大原则的世俗主义民主共和国。印尼的伊斯兰信徒总体比较温和,整体社会环境也比较宽松。然而,随着宗教激进主义在世界范围内的兴起,尤其是近年来"伊斯兰国"等极端宗教组织的发展和渗透,印尼国内也出现了宗教极端主义的倾向。[②]

面对宗教极端主义及可能导致的宗教冲突,佐科政府通过软硬两手方式加以认真应对:一方面,通过教育和文化的方式,积极传播"和平"的伊斯兰价值观。如宗教部长卢克曼(Lukman Hakim Saifuddin)宣布,将在从小学到高中的印尼各级教育中引入一种全新的伊斯兰课程,他将其称为"和平"的伊斯兰教育。这种课程将引导学生了解伊斯兰作为一种宗教是如何拥抱文化多样性并且倡导和平与宽容的。此外,该课程的教师大都在如英

[①] "Komnas HAM finds human rights violations in Tolikara incident", *The Jakarta Post*, August 11, 2015.

[②] "More Indonesians attempt to join IS in Syria", *The Jakarta Post*, June 23, 2015.

国牛津大学等学府受过培训,除共享近似的知识范式和教学材料外,他们还十分注重有趣味和互动式的教学方法。①另一方面,佐科总统作为国家最高领袖,在多个公开场合反复提倡"温和"的伊斯兰价值观,也起到了很好的宣传和示范作用。如在与"伊斯兰组织友谊联合体"(LPOI)旗下12个伊斯兰组织代表于国家宫进行的集体会见中,佐科再三强调,政府要与温和的穆斯林组织建立更紧密的关系,携手努力在印尼这个拥有世界上最多穆斯林人口的国家防止宗教极端主义蔓延。他说,温和的伊斯兰组织在推广宗教宽容和对抗狭隘的极端主义方面起到了重要作用。佐科还鼓励伊斯兰组织与政府宗教部门有更多合作,譬如可以联合举办一些项目和互动,以提升印尼对宗教理解的质量。②在出席印尼第二大伊斯兰组织穆罕默迪亚(Muhammadiyah)第47届全国代表大会开幕式时,佐科勉励该组织推动开展有前瞻性的宗教活动,支持建立一个尊重文化多样性以及和谐稳定的国家,并努力成为国家改革的"引擎"。佐科说道:"印尼作为一个国家的征途还很漫长,将会面临各式各样的挑战,穆罕默迪亚应该努力回应印尼遇到的种种问题。"③与上一届总统苏西洛不同,佐科总统公开承认印尼已经面临日益增多的宗教不宽容现象所带来的问题。他呼吁印尼最大的伊斯兰组织Nahdlatul Ulama(NU)积极推广"温和的伊斯兰价值观",以对抗通常更暴力的伊斯兰思想。④除上述软的手段外,佐科政府也使用强硬的手段预防和打击任何可能的宗教激进组织和宗教极端主义。如在本年度伊斯兰斋月来临前,伊斯兰守卫者阵线(FPI)等一些激进组织威胁将袭击在斋月期间依然开门营业的娱乐中心、迪斯科舞厅、餐厅及街头食肆等地方。面对此种威胁,国家警察总监巴卓丁(Badrodin Haiti)将军警告说,无论是发生在斋月前还是斋月期间,如果激进组织敢轻举妄动,警察都将对他们的行为采取断

---

① "Minister introduces peaceful Islam curriculum", *The Jakarta Post*, August 12, 2015.
② "Jokowi to work with moderate Muslim", *The Jakarta Post*, June 18, 2015.
③ "Muhammadiyah should become 'engine of reform': Jokowi", *The Jakarta Post*, August0 3, 2015.
④ "More efforts needed to protect religious minorities: HRW", *The Jakarta Post*, August 04, 2015.

然措施。①

佐科政府一方面力守政教分离的底线，保持印尼国家的世俗性质，维护社会稳定，严防宗教激进组织和宗教极端思想；另一方面，又希望对外充分展现民主转型的成果及作为世界上拥有最多穆斯林人口国家的影响力，积极拓展国家软实力。正如伊斯兰会议组织（OIC）秘书长马达尼（Iyad Ameen Madani）曾说的："印尼是伊斯兰民主、和谐及现代化的典范。尤其是在宗教极端主义如"伊斯兰国"肆虐的当下，印尼更可以成为其他国家学习的榜样。"②在纪念万隆会议60周年的系列活动上，与会的伊斯兰合作组织（OIC）成员国政府纷纷要求印尼在解决伊斯兰世界相关问题上发挥更大的作用。作为对此的回应，卡拉（Jusuf Kalla）副总统宣布，政府正计划建设一所预期占地200公顷的国际伊斯兰文化学习中心，以利于世界伊斯兰的发展。有了伊斯兰研究的国际中心，"全世界的人都可以到印尼来深入了解和学习伊斯兰，而不必再全部蜂拥到埃及的爱资哈尔（Al Zzhar）去了"，卡拉说道。③

第四节　政党政治

印尼是一个竞选多党制国家。苏哈托时代实行了军事控制，当时印尼只有三个政党：专业集团党（Golkar）、建设团结党（PPP）和民主党（PD），但是后两者并不参与政治竞争。在后苏哈托时代，印尼解除党禁，政党数量激增，最多时印尼出现了400多个政党。此后印尼的政党门槛提高。1999年有资格参加大选的政党有48个，2004年有24个，2009年有34个，2014年只有12个。目前，除了亚齐因为是高度自治可以有地方政党以外，印尼政府规定其他的政党都必须是全国性的。2014年大选后出现在国会中的12个政党，其中有5个政党走伊斯兰宗教路线，它们分别是民族复兴党、建设

---

① "Police against FPI and others", *The Jakarta Post*, June 13, 2015.
② "Indonesia a model of Islamic democracy and harmony: OIC", *Antara News*, August 28, 2014.
③ "Government to build world Islamic center", *The Jakarta Post*, June 09, 2015.

团结党、国民使命党、福利公正党和星月党；有4个政党由印尼国军退休将领创办和领导，走的是军派路线，包括民主党、大印尼运动党、民心党和团结公正党；另外3个政党民主斗争党、专业集团党和民族民主党都是走世俗主义路线的民族主义政党。

虽然佐科作为政治新星代表民主斗争党赢得了2014年总统大选，但实际上其得票率为53.25%，而普拉博沃的得票率为46.85%，两者仅相差约6个百分点，842万张选票。这不仅与选前预估的15%左右（2000万张选票）的差距差别不小，也与上届大选苏西洛总统揽过60%以上的选票有一段距离。此种情况充分说明，尽管选前佐科呼声很高，但体现在选票上的民意却没有占绝对优势，双方的支持者基本上势均力敌。大选过后的印尼社会呈现分裂态势，草根阶层和年轻人多支持佐科，而传统政治精英则多拥护其对手普拉博沃。作为总统的佐科，必须思考如何弥合社会阶层的分裂，将印尼社会重新团结起来。更为严重的是，佐科所在的政党没有赢得国会多数，由民主斗争党、民心党、民族民主党、民族复兴党和团结公正党这5个政党组成的执政联盟——"辉煌联盟"（KIH）在国会560个议席中仅拥有207席，占总席次的36.96%，是不折不扣的少数党联盟。反观对手普拉博沃，虽然输了总统大选，但其所在的反对党7党联盟——"红白联盟"（KMP），包括大印尼运动党、专业集团党、建设团结党、福利公正党、国民使命党、星月党和民主党，拥有国会560个议席中的353席，占总席次的63.04%，成了多数党联盟。一时间攻守之势易也，佐科和普拉博沃对决的平台转换到了议会，朝小野大和府会之争似乎不可避免。虽然佐科放低姿态，在总统就职典礼前主动拜访了普拉博沃，双方也在媒体面前握手言欢，发誓要共同维护国家的和平与团结，但是普拉博沃的话里还是充满机锋："我们同意维持印尼的团结、作为国家意识形态的潘查希拉以及宪法，但政治中的竞争是理所当然的，（红白联盟）如果觉得政府的政策不符合人民利益，将毫不犹豫的否决它。"① 与其弟的含蓄不同，普拉博沃的大哥哈希姆（Hashim

---

① "Jokowi, Prabowo Pledge to maintain unity in Indonesia", *Antaranews. Com*, October 17, 2014.

Djojohadikusumo)在接受华尔街日报采访时话就说得比较直白了,他承认正在寻找机会"报复"佐科。哈希姆表示,"红白联盟"控制了国会多数席位和31个省级立法机构,等于控制了立法议程,以后要对佐科政府每一个政策和行动都详加审议,包括佐科以总统身份提交国会的各项计划,如制定法令草案,推举驻外大使和法官,委任国民军、警察部门高官等,都将面临诸多阻挠。在面对路透社采访的时候,哈希姆更清楚暗示,"红白联盟"将利用国会多数席位赋予的权力,对佐科在任梭罗市长和雅加达省长时期的疑似腐败传闻详加调查,以此来困死佐科。[①]

2014年10月1日,新一届国会正式开幕,"红白联盟"和"辉煌联盟"的议长争夺战正式开打。普拉博沃领导的"红白联盟"占国会560席中的353席,该联盟在普拉博沃参选总统落败后,强渡关山,修改了议长选举条例,让原本由国会最大党议员自动出任国会议长的惯例,改为由国会议员选举产生,令佐科所属的斗争派民主党大为不满。新一届国会开幕后,"红白联盟"乘胜追击,再次利用国会多数席次的优势,硬是将国会议长及4名副议长全部拿下。10月3日,专业集团党的斯蒂亚(Setya Novanto)宣誓就任国会议长,大印尼运动党的法德利(Fadli Zon)、民主党的阿古斯(Agus Hermanto)、国民使命党的陶菲克(Taufik Kumiawan)和福利公正党的法哈里(Fahri Hamzah)分别宣誓就任国会副议长。10月5日,在"辉煌联盟"所有国会议员缺席的情况下,"红白联盟"单方面选出了11个常设委员会的领导班子。10月8日,另一场有关人民协商会议(MPR)议长选举的政党对决开始了。这一次,"红白联盟"推出的候选人是国民使命党的前林业部长祖尔基夫尼(Zulkifli Hasan),而"辉煌联盟"推出的候选人是商人奥斯曼(Oesman Sapta Odang)。最后经过票决,祖尔基夫尼(347票)小胜奥斯曼(330票),成为人协新一任议长。人协其他4名副议长则分别由福利公正党、专业集团党、民主党和地方代表理事会的成员担任,他们基本都是

[①] "Red-White Coalition Prepared to Block any Jokowi Policy", *Jakarta Globe*, October 9, 2014.

"红白联盟"的人。①这样,反对党阵营就将议会重要职位全部收入囊中。很明显,普拉博沃领导的"红白联盟"显然试图全面掌控国会,以阻挠佐科未来5年的施政及改革计划。佐科将面对一个充满敌意的国会,未来施政会遇到颇多掣肘。

这一时期还发生了另一件引起极大关注的事件,即地方直接选举制度的存废争议。2004年以前,印尼的地方首长由地方议会推选。根据2004年通过的第32号法令,地方居民可以直接投票选地方首长(省、市、县长),首次地方首长直选于2005年6月举行。地方首长直选与国会和总统大选一样,是印尼民主制度深化的标志,而且在直选制度下,不必加入政党也可以个人名义参加竞选,一批平民政治家逐渐涌现,其中的佼佼者就是佐科本人。但在地方直选制度实行正好将满10年的当口,普拉博沃领导的"红白联盟"里有议员提出,地方直选花费巨大,而且更容易产生贿选情况,滋生腐败,因而提案修改地方选举法,将地方首长直选变回由地方议会推选。有舆论分析,这个废除地方直选的提案,有冲着佐科来的意思。②2014年9月26日凌晨,印尼国会经过10小时激烈辩论进行最终表决,结果"红白联盟"凭借席次优势以226票对135票通过了修改后的《地方首长选举法》。③消息传出后,社会舆论一片哗然,多方批评此举无疑是印尼民主的倒退,雅加达还发生了群众游行示威活动。即将卸任的苏西洛总统和佐科都发声反对该法。佐科对该法通过深表不满,不仅赞同其支持者向宪法法院起诉,还敦促印尼人民记住那些投票支持废止地方直选制度的政党。④苏西洛总统则表示,将会为地方直选制度奋战到底。⑤在多方的压力和期盼下,苏西洛总统

---

① "Indonesian Opposition Wins Control of MPR", *VOA.com*, October 8, 2014.
② "Indonesia Showdown: Party Interests Vs. Democracy in Vote on Election Bill", *The Wall Street Journal*, September 25, 2014.
③ "House Passes Regional Elections Bill, Scraps Direct Voting", *Jakarta Globe*, September 26, 2014.
④ "Jokowi Urges Indonesians to Remember Who Scrapped Direct Voting", *Jakarta Globe*, Sep. 26, 2014.
⑤ "Yudhoyono will Fight for Direct Regional Elections", *Jakarta Globe*, September 28, 2014.

于10月2日签署了替代国会法令政府条例（Perppu），撤销了修改后的《地方首长选举法》，从而恢复了地方首长直选体制。①经过普选委员会（KPU）的安排，2015年地方直接选举定于12月9日在全国269个地区同时举行，这也是印尼历史上首次在全国同时举行地方直选。围绕此事的争议随后还在继续。2015年5月25日，"红白联盟"中的26名国会议员又联合提出2015年地方选举法修正案，冀图对12月9日的地方选举安排做出多处修正。虽然普拉博沃保证该案不会影响地方选举的筹备，但国会中的"辉煌联盟"、佐科政府及普选委员会还是对该提案表示反对，目前看起来法案即使通过，佐科总统也会将其否决。②从围绕地方直选制度存废引起的争论可以看出，印尼国会中政治力量以党派划线，席次差距悬殊且不均衡，佐科5年任期内国会与总统之间的较量将持续不断，这是佐科不得不面对的一个严峻政治挑战。

随着时间的推移，佐科的执政经验愈加丰富，其政治手腕也日益高明。佐科努力拉拢反对党议员为己所用。这其中最大的成就莫过于对普拉博沃"红白联盟"阵营进行的一次成功裂解。经过前期沟通谈判，人协议长、民主使命党（PAN）主席祖尔基夫尼于2015年9月2日对外宣布，该党正式离开反对党阵营"红白联盟"，转而加入执政党联盟——"辉煌联盟"。这无疑是对反对党阵营的一次强烈冲击，"红白联盟"减少为6党联盟，而"辉煌联盟"也同样上升为6党联盟，两者有势均力敌、并驾齐驱之势。据悉，佐科将把政府中的一个新部门——国家经济和工业委员会交给民主使命党的成员掌管。③此外，在佐科的授意下，副总统卡拉居中穿针引线，调和鼎鼐，最终促使专业集团党势不两立的两派成员于2015年5月30日签订了正式的和解协议。④卡拉本是专业集团党前主席，但在总统大选中却没有获得本党的支持，专业集团党加入了普拉博沃的"红白联盟"。总统大选后，

---

① "SBY signs presidential decree to replace regional elections law", *Jakarta Globe*, Oct 3, 2014.
② "Legislators propose local election law revision", *The Jakarta Post*, May 25, 2015.
③ "PAN joins the ruling coalition", *The Jakarta Post*, September 2, 2015.
④ "Golkar leaders sign reconciliation agreement", *The Jakarta Post*, May 30, 2015.

专业集团党内部分裂,以党主席巴克利(Aburizal Bakrie)和党内高层阿贡(Agung Laksono)为首的两派争夺党内领导权,打得不可开交。这次成功调解行动使卡拉保持了对专业集团党的影响力,看起来该党在未来某些时候与佐科进行策略结盟也不是不可能的事情了。佐科政治手腕愈加圆滑的另一个表现是,他对民主斗争党和执政同盟的态度变化。作为民主斗争党最后关头推举出来的总统候选人,有舆论一直将佐科视作民主斗争党主席、前总统梅加瓦蒂的"木偶",是民主斗争党为了赢得国会和总统席位所推出的一颗棋子。佐科对这种传言心有芥蒂,再加上其出身平民,为人清廉自持又颇具理想化的政治人格,因而在当选总统之初,佐科与民主斗争党和梅加瓦蒂本人的互动并不密切,彼此的关系甚至有些微妙。佐科高举专业清廉的大旗,力图打破政治酬庸的传统习气,使得包括民主斗争党在内的执政同盟里少有人加入佐科的政府内阁。尽管表面上否认,但民主斗争党对佐科是有些意见的,毕竟政治有时候是很现实的东西。①佐科经历了民调的大幅跌落,同时也在与国会反对阵营的斗争中体会到了执政联盟的重要性,因而其施政愈加重视理念与实际相结合,并更加重视关照和平衡各政党的利益。2015年6月10日,佐科任命团结公正党(PKPI)主席、退休将军苏绨约梭(Sutiyoso)担任国家情报署(BIN)局长;②2015年8月15日,在首次内阁改组后,佐科任命民主斗争党资深政治家普拉莫罗(Pramono Anung Wibowo)为新任内阁秘书。这个职位被认为十分重要,是围绕总统的小圈子中的一员,也是通往总统的门户。③

  本章从国会选举、总统大选、政府执政、政党政治四大方面回顾了自2014年两次大选以来,印尼一年来的政治发展情况。总体说来,顺利通过第三次国会和总统直选洗礼的印尼民主体制,是在平稳向前发展的。佐科总

---

① "'PDI-P' denies asking Jokowi to put more party members in Cabinet reshuffle", *The Jakarta Post*, June 25, 2015;"National scene: PDI-P wants more ministers replaced", *The Jakarta Post*, August 18, 2015.

② "Jokowi nominates PKPI boss to lead BIN", *The Jakarta Post*, June 10, 2015.

③ "PDI-P eyes increased influence in Presidential Palace", *The Jakarta Post*, August 15, 2015.

统的支持率虽然受外部经济环境拖累有所下降，但其执政尚算平稳。然而，国会多数掌握在反对党阵营手中的"朝小野大"现象一时难以改变，为其施政平添了许多障碍，需要认真应对。佐科作为国家领导人，今后最可能被人铭记的，不是惊天动地的经济改革，而是政府质量、效力、诚信和包容度的改善。更重要的是，在佐科的治理下，印尼可能会看到一个更响应人民呼声、更少腐败、效率更高的政府，多数印尼人会对此表示欢迎。①

---

① 维克拉姆·尼赫鲁（Vikram Nehru）：《佐科维迎击经济政治双重挑战》，永年译，《博鳌观察》2014年10月。

第二章 2014~2015年印度尼西亚经济发展

第一节 农业

一 农业总体发展情况

印度尼西亚是传统的农业国家,地跨赤道,属于典型的热带雨林气候,常年高温多雨,适合多种农业作物的生长,这种自然环境为印尼的农作物、畜牧、林业的发展创造了优越的条件。同时,印尼又是世界上最大的群岛国家,拥有世界第二长的海岸线,其海洋面积为316.6万平方千米(不包括专属经济区),比190.4万平方千米的陆地面积还要大,[①] 这也为印尼大力发展渔业奠定了基础。农业作为印尼支柱性产业,在印尼国民经济中占有十分重要的地位。农业收入是印尼国家经济增长的主要动力之一,而近年来,印尼的农业增长速度也都保持在3%以上的水平。[②]

2014年,印度尼西亚国内农业总产值为1446.7万亿印尼盾(约合1157.3亿美元),比2013年的1310.4万印尼盾(约合1048.3亿美元)增加了约109亿美元。从印尼2014年的官方数据来看,具体的农业行业产值和增长速度也存在不同程度的差异。在产值方面:粮食作物产值最高,达668.3万亿印尼盾(约合534.6亿美元);其次是渔业的340.3万亿印尼盾(约合272.2亿美元);再次,是其他经济作物行业和畜牧业,产值分别为

---

① 《印度尼西亚国家概况》,中华人民共和国外交部网站,http://www.fmprc.gov.cn/mfa_chn/gjhdq_603914/gj_603916/yz_603918/1206_604954/。

② 数据来源:印度尼西亚中央统计局网站,http://www.bps.go.id/。

192.9万亿印尼盾（约合154.3亿美元）和184.2万亿印尼盾（约合147.3亿美元）；产值最小的是林业，为60.8万亿印尼盾（约合48.6亿美元）。而在增速方面：渔业发展迅速，增长速度也最快，为6.97%；粮食作物1.33%的增速和林业0.19%的增速最低；其他经济作物和畜牧业的增长速度基本接近，分别是4.79%和4.69%。[①] 印尼农业及相关行业产值见表2-1。

表2-1 2010~2014年印度尼西亚农业相关行业产值

单位：亿美元

类别 年份	总产值	粮食作物	经济作物	畜牧业	林业	渔业
2010年	788.3	385.8	108.8	95.4	38.5	159.4
2011年	873.1	423.9	122.9	103.3	41.3	181.2
2012年	954.7	459.9	130.0	116.5	43.9	204.2
2013年	1048.3	497.4	139.6	132.0	45.5	233.3
2014年	1157.3	534.6	154.3	147.3	48.6	272.2

资料来源：印度尼西亚中央统计局网站，http://www.bps.go.id/。

二 主要农业领域的发展状况

（一）粮食作物

印度尼西亚地处热带，适宜种植水稻、玉米等粮食作物，所以印尼居民主要以大米为主食。2014年，印尼的粮食作物产值668.3万亿印尼盾，约合534.6亿美元，比2013年增长了1.33%。[②] 而其中三种主要粮食作物的生产情况分别是：大米产量为7060万吨，比2013年减少了近70万吨，产量下降了1%；玉米的种植面积为590平方千米，比2013年扩大了1.5%，

---

① 数据来源：印度尼西亚中央统计局网站，http://www.bps.go.id/。
② 数据来源：印度尼西亚中央统计局网站，http://www.bps.go.id/。

其产量为1913万吨,增长了3.3%;大豆的种植面积为610平方千米,比2013年扩大了11.1%,产量为92.1万吨,增长了18.1%。①

由于印尼是一个拥有2.5亿人的人口大国,对于大米等粮食的需求量也相对较大,而且,随着近年国家经济快速发展、人口数量急速增长,国内的粮食作物产量已是供不应求,需要从国外大量进口来满足内需。从表面来看,进口粮食无疑会对印尼国内粮食作物的价格产生影响,使民众日常所需的大米等粮食的物价上涨,从而增加国内不稳定因素。从长远来看,作为印尼民众的主食,大米等粮食作物的大量进口将会威胁到印尼的国家安全。因此,印尼政府高度重视粮食依赖进口的问题,也曾多次强调要力争尽早实现粮食自给自足。2014年底,印尼总统佐科·维多多在出席第34届世界粮食日的纪念活动时就表示,希望在未来的3年内实现粮食自给自足。同时,印尼政府决定自2015年开始的5年时间内,从财政预算中下拨15亿美元用于帮助农民进行农业基础设施建设、向农民提供肥料和优质种子,并在全国范围内推行新型农业保险,以支持印尼农业发展。

(二)主要经济作物

1. 棕榈油

随着近年印度尼西亚棕榈油行业的迅猛发展,目前,印度尼西亚已经成为世界第一大棕榈油生产国,同时也是世界第一大棕榈油出口国。印尼现有的棕榈种植园面积达10万平方千米,其中,国有种植园面积约占8%,私营企业种植园面积约占49%,分散的个体农户种植园约占43%。② 2014年,由于受到厄尔尼诺现象的影响,印尼的棕榈油产量为2900万吨,未能实现年产3000万吨的目标,印尼棕榈油协会(GAPKI)预计,2015年印尼的棕

---

① 《预计今年印尼大米产量将下降》,中华人民共和国驻印度尼西亚共和国大使馆经济商务参赞处网站,http://id.mofcom.gov.cn/article/ziranziyuan/huiyuan/201411/20141100786840.shtml.

② 《印尼棕榈种植园面积逾1000万公顷》,中华人民共和国驻印度尼西亚共和国大使馆经济商务参赞处网站,http://id.mofcom.gov.cn/article/ziranziyuan/jjfz/201410/20141000773848.shtml.

桐油产量将达3200万吨。① 而在棕榈油出口方面，印尼由于受到印度、中国、欧盟等主要棕榈油进口国和地区经济增速放缓以及国际市场需求疲软的影响，2014年的棕榈油出口量为2000万吨，② 比2013年略有下降。

棕榈油作为印度尼西亚最重要的经济作物之一，对印尼的经济发展有着巨大的贡献。根据印尼棕榈油协会数据，2014年前10个月印尼的棕榈油及衍生品出口1753万吨，以棕榈油平均864.24美元/吨的价格计算，1~10月的棕榈油及衍生品出口额达151亿美元。③ 而据该协会预计，受印尼国内外各种因素影响，2015年印尼棕榈油出口将呈下降趋势，印尼棕榈油及衍生品出口可能将降至2160万吨，出口额为159.8亿~172.8亿美元。④ 棕榈油的出口为印尼每年创造外汇超过百亿美元，对促进印尼进出口贸易平衡发挥了重要作用。同时，印尼国内10万平方千米的棕榈种植园为印尼带来了大量的就业机会，这其中包括500万个直接就业岗位和1600万个间接就业岗位，这对于印尼民众收入的提高和国内社会的稳定起到了巨大的促进作用。

2. 橡胶

印度尼西亚的橡胶业是继棕榈油之后的又一个主要经济作物产业。目前，印尼拥有世界上最广阔的橡胶种植面积，也是仅次于泰国的世界第二大天然橡胶生产国，而国际橡胶研究组织（IRSG）曾预测，到2015年，印尼的橡胶产量将超过泰国，印尼将成为世界上最大的橡胶生产国。⑤ 但由于受到恶劣天气和国际市场需求减少的影响，2014年，印尼的橡胶产量和出口

---

① 《受中国经济增速放缓影响，今年印尼棕榈油出口下降》，中华人民共和国驻印度尼西亚共和国大使馆经济商务参赞处网站，http://id.mofcom.gov.cn/article/ziranziyuan/jjfz/201411/20141100794594.shtml。
② 《受中国经济增速放缓影响，今年印尼棕榈油出口下降》，中华人民共和国驻印度尼西亚共和国大使馆经济商务参赞处网站，http://id.mofcom.gov.cn/article/ziranziyuan/jjfz/201411/20141100794594.shtml。
③ 《2015年印尼棕榈油出口前景》，中华人民共和国驻印度尼西亚共和国大使馆经济商务参赞处网站，http://id.mofcom.gov.cn/article/ziranziyuan/huiyuan/201412/20141200833601.shtml。
④ 《2015年印尼棕榈油出口前景》，中华人民共和国驻印度尼西亚共和国大使馆经济商务参赞处网站，http://id.mofcom.gov.cn/article/ziranziyuan/huiyuan/201412/20141200833601.shtml。
⑤ 《印尼到2015年将成为全球最大的天然橡胶生产国》，中国橡胶信息贸易网，http://www.qinrex.cn/news/show-5043.html。

都没有能够实现增长，与 2013 年相比，在产量基本保持一致的基础上，出口却从 270 万吨降至 250 万吨，下降了 7.4%。① 而这一趋势延续到了 2015 年，印尼橡胶在 2015 年第一季度的出口量仅为 58.5 万吨，较 2014 年同期的 68.7 万吨下降了 14.8%。②

当然，随着近年以来国际橡胶价格不断下跌，截至 2014 年底，已经从 2011 年的每公斤 5.3 美元降至每公斤 1.48 美元，远低于每公斤 3 美元这一橡胶农户心理可承受的最低价。③ 这也直接导致许多印尼国内的橡胶种植农户放弃橡胶种植，而转投种植其他更具有经济价值的农作物。然而，印尼国内的橡胶种植产业主要依靠中小型私营企业和个体农户，大部分的橡胶产量也来自非政府企业。所以，印尼政府为了推动橡胶的市场价格上涨、稳步提高橡胶产量和出口、保护橡胶种植者的利益，一方面大力支持国内橡胶生产商与国外橡胶进口企业合作，在印尼农业部和贸易部的帮扶下，印尼橡胶协会的成员于 2014 年下半年已经与泰国的轮胎工厂等企业签署了多项合作协议④；另一方面，印尼政府和相关部门、机构也希望通过升级橡胶产业，吸引投资发展下游产业，以提升印尼橡胶业的竞争力。2014 年下半年，印尼橡胶业协会在巴厘岛举行的全国协调会议上，就提出了一些具体方案：一是重栽老龄橡胶树；二是推动简化橡胶流通环节，提高胶农利润。⑤

---

① 《国际橡胶价格暴跌，明年印尼橡胶出口低迷》，中华人民共和国驻印度尼西亚共和国大使馆经济商务参赞处网站，http：//id. mofcom. gov. cn/article/ziranziyuan/huiyuan/201501/20150100856958. shtml。

② 《印尼天然橡胶产量下降，今年第一季度出口量下降 15%》，中华人民共和国驻印度尼西亚共和国大使馆经济商务参赞处网站，http：//id. mofcom. gov. cn/article/ziranziyuan/jjfz/201505/20150500985273. shtml。

③ 《国际橡胶价格暴跌，明年印尼橡胶出口低迷》，中华人民共和国驻印度尼西亚共和国大使馆经济商务参赞处网站，http：//id. mofcom. gov. cn/article/ziranziyuan/huiyuan/201501/20150100856958. shtml。

④ 《印尼天然橡胶产量下降，今年第一季度出口量下降 15%》，中华人民共和国驻印度尼西亚共和国大使馆经济商务参赞处网站，http：//id. mofcom. gov. cn/article/ziranziyuan/jjfz/201505/20150500985273. shtml。

⑤ 《印尼橡胶协会拟提高国内橡胶业竞争力》，中华人民共和国驻印度尼西亚共和国大使馆经济商务参赞处网站，http：//id. mofcom. gov. cn/article/ziranziyuan/huiyuan/201409/20140900722417. shtml。

3. 其他经济作物

印度尼西亚是世界上种植面积仅次于巴西的第二大热带作物生产国,不仅适合种植棕榈树和橡胶树,还适合种植多种其他经济作物,特别是咖啡、茶叶、甘蔗、丁香等。这些经济作物不但品种多样,而且有产量在世界上名列前茅。同时,印尼的地理环境决定了其水果王国的地位,印尼盛产香蕉、芒果、山竹等多种热带水果。

咖啡:印尼咖啡种植面积全球最大,达130万公顷,但产量却仅位居第三,主要是因为印尼的咖啡生产效率很低,每公顷产量仅760公斤,比巴西每公顷6~7吨和越南每公顷3~4吨的单位产量低了很多,极大影响了咖啡产量。① 2014年4月~2015年3月,由于旱季持续,印尼咖啡种植者无法大幅提高咖啡产量,咖啡产量下降,数据显示咖啡产量同比下降23%,出口也随之减少。② 根据印尼农业部数据,2014年上半年,印尼咖啡出口量仅为15.8万吨,价值4.35亿美元,远远低于2013年同期的53.4万吨。③ 印尼的咖啡生产潜力巨大,如果能将单位产量提升至每公顷2吨以上,印尼就有望超越巴西和越南,成为全球最大咖啡生产国。

茶叶:目前,印尼是世界第七大茶叶生产国,其产业的产量仅次于中国、印度、肯尼亚、斯里兰卡、越南和土耳其,印尼茶叶品种优良,其中含有丰富的抗氧元素。④ 但随着近年印尼茶园面积逐渐减少,茶叶的产量也受到了影响。2014年,印尼茶叶种植总面积为1213.6平方千米,比2013年

---

① 《印尼咖啡种植面积最大,但产量仅居世界第三》,中华人民共和国驻印度尼西亚共和国大使馆经济商务参赞处网站,http://id.mofcom.gov.cn/article/ziranziyuan/huiyuan/201312/20131200444614.shtml。

② 《印尼咖啡产量下降23%导致出口减少》,中华人民共和国驻印度尼西亚共和国大使馆经济商务参赞处网站,http://id.mofcom.gov.cn/article/ztdy/waimao/201506/20150601025323.shtm。

③ 《世界咖啡产量下降,给印尼咖啡出口带来新机遇》,中华人民共和国驻印度尼西亚共和国大使馆经济商务参赞处网站,http://id.mofcom.gov.cn/article/ziranziyuan/huiyuan/201410/20141000767772.shtml。

④ 《明年茶叶将登陆印尼期货交易所,开启印尼茶业投资新局面》,中华人民共和国驻印度尼西亚共和国大使馆经济商务参赞处网,http://id.mofcom.gov.cn/article/ziranziyuan/huiyuan/201409/20140900727615.shtml。

的 1224.9 平方千米下降了约 1%，而茶叶的产量从 2013 年的 14.58 万吨下降至 14.27 万吨。而从印尼官方数据来看，茶园面积在 2015 年将减少至 1193.6 平方千米，产量却将达到 14.36 万吨，比 2014 年略有上升。① 这主要是由于私营茶园面积有所增长，而私有茶企的生产更有效率。

甘蔗：甘蔗也属于印尼的重要经济作物之一。2014 年，印尼的甘蔗种植面积为 4726.7 平方千米，而这与 2013 年的 4709.4 平方千米相比仅多了 0.37%。而在蔗糖的产量方面，印尼 2014 年的蔗糖产量为 257.5 万吨，比 2013 年的产量也仅仅只多出了 2.2 万吨。而根据印尼中央统计局的预测数据来看，印尼 2015 年的甘蔗种植面积将达 4749.8 平方千米，年产量为 258.1 万吨。② 这表明印尼蔗糖产量的增长速度处于十分缓慢的状态，而主要原因是印尼国内的甘蔗种植面积难以大幅扩展，导致原料供应受到限制。

丁香：印尼是世界上最大的丁香生产国，其丁香的年产量达 7.3 万吨。2014 年底，东盟丁香香料协会在印尼日惹举办的东盟香料协会会议期间表示，印尼目前是世界上最大的丁香种植国，拥有 3310 平方千米的丁香种植面积。同时，为了进一步促进东盟丁香行业的发展，提高东盟丁香行业的效益，东盟丁香香料协会将与包括印尼丁香农民协会在内的东盟各丁香香料商协会建立伙伴关系，确保该行业的可持续发展。③

果蔬：印尼的地理环境决定了其种植的果蔬品种多样，但是，印尼国内的果蔬种植水平较低，种植面积也较小，导致印尼的果蔬产量不足。而由于印尼人口快速增长、人民生活水平逐渐提高，对于果蔬的需求量也更大，对果蔬营养的摄取也更趋多元，印尼每年都会通过进口果蔬来补充国内市场。2014 年的前两个月，印尼蔬菜进口总额为 8112 万美元，水果进口总额则达 1.16 亿美元。④ 其中，来自中国的蔬菜进口额达 5219 万美元，占比 64.3%，

---

① 数据来源：印度尼西亚中央统计局网站，http://www.bps.go.id/。
② 数据来源：印度尼西亚中央统计局网站，http://www.bps.go.id/。
③ 《印尼成为全球最大丁香生产国》，中华人民共和国驻印度尼西亚共和国大使馆经济商务参赞处网站，http://id.mofcom.gov.cn/article/ziranziyuan/huiyuan/201412/20141200832723.shtml。
④ 《1~2月份印尼自中国进口蔬菜水果比例进一步增加》，中华人民共和国商务部网站，http://www.mofcom.gov.cn/article/i/jyjl/j/201404/20140400542951.shtml。

来自中国的水果进口额为8198万美元，占比70.6%。①

（三）畜牧业

2014年畜牧业及其产品的产值达184.2万亿印尼盾（147.3亿美元），较上一年增长了4.67%。② 而从印尼中央统计局发布的数据来看，2014年的畜牧业总体发展形势良好，家畜、家禽的数量都呈现出增长态势。

家畜类：2014年，印尼的奶牛养殖总数为48.3万头，同比增长8.7%，养殖的黄牛和水牛分别为1472万头和132万头，同比增长15%和10%，牛肉的总产量为112万吨。马匹的养殖数量为45.5万头，同比增长了4.8%，马肉的产量为2528吨。山羊和绵羊的养殖总数为1921.6万头和1571.5万头，同比增长3.8%和5.2%，羊肉的产量是11万吨。生猪的养殖数量是787.3万头，同比增长了3.4%，猪肉的产量是62万吨。③

家禽类：2014年家禽类的养殖总数约为19.75亿只，其中以鸡类的养殖为主，约占总量的97%，而肉鸡的养殖数量为14.8亿只，是印尼最主要的禽类产品。④

由以上数据也可以看出，印尼的畜牧业主要以牛、羊、鸡的养殖和生产为主，而这也是根据印尼国内88%的穆斯林人口对于这些产品的巨大需求而形成的。虽然畜牧业的各个方面生产情况良好，但随着人口增长迅猛，国内的需求量不断扩大，部分畜牧业产品供不应求，需要通过进口来满足国内市场。据印尼农业部动物卫生和养殖总署官员表示，2015年前两个季度牛犊的进口达28.8万头，而2015年后两个季度的进口数量将达50万~60万头，同时，印尼进口牛对于国内需求的贡献率为20%。⑤

---

① 《1~2月份印尼自中国进口蔬菜水果比例进一步增加》，中华人民共和国商务部网站，http://www.mofcom.gov.cn/article/i/jyjl/j/201404/20140400542951.shtml。
② 数据来源：印度尼西亚中央统计局网站，http://www.bps.go.id/。
③ 数据来源：印度尼西亚中央统计局网站，http://www.bps.go.id/。
④ 数据来源：印度尼西亚中央统计局网站，http://www.bps.go.id/。
⑤ 《印尼农业部保证牛肉供应量》，印尼华人网，http://www.ydnxy.com/article-1469-1.html。

（四）渔业

印尼海洋资源丰富，渔业发展迅猛。2014 年，印尼的渔业产值为 340.3 万亿印尼盾（约合 272.2 亿美元），同比增长近 40 亿美元。① 从印尼中央统计局的数据来看，2009~2014 年，印尼的渔业增长速度都处在一个较高区间内（见表 2-2）②。

表 2-2　2009~2014 年印尼渔业产值及增速情况

年份＼数额	产值（万亿印尼盾）	产值（亿美元）
2009 年	176.6	141.2
2010 年	199.3	159.4
2011 年	226.6	181.2
2012 年	255.3	204.2
2013 年	291.7	233.3
2014 年	340.3	272.2

资料来源：印度尼西亚中央统计局网站，http://www.bps.go.id/。

目前印尼水产品养殖业增长速度也很快。近 5 年来，虾类产量年均增幅达到 13.9%，呈现明显增加迹象。③ 为了实现 2015 年养殖虾产量达 78.6 万吨，比 2014 年增加 32% 的目标，印尼海洋渔业部长苏西决定将印尼西苏拉威西省北马穆祖县设为产虾中心。北马穆祖县可供进行虾类养殖的土地有 130 平方千米，每平方千米可养殖约 200 吨虾苗，年产量可达 600 吨，创收 360 亿印尼盾（约合 288 万美元）。④

---

① 数据来源：印度尼西亚中央统计局网站，http://www.bps.go.id/。
② 数据来源：印度尼西亚中央统计局网站，http://www.bps.go.id/。
③ 《印尼政府鼓励发展海虾养殖》，中华人民共和国驻印度尼西亚共和国大使馆经济商务参赞处网站，http://id.mofcom.gov.cn/article/ziranziyuan/jjfz/201506/20150601006070.shtml。
④ 《印尼政府鼓励发展海虾养殖》，中华人民共和国驻印度尼西亚共和国大使馆经济商务参赞处网站，http://id.mofcom.gov.cn/article/ziranziyuan/jjfz/201506/20150601006070.shtml。

印尼渔业虽然整体发展速度较快,但发展方式单一、落后,而且非法捕鱼的现象十分严重,给印尼渔业带来了巨大经济损失。据统计,目前有多达5400艘外国渔船在印尼海域进行非法捕捞,使印尼每年蒙受约250亿美元的损失。① 自2014年印尼新一届政府上台以来,就十分重视这个问题,并于2014年底,由总统佐科下令,逮捕非法捕鱼者,同时要击沉10~20艘非法捕鱼的外国渔船,使非法捕鱼的外国船只不敢再犯。②

(五)林业

印尼森林覆盖率达60%以上,主要分布在加里曼丹、伊里安、苏门答腊、苏拉威西和爪哇五大岛屿,印尼作为世界上最大的热带木材生产国之一,林业资源相当丰富。近年由于森林持续遭到破坏,印尼的林业增长速度十分缓慢。2011年增速为0.85%,2012年增速为0.16%,2013年增速为0.11%,2014年增速为0.19%,增长速度都低于1%,处于较低的增长状态。③ 从产值来看,2014年,印尼林业的总产值为60.8万亿印尼盾(约合48.6亿美元),在整个农业总产值中占4.1%,④ 这显然与世界林业资源国家的身份不相符。

印尼林业的增长速度虽然比较缓慢,但林产品作为仅次于石油天然气和纺织品的第三大出口产品,是印尼外汇收入的重要来源。近几年来印尼木材及木制品的出口也一直保持高速增长,仅2014年上半年,印尼木材及木制品出口额就达32亿美元,同比增长10%,这比2011年23亿美元的年出口额还要多。⑤

---

① 《印尼政府组建跨部门工作组打击非法捕鱼》,中华人民共和国驻印度尼西亚共和国大使馆经济商务参赞处网站,http://id.mofcom.gov.cn/article/ziranziyuan/huiyuan/201412/20141200833580.shtml。
② 《印尼政府组建跨部门工作组打击非法捕鱼》,中华人民共和国驻印度尼西亚共和国大使馆经济商务参赞处网站,http://id.mofcom.gov.cn/article/ziranziyuan/huiyuan/201412/20141200833580.shtml。
③ 数据来源:印度尼西亚中央统计局网站,http://www.bps.go.id/。
④ 数据来源:印度尼西亚中央统计局网站,http://www.bps.go.id/。
⑤ 《印尼上半年木制品出口32亿美元》,印度尼西亚林业,http://indonesia.forestry.gov.cn/article/662/669/692/2014-10/20141030-071006.html。

为了进一步提高森林资源的利用价值、林业的可持续生产力和林产品的出口水平，现阶段，印尼政府主要需要在加强森林资源保护和生物多样性保护的同时，大力发展人工林，保证森林资源和生态的平衡性；在加强林业和林产品加工业发展的同时，积极开发国内外市场，增加林业产品附加值；在加强林业产品出口、增创外汇的同时，注重营造良好的林业投资环境，创造更多就业机会。

三 农业基础建设

农业对于印尼的国民生计和经济发展都发挥着十分重要的作用，印尼历届政府也高度重视农业发展。2014年，佐科·维多多当选印尼总统后，多次强调要优先发展农业经济和海洋经济。在2015年初国会通过的《2015～2019年印尼国家中期发展规划》中就明确提出多项农业和海洋领域的具体发展目标：稻谷产量从2014年的7060万吨增至8200万吨，玉米产量从1913万吨增至2410万吨，白糖产量从260万吨增至380万吨，渔业产量从1240万吨增至1880万吨。①

印尼政府认识到，要实现上述指标，就需要提高农业投资，加强农业基础建设，印尼经济统筹部长、财政部长和公共工程与住房部长先后表示，按照佐科总统争取粮食主权的计划，政府将在未来5年中进行农业改革，至少为450万农户提供新的耕地，开垦100公顷新农田，改善300万公顷农田的灌溉系统，并建设25个新水库，成立服务于农民和中小企业的专业银行，加强和改善粮储公共公司的物质供应能力等。② 其中，佐科总统认为改善农田灌溉系统是争取粮食主权的重要环节，粮食产量直接关系到印尼的国计民生，而农业灌溉则是确保粮食生产的根本。近10年来，印尼政府将保证水

---

① 《印尼2015～2019年中期发展规划即将正式公布》，中华人民共和国驻印度尼西亚共和国大使馆经济商务参赞处网站，http://id.mofcom.gov.cn/article/ziranziyuan/huiyuan/201501/20150100863556.shtml。
② 《印尼新政府多项措施促农业发展》，中国经济网，http://intl.ce.cn/specials/zxgjzh/201411/01/t20141101_3823530.shtml。

资源供应作为优先任务之一，截至2014年中，已建造完工21座大坝，除此之外，在建的16座大坝中，也将有巴厘岛迪达普大坝、东爪哇省巴祖尔马迪大坝、西努沙登加拉省班达杜里大坝、西爪哇加迪格蒂大坝4座大坝于2014年底竣工。① 2014年9月，印尼公共工程与住房部表示，已经在全国境内选择了49处地点作为建造大坝的地址，拟通过保证灌溉水源来支持国家粮食安全计划。② 印尼政府也将在2015年的国家收支预算中加大水利灌溉系统建设的拨款，促进粮食增产。

与此同时，印尼农业各行业，尤其是渔业，基本处于产业链上游，并且生产技术比较落后，这些都不符合农业的市场发展规律，不利于农业的可持续发展。佐科总统十分注重发展和开拓印尼海洋经济，履职后便决定在新内阁机构调整中增设海洋统筹部，③ 这一决定是在遵循市场原则的前提下做出的，设立这一综合性管理部门也是为了更好地促进上下游产业相结合、提高水产加工业附加值、加强海洋环境保护，进而统筹发展海洋经济，推动印尼经济平衡发展。

农村是农业发展的基础，农民既是农业的从业者，也是农业的直接受益者，印尼政府在发展农村经济上也逐步加大了关注与支持力度。2014年颁布实施的第6号农业法令，是印尼农村行政改革和土地改革迈出的坚实一步，它为加强农村治理和促进农业发展提供了法律支持。④ 印尼总统佐科在其竞选纲领中提出，要加强农村地区建设，敦促地方政府减少日常开支、加

---

① 《印尼政府选定49个大坝建造地址，以确保农业灌溉和粮食安全》，中华人民共和国驻印度尼西亚共和国大使馆经济商务参赞处网站，http://id.mofcom.gov.cn/article/ziranziyuan/huiyuan/201410/20141000767283.shtml。
② 《印尼政府选定49个大坝建造地址，以确保农业灌溉和粮食安全》，中华人民共和国驻印度尼西亚共和国大使馆经济商务参赞处网站，http://id.mofcom.gov.cn/article/ziranziyuan/huiyuan/201410/20141000767283.shtml。
③ 《印尼前海洋与渔业部长提出发展海洋经济五原则》，中华人民共和国驻印度尼西亚共和国大使馆经济商务参赞处网站，http://id.mofcom.gov.cn/article/ziranziyuan/huiyuan/201410/20141000773841.shtml。
④ 《印尼学者呼吁新政府优先发展农村经济》，中华人民共和国驻印度尼西亚共和国大使馆经济商务参赞处网站，http://id.mofcom.gov.cn/article/ziranziyuan/huiyuan/201409/20140900726946.shtml。

大对公共服务的投入、改善村庄及次级区域的公共服务等,得到了印尼广大农民的支持。①

四 存在的主要问题

印尼农业生产和发展虽然总体稳定,增长速度基本保持在3%以上的水平,但依然面临着很多问题。

一是农业生产技术落后。印尼是一个传统的农业国家,农业在国家经济和国民生活中占有十分重要的位置,但印尼农业的发展也受制于落后的生产技术。印尼的农业中有很多行业的资源都排在世界前列,例如印尼的橡胶种植面积是世界上最大的,但是印尼的天然橡胶产量却要低于泰国,屈居世界第二;印尼拥有全球最大的咖啡种植面积,达130万公顷,②但咖啡的产量仅排在世界第三位;印尼的棕榈种植面积和棕榈油产量虽然都已经位居世界第一,但单位面积的棕榈油产量却不高。这些都是由于印尼农业生产技术落后。

二是农产品过度依赖进口。目前,虽然印尼农业增长相对稳定,发展形势较好,但印尼人口较多,消费需求巨大,很多农产品需要进口才能满足国内市场,尤其像大米等主要粮食依然需要大量进口。粮食过度依赖进口这一问题也被印尼政府提升到了关乎国家安全的高度。印尼总统佐科表示,要尽快解决这一问题,争取在未来3年时间内实现粮食自给自足。印尼的牛肉、鸡肉等也需要从国外进口以满足国内需求,而进口牛对于印尼国内需求的贡献率高达20%。③ 当然,由于印尼农业生产技术落后,农产品加工业不够发

---

① 《印尼学者呼吁新政府优先发展农村经济》,中华人民共和国驻印度尼西亚共和国大使馆经济商务参赞处网站,http://id.mofcom.gov.cn/article/ziranziyuan/huiyuan/201409/20140900726946.shtml。
② 《印尼咖啡种植面积最大,但产量仅居世界第三》,中华人民共和国驻印度尼西亚共和国大使馆经济商务参赞处网站,http://id.mofcom.gov.cn/article/ziranziyuan/huiyuan/201312/20131200444614.shtml。
③ 《印尼农业部保证牛肉供应量》,印尼华人网,http://www.ydnxy.com/article-1469-1.html。

达,导致印尼的许多农业加工产品需要进口。

三是政府对农村经济重视程度不足。印尼现有7.2万个村庄,农村人口占印尼全国人口的一半以上,大多数农村未能得到政府的真正重视,农村经济发展较为落后,政治上也处于边缘化,大部分农民生活还处于贫困水平。[①] 印尼的农业、林业和渔业三个部门对印尼经济所做贡献达到GDP的35%,[②] 农村经济的发展应该得到印尼政府的重视。大力发展农村经济,可以帮助尽快提高农村的经济状况,降低贫困率、解决贫富差距,并促进地区间平衡发展。印尼总统佐科·维多多在竞选纲领中就提出,要加强农村地区建设,敦促地方政府减少日常开支、加大对公共服务投入、改善村庄及次级区域的公共服务等,得到了印尼广大农民的支持,并被寄予厚望。[③] 但是,对于提高农村经济水平、促进农业可持续发展,印尼政府依然缺乏具体方案和实际行动。

印尼农业存在的各种问题不仅阻碍着农业的发展,也不同程度地影响了经济的增长。这需要印尼政府在加大重视力度的前提下,制定更多、更适合农业持续发展的政策,并采取具体的、切实可行的措施来解决这些问题。可以预见,随着印尼农业保持稳定增长,只要能有效地解决农业发展过程中存在的问题,印尼的农业发展空间和潜力将会得到进一步的拓展和提升。

五 农业发展前瞻

2014年的印尼经历了政府换届,新一届的政府上台后,将农业和能源放在了优先发展的地位。2015年初,印尼总统颁布实施的印尼2015~2019年中期发展规划中所包含的内容就有提高印尼人力资源素质和社会生产力;

---

① 《印尼学者呼吁新政府优先发展农村经济》,中华人民共和国驻印度尼西亚共和国大使馆经济商务参赞处网站,http://id.mofcom.gov.cn/article/ziranziyuan/huiyuan/201409/20140900726946.shtml。
② 《印尼经济统筹部长建议新政府优先发展农林渔业》,中华人民共和国驻印度尼西亚共和国大使馆经济商务参赞处网站,http://id.mofcom.gov.cn/article/ziranziyuan/huiyuan/201409/20140900727573.shtml。
③ 《印尼学者呼吁新政府优先发展农村经济》,中华人民共和国驻印度尼西亚共和国大使馆经济商务参赞处网站,http://id.mofcom.gov.cn/article/ziranziyuan/huiyuan/201409/20140900726946.shtml。

创造繁荣，提高社会福利，避免财富两极分化；更加关注中下层民众生活以及生产力水平；保持经济与生态环境的可持续发展。这都与印尼的农业发展息息相关，可见印尼政府对于农业发展十分重视。

当然，要实现印尼中期发展规划中所制定的粮食领域的稻谷产量从2014年的7060万吨增至8200万吨、玉米产量从1913万吨增至2410万吨、白糖产量从260万吨增至380万吨、渔业产量从1240万吨增至1880万吨等农业生产目标，[①] 还需要印尼政府从国家财政预算、基础设施建设和政策法规的制定这些方面入手，加大人力和财力投入，给予农业发展更大的支持。

与此同时，印尼农业发展的重点主要在于以下几个方面：一是要进一步调整农、林、渔在农业内部结构中的比例；二是要在确保农业稳步增长的前提下，促进农产品加工业的快速发展，加快传统农业向集成型农产业（种植到生产加工的农业生产方式）转变；三是要在提高农业各行业生产效益的同时，注重防治自然灾害，确保生产成果；四是既要加大政府财政投资，也要不断提升吸引外资的能力。

随着2015年印尼成为联合国粮食及农业组织第39届理事会成员，印尼将有机会参与制定全球粮食安全和农业可持续发展等政策，这将进一步加深印尼和世界各国农业发展方面的交流与合作，促进印尼农业加快"走出去"和"引进来"的步伐，有助于全面提升印尼农业的竞争力。

第二节　工业

一　工业发展情况

（一）工业生产整体情况

2014年，印度尼西亚的工业产值增速为4.7%，这是继2010年后，再

[①]《印尼2015~2019年中期发展规划即将正式公布》，中华人民共和国驻印度尼西亚共和国大使馆经济商务参赞处网站，http://id.mofcom.gov.cn/article/ziranziyuan/huiyuan/201501/20150100863556.shtml。

次下降到5%以下，这也表明印尼工业增长速度放缓。工业作为印度尼西亚的支柱产业之一，在2014年对经济增长的贡献率达20.7%，而工业的增长速度放缓，必然影响到印尼的经济增长速度，根据印尼官方发布的数据，印尼在2014年的经济增速为5%，为近年最低值。[①]

虽然2014年印度尼西亚的工业增速放缓，但除石油和天然气行业呈现负增长外，其他工业行业基本保持着一定速度的发展。具体行业产值和增速如下：煤炭行业产值412.5万亿印尼盾（330亿美元），增速是2%[②]；石油和天然气行业的产值290.2亿印尼盾（232.16亿美元），增速为-2.2%；食品饮料和烟草工业产值776.8万亿盾（621.44亿美元），增速为7.24%；纺织皮革制品业产值186.3万亿盾（149.04亿美元），增速为2.35%；木材加工行业产值106.8万亿盾（85.44亿美元），增速为7.33%；造纸和印刷行业产值80.6万亿盾（64.48亿美元），增速为6.15%；化肥和化工产业产值242.5万亿盾（194亿美元），增速为1.27%；水泥和非金属制造业产值67.9万亿盾（54.32亿美元），增速为1.52%；钢铁制造业产值38.6万亿盾（30.88亿美元），增速为4.21%；交通运输装备和机械设备行业产值590.2万亿盾（472.16亿美元），增速为6.05%；水电供应产业产值81.1万亿盾（64.88美元），增速为5.5%；其他产品制造业产值13.6万亿盾（10.88亿美元），增速为8.91%。[③]

（二）主要工业行业情况

印度尼西亚目前还没有形成较为完善的工业体系，其具有优势和竞争力的工业行业主要有油气行业、煤炭行业、矿产行业、纺织行业。当然，印尼电力工业、钢铁工业的发展虽然相对落后，但是其发展前景比较乐观。

---

① 《印尼总统公布未来5年宏大经济发展和建设计划》，中华人民共和国驻印度尼西亚共和国大使馆经济商务参赞处网站，http://id.mofcom.gov.cn/article/ziranziyuan/huiyuan/201412/20141200841311.shtml。
② 数据来源：《BP世界能源统计年鉴（2015年版）》，第32页。
③ 数据来源：印度尼西亚中央统计局网站，http://www.bps.go.id/。

1. 油气行业

印度尼西亚曾作为石油输出国组织（OPEC）成员，但由于油田老化衰竭，油气产量持续呈现负增长，2011年油气产量增长-0.94%，2012年增长-2.80%，2013年增长-1.76%，2014年增长-2.27%。① 2014年印尼政府预算案中原油产量设定为81.8万桶/天，而实际产量不足80万桶/天，2015年政府预算案设定目标为90万桶/天，预计实际产量只能达到85万桶/天。② 在天然气方面，印度尼西亚天然气储量位居世界第13位、亚太地区第2位，其经探明的天然气储量达104万亿立方英尺，③ 但近年来，液化天然气的产量逐渐下降，2014年产量更是下降了5.5%。④

2014年，印度尼西亚的石油和天然气产量总体下降，而随着国内人口数量增长，对油气的需求量不断上升。目前，印度尼西亚现有的炼油厂每日产量为64.9万桶，但其国内燃油的每日需求量是125.7万桶，即印尼每天的石油供应缺口为60.8万桶，而预计这一缺口在2015年将达64万桶/天。⑤ 印尼石油协会预计，到2019年时印度尼西亚国内对于能源的每日需求将达610桶石油当量，但其石油、天然气、煤炭只能满足每日604桶石油当量的需求，届时印度尼西亚将成为一个能源净进口国家，而到2025年，印尼能源需求缺口将扩大至每日240桶石油当量。⑥

为了响应总统佐科发展印尼炼油能力、满足能源需求的战略，进一步提

---

① 数据来源：印度尼西亚中央统计局网站，http：//www.bps.go.id/。
② 《国际油价下跌，明年印尼油气领域投资增长受阻》，中华人民共和国驻印度尼西亚共和国大使馆经济商务参赞处网站，http：//id.mofcom.gov.cn/article/ziranziyuan/huiyuan/201412/20141200839067.shtml。
③ 《部分油气合同到期延续问题将影响印尼油气产量》，中华人民共和国驻印度尼西亚共和国大使馆经济商务参赞处网站，http：//id.mofcom.gov.cn/article/ziranziyuan/huiyuan/201412/20141200839079.shtml。
④ 数据来源：印度尼西亚中央统计局网站，http：//www.bps.go.id/。
⑤ 《印尼对炼油厂投资者提出四项要求》，中华人民共和国驻印度尼西亚共和国大使馆经济商务参赞处网站，http：//id.mofcom.gov.cn/article/ziranziyuan/zhengt/201412/20141200839057.shtml。
⑥ 《国际油价下跌，明年印尼油气领域投资增长受阻》，中华人民共和国驻印度尼西亚共和国大使馆经济商务参赞处网站，http：//id.mofcom.gov.cn/article/ziranziyuan/huiyuan/201412/20141200839067.shtml。

高油气产量,吸引国内外投资,帮助油气产业恢复增长,目前印尼政府加大了对油气行业的政策扶持力度。2014年底,印尼能源与矿产资源部油气总司代理总司长纳尔延多·瓦吉敏称,印尼政府已经对在其境内投资建设炼油厂进行了可行性研究,同时,鼓励外国投资者和国内私营企业与印尼国家石油公司开展合作,印尼政府将简化许可证办理程序,提供一定的减免税优惠,并协助进行征地。在2014年12月印尼政府已为在印尼投资1万亿印尼盾(约合8333万美元)以上的炼油厂提供了5~10年的免缴企业所得税条件,期满后将享受2年企业所得税减半等优惠,同时正在研究和评估投资者希望的超过10年的减免税政策,以支持炼油业的发展。印尼政府鼓励国内外投资者参与印尼油气领域投资开发,特别是在印尼投资兴建炼油厂,但对投资者也提出了4项要求:一是投资者必须具备一定经济实力和科技实力,在印尼投资建设国际一流的炼油厂;二是保障原油等原材料供应充足,确保炼油厂建成后能顺利投产;三是具备开展石油化工的能力,以进一步延伸油气产业链;四是雇用当地和国际专业人才,确保项目实施质量和效果。这不仅能有效提升印度尼西亚的油气产量,还能更好地保证其油气产业的可持续发展。①

2. 煤炭行业

印度尼西亚是一个煤炭资源十分丰富的国家,其煤炭主要分布在苏门答腊岛和加里曼丹岛,特别是集中在苏门答腊岛的中部和南部,以及加里曼丹岛的中部、东部和南部。印尼煤炭不仅品种齐全,而且煤炭品质优良,此外,印尼的煤矿多为露天矿,具有埋藏浅、煤层厚、开采方便等产业优势。根据《BP世界能源统计年鉴(2015年版)》统计数据来看,印度尼西亚的煤炭在2014年底被探明储量为280.17亿吨,占世界已探明煤炭总储量的3.1%,位居世界第十位,其储量在亚洲地区排名第三位,仅次于中国和印度。2014年,印度尼西亚的煤炭产量为281.7百万吨石油当量,相比2013

---

① 《印尼政府出台免税政策鼓励投资炼油厂》,中华人民共和国驻印度尼西亚共和国大使馆经济商务参赞处网站,http://id.mofcom.gov.cn/article/ziranziyuan/zhengt/201412/20141200832722.shtml。

年的276.2百万吨石油当量增长了2%，这一产量占2014年世界煤炭产量的7.2%，位于中国的46.9%和美国的12.9%之后，排在第三位。由于印度尼西亚人口数量众多，对于煤炭这一基础性能源的需求量也很大，2014年的煤炭消费量为60.8百万吨石油当量，增长率为5.6%，这一增速明显高于印度尼西亚国内煤炭生产的速度。① 所以，为了满足不断扩大的内需，印尼政府正在逐步控制煤炭出口量。

2014年以来，全球煤炭价格下跌了近20%，而进入2015年后，煤炭价格持续下跌，受此影响，印度尼西亚煤炭产量开始下降，据印度尼西亚能源与矿产资源部统计，2015年前5个月的煤炭产量为1.66亿吨，比2014年前5个月的2.05亿吨下降了19.4%。② 印尼国有煤炭公司普吉亚森公司（PTBA）总经理助理米拉瓦玛表示，2015年前5个月，该公司的煤炭销售价格同比下降了3%~4%，今年第一季度的净利润同比下降了36.5%。随着全球煤炭价格持续下降，该公司和印尼其他煤炭企业正在努力维持生产。今年公司的产量提高了6%，销量增长了5%，每吨煤炭的生产成本也有所下降，这种情况将一直持续。该公司的目标是，2015年全年销售2400万吨煤炭，与2014年相比增加33%左右。印尼煤炭协会总主席班杜·夏利尔表示，由于国际经济疲软，煤炭进口商在款项支付上也更加严格，并更多地采取信用证方式支付，这使印尼煤炭生产商无法提前获得预付款以及时安排生产，同时，印尼的大型煤企可以通过增加产能并继续降低成本，但中小型企业进一步降低成本的空间有限。目前，印尼50%~60%的煤企在以低于成本价的方式进行销售，这对于印尼国内煤炭产业的整体发展是十分不利的。③

---

① 数据来源：《BP世界能源统计年鉴（2015年版）》，第33页。
② 《截至今年前5个月印尼煤炭产量下滑近20%》，中华人民共和国驻印度尼西亚共和国大使馆经济商务参赞处网站，http://id.mofcom.gov.cn/article/ziranziyuan/huanbao/201506/20150601017513.shtml。
③ 《今年上半年印尼煤炭价格继续下跌》，中华人民共和国驻印度尼西亚共和国大使馆经济商务参赞处网站，http://id.mofcom.gov.cn/article/ziranziyuan/huanbao/201507/20150701040134.shtml。

3. 矿产行业

印度尼西亚的矿产资源在亚洲国家中位居前列，其中主要矿产包含铝土矿、镍矿、铜矿、金矿、银矿、铁矿等。2014年1月，印度尼西亚政府为了提高矿产行业的附加值，延长其产业链，发展下游冶炼产业以扩大就业机会，正式宣布实施了原矿出口禁令。这一禁令的实施，迫使国际原矿进口商纷纷转向其他国家，印尼的矿产出口量随之减少。2014年印尼全年锡出口量达7.7万吨，表现较为活跃的出口企业共有37家，而由于国际锡价持续走低，活跃的出口商数量下降至22家，减少了40.5%，预计2015年印尼的锡出口量也将降至7万吨以下。① 印尼2014年铝矾土出口量与2013年相比，从5560万吨骤减至210万吨。2015年前5个月，马来西亚已取代印尼，成为中国主要的铝矾土供应国。此外，澳大利亚也从印尼的出口禁令中获益，中国从澳大利亚进口的铝矾土同比增长了53%。② 日本每年使用镍铁矿中的44%以上来自印尼，自印尼实行原矿出口禁令以来，日本国内钢铁工业遭受了巨大的冲击，日本甚至曾威胁印尼政府将就此向世界贸易组织（WTO）提出诉讼。③

根据印尼投资协调委员会发布的数据来看，受原矿出口禁令影响，截至2014年8月，投资者已计划在印尼投资额近314亿美元，兴建50个冶炼厂。而印尼能源与矿产资源部的数据显示，截至2014年底，已有64个冶炼厂正在建设中，其中30个为镍铁冶炼厂。兴建冶炼厂的绝大部分投资来自中国，如中国青山控股有限公司与印尼本地企业成立的合资公司正在中苏拉威西省

---

① 《今年印尼锡出口活跃度大幅降低》，中华人民共和国驻印度尼西亚共和国大使馆经济商务参赞处网站，http://id.mofcom.gov.cn/article/ziranziyuan/huanbao/201506/20150601018663.shtml。

② 《印尼禁止原矿出口后中国进口商被迫转移，马来成最大赢家》，中华人民共和国驻印度尼西亚共和国大使馆经济商务参赞处网站，http://id.mofcom.gov.cn/article/ziranziyuan/huanbao/201506/20150601028881.shtml。

③ 《日本可能取消就印尼原矿出口禁令向WTO提起诉讼计划》，中华人民共和国驻印度尼西亚共和国大使馆经济商务参赞处网站，http://id.mofcom.gov.cn/article/ziranziyuan/huanbao/201412/20141200832703.shtml。

建造价值10.4亿美元的镍铁冶炼厂。① 2014年11月28日，印尼外商直接投资印尼冶炼厂研讨会在雅加达阿天玛·加雅（ATAMA JAYA）天主教大学举行。研讨会聚焦外国企业投资印尼冶炼工业所面临的困难，为准备在印尼开展镍、铜、铝土矿、铁矿石等原矿冶炼加工的外国投资商提供与印尼政府官员面对面的交流机会。同时，研讨会还提供了政府政策及法律相关方面的介绍和解决方案，对投资冶炼厂的优惠政策以及"一站式"服务等相关问题，并对企业关心的包括印尼原矿出口法规及对冶炼产业的影响、投资手续及办理、在印尼建设冶炼厂面临的各种挑战、印尼矿业冶炼市场投资机会、印尼电力供应对冶炼产业影响、办理冶炼厂所需许可证及其他法律程序、冶炼厂土地征用相关问题、环境许可证与环境影响评估报告等问题都给予了解答。②

4. 电力行业

印度尼西亚拥有大量的油气资源、煤资源、水资源和地热资源等，这些能源为印尼的电力工业发展提供了得天独厚的条件。从目前印尼电力发电能源比例来看，煤炭占51%、天然气占22%、燃油占16%、水力占6%、地热占5%。因此，印尼发电能源依然是以化石能源为主，比例约占90%，而新能源发电的开发依然处在起步阶段。③ 印尼水资源十分丰富，而且水电站维修运营成本相对较低，印尼国家电力公司表示，为了给民众提供价格低廉的电力，满足印尼国内年增长率9%的电力需求，将积极参与水电站建设。印尼水力发电蕴藏着7500万千瓦的潜力，其中可供开发利用的潜力为2560万千瓦，但目前水电站的发电能力仅为500万千瓦，而且印尼现有的大坝中

---

① 《日本可能取消就印尼原矿出口禁令向WTO提起诉讼计划》，中华人民共和国驻印度尼西亚共和国大使馆经济商务参赞处网站，http://id.mofcom.gov.cn/article/ziranziyuan/huanbao/201412/20141200832703.shtml。
② 《印尼举行外商直接投资印尼冶炼厂研讨会》，中华人民共和国驻印度尼西亚共和国大使馆经济商务参赞处网站，http://id.mofcom.gov.cn/article/ziranziyuan/huanbao/201412/20141200830059.shtml。
③ 秦为芬：《印尼电力产业现状、规划分析及对中方之启示》，《战略决策研究》2015年第1期。

具备水力发电条件的也只有大约5%。①

除此之外，印尼的地热能储量也十分丰富，其蕴藏量达2800万千瓦以上，占全球地热能的约40%，但已开发的却不足1/10。为了吸引更多投资，印尼政府通过提高地热电站的电价来增加投资者对地热能源的兴趣，目前印尼地热电站的电价约为9.6美分/千瓦时，而燃煤电站的电价约为8.2美分/千瓦时。②印尼政府提出的新一期3500万千瓦电力发展计划，其中将在2015~2019年兴建107万千瓦地热电站，这些地热发电站将建在楠榜省、西爪哇省、南苏门答腊省、北苏门答腊省、北苏拉威西省、明古鲁省和占碑省。③

作为印度尼西亚经济最发达的岛屿，爪哇岛是印尼全国电力需求量和增长率最大的岛屿，每年需要增加的电力供应约达300万千瓦，为防止出现电力紧缺的现象，2014年底，印尼政府决定在中爪哇省的芝拉扎地区兴建5×100万千瓦电站，该项目的总投资额约为100亿美元，其中一期将兴建2×100万千瓦电站，投资额约为40亿美元。项目于2015年启动，预计一期将在2018年建成并投入商业运营，而全部工程将耗时7年时间。该电站由中国企业投资，由爪哇能源公司（PT Jawa Energy）建设。该电站全部建成后，装机总发电量将达500万千瓦，这也将成为全球最大的燃煤电站之一。④

5. 钢铁行业

目前，印度尼西亚钢铁行业的发展还处于较低阶段，钢铁供不应求，其

---

① 《印尼政府和国家电力公司将大力开发水电资源，明年推出33个水电站项目》，中华人民共和国驻印度尼西亚共和国大使馆经济商务参赞处网站，http://id.mofcom.gov.cn/article/ziranziyuan/zhengt/201412/20141200830060.shtml。

② 《印尼拟调高可再生能源电价以吸引投资者》，中华人民共和国驻印度尼西亚共和国大使馆经济商务参赞处网站，http://id.mofcom.gov.cn/article/ziranziyuan/zhengt/201507/20150701041820.shtml。

③ 《未来五年印尼将建107万千瓦地热电站》，中华人民共和国驻印度尼西亚共和国大使馆经济商务参赞处网站，http://id.mofcom.gov.cn/article/ziranziyuan/zhengt/201507/20150701040136.shtml。

④ 《印尼将在中爪哇省建500万千瓦的全国最大电站》，中华人民共和国驻印度尼西亚共和国大使馆经济商务参赞处网站，http://id.mofcom.gov.cn/article/ziranziyuan/zhengt/201411/20141100794602.shtml。

市场需求量约为每年1200万吨,但印尼国内钢铁产量仅为700万吨,其中存在着500万吨的缺口需要通过进口来解决。①

由于近年来印尼国内的汽车产量不断增加,其钢材的市场需求也在不断扩大。日本新日铁住金公司预计,到2017年印尼的日本汽车产量将接近150万辆,而汽车钢材的消费将超过100万吨。2014年前7个月,印尼从日本进口的钢材量有所下滑,仅进口钢材116万吨,同比下降13%,下滑的主要原因是日本国内需求旺盛,钢企集中供应国内市场。② 随着印尼汽车产量的增加,未来印尼将加大对日本钢材的进口,届时印尼将成为日本钢材的主要市场。同时,出于对印尼国内汽车厂的钢材需求仍将不断扩大的预期,印尼国内的钢材投资也将逐渐增加。为满足日系汽车厂家在印尼扩产的需求,日本钢铁工程控股公司(JFE)正在印尼勿加泗建设年产40万吨的热镀锌板厂,预计2016年3月投产。③ 日本钢铁工程控股公司的第二个板卷中心也已经投入生产,年加工能力从9.7万吨提高到15.8万吨。④ 2014年9月,日本新日铁住金公司和印尼喀拉喀陶钢铁公司达成协议,将在印尼成立汽车板合资公司,共同在喀拉喀陶卫浴芝勒贡工业园区建设和管理年产48万吨镀锌的工厂,预计2017年投产。⑤ 韩国浦项也计划在喀拉喀陶的合资钢厂附近建设一个年产40万吨汽车用热镀锌板的工厂,预计2015

---

① 《日钢铁企业在印尼投资生产特种钢材》,中华人民共和国驻印度尼西亚共和国大使馆经济商务参赞处网站,http://id.mofcom.gov.cn/article/ziranziyuan/huiyuan/201409/20140900722366.shtml。

② 《随着汽车产量增加,印尼将成为日本钢材主要市场》,中华人民共和国驻印度尼西亚共和国大使馆经济商务参赞处网站,http://id.mofcom.gov.cn/article/ziranziyuan/huiyuan/201410/20141000767667.shtml。

③ 《随着汽车产量增加,印尼将成为日本钢材主要市场》,中华人民共和国驻印度尼西亚共和国大使馆经济商务参赞处网站,http://id.mofcom.gov.cn/article/ziranziyuan/huiyuan/201410/20141000767667.shtml。

④ 《随着汽车产量增加,印尼将成为日本钢材主要市场》,中华人民共和国驻印度尼西亚共和国大使馆经济商务参赞处网站,http://id.mofcom.gov.cn/article/ziranziyuan/huiyuan/201410/20141000767667.shtml。

⑤ 《随着汽车产量增加,印尼将成为日本钢材主要市场》,中华人民共和国驻印度尼西亚共和国大使馆经济商务参赞处网站,http://id.mofcom.gov.cn/article/ziranziyuan/huiyuan/201410/20141000767667.shtml。

年底投产。①

2015年前5个月,印尼钢材进口总额仅为30.2亿美元,同比下降了14.5%。其中,2015年5月印尼钢材进口额为3.9亿美元,较4月份的6.2亿美元环比下降了37%。据业内人士分析,导致钢材进口额下降的原因主要有以下几点。一是印尼国内市场疲软,钢材需求不旺;二是印尼政府拟调高钢材进口税最高至20%,部分进口商持观望态度;三是印尼盾汇率贬值导致进口钢材价格趋高;四是印尼政府要求国内重要基础设施工程强制使用国产钢材,导致进口需求减少。②

6. 纺织行业

纺织行业作为印度尼西亚最早发展的工业之一,一直受到印尼政府的高度重视。目前,印尼纺织行业的从业人员约有150万,近年来纺织品和服装也一直是印尼主要出口商品。但进入2015年以后,由于全球经济持续疲弱,国际市场需求不足,而印尼国内原材料、工资等各种生产成本不断上涨,纺织行业出现萎缩现象,越来越多的纺织工人被迫下岗。③ 印尼纺织品协会(API)主席阿德·苏特拉查表示,目前印尼大部分纺织厂的库存已堆积如山,这迫使企业不得不通过削减工人的数量来降低生产成本。今年仅西爪哇省万隆市的几个纺织企业就有约6000名工人下岗,如果将爪哇岛其他地区下岗工人也计算在内,那么下岗工人的总数量将达数万人。苏特拉查补充说,2014年以来,由于电力和天然气的税率提高,纺织品企业为工人缴纳的最低工资和健康保险费率提升,纺织企业的生产成本迅速上涨,越来越多的纺织企业选择解雇工人以削减成本。不仅如此,这些因素导致更多的印尼

---

① 《随着汽车产量增加,印尼将成为日本钢材主要市场》,中华人民共和国驻印度尼西亚共和国大使馆经济商务参赞处网站,http://id.mofcom.gov.cn/article/ziranziyuan/huiyuan/201410/20141000767667.shtml。
② 《印尼前5个月钢材进口下降约15%》,中华人民共和国驻印度尼西亚共和国大使馆经济商务参赞处网站,http://id.mofcom.gov.cn/article/ziranziyuan/huiyuan/201506/20150601024239.shtml。
③ 《今年印尼纺织业有所萎缩,工厂频现裁员潮》,中华人民共和国驻印度尼西亚共和国大使馆经济商务参赞处网站,http://id.mofcom.gov.cn/article/ziranziyuan/shehui/201506/20150601018658.shtml。

商人选择从周边国家进口纺织品，因为从其他亚洲国家进口比从印尼国内厂家购买更加便宜，这也间接导致印尼国内纺织工人被裁和纺织品产量削减。①

二 印尼工业园区

印度尼西亚工业部已经确认，现在印尼全国共有 74 个工业园区，总面积达 30038.35 公顷，其中有 55 个工业园区位于爪哇岛，面积为 22795.9 公顷，占总面积的 75.9%。另外 19 个工业园区的分布情况是：16 个位于苏门答腊岛，面积为 4493.45 公顷；2 个位于苏拉威西岛，面积为 2203 公顷；还有 1 个位于加里曼丹岛，面积为 546 公顷。②

印度尼西亚政府为了应对 2015 年东盟经济一体化，提高工业园区的整体发展水平，决定对国内工业园区实行标准化认证，这将进一步提升印尼工业园区的竞争力，为印尼的工业发展提供重要增长点，促使经济快速发展。印尼政府十分重视工业园区对于国家经济的助推作用，工业园区的发展不仅能加大吸引国内外投资力度，带动相关产业进步，还能平衡地区发展，增加就业，为促进经济快速增长提供强劲动力。

2014 年 11 月印尼工业部长萨雷·胡欣表示，今后 5 年印尼工业部将集中精力开发建设 13 个工业园区，其中有 7 个位于印尼的东部地区。这 13 个工业园区分别为西巴布亚省的 TelukBintuni 工业区；北马鲁古省的 Halmahera Timur 工业区；北苏拉威西省的 Bitung 工业区；中苏拉威西省的 Palu 和 Morowali 工业区；东南苏拉威西省的 Konawe 工业区；南苏拉威西省的 Bantaeng 工业区；南加里曼丹省的 Batu Licin 工业区；西加里曼丹省的 Ketapan 和 Landak 工业区；北苏门答腊省的 Kuala Tanjung 和 Sei Mangke 工

---

① 《今年印尼纺织业有所萎缩，工厂频现裁员潮》，中华人民共和国驻印度尼西亚共和国大使馆经济商务参赞处网站，http://id.mofcom.gov.cn/article/ziranziyuan/shehui/201506/20150601018658.shtml。

② 《印尼大力发展工业园区》，中国经济网，http://paper.ce.cn/jjrb/html/2013 - 08/19/content_168565.htm。

业区；楠榜省的Tanggamus工业区。① 工业园区的建设均依托当地的资源优势，打造各具特色的上下游产业链，走可持续发展道路。同时，为推动电子、通信、软件、多媒体等高新技术产业发展，印尼工业部准备再兴建5个信息科技与通信工业中心，② 以期在2020年前使该类产业能够实现自给，在2025年前实现出口。

三 面临的主要问题

（一）工业基础设施配套不足，尤其是交通运输设施

印尼领土的2/3是海洋，海岸线长度位居世界第二，拥有17508个岛屿，是世界上最大的群岛国家。但印尼物流成本高昂，约占印尼国内生产总值的24%。2014年印尼物流表现指数在全球160个国家（地区）中位列第53名，较2007年的43名有所退步，落后于本地区的泰国、马来西亚和越南。③ 这对于印尼的工业发展是非常不利的，直接影响到印尼工业的投资环境和产品贸易发展。

对于基础设施配套不足的问题，印尼政府相当重视，自2014年佐科·维多多当选印尼总统以来，多次提出要改善印尼基础设施，建设海洋强国。目前，印尼国内的私营企业在基础设施领域的参与度较低，国家财政预算支持基建领域也出现下滑，2014年用于基础设施建设的国家财政预算为206.6

---

① 《印尼工业部将重点发展13个工业园区》，中华人民共和国驻印度尼西亚共和国大使馆经济商务参赞处网站，http://id.mofcom.gov.cn/article/ztdy/zwqihou/201411/20141100799670.shtml。
② 《印尼工业部提倡兴建5个信息科技与通讯工业中心》，中华人民共和国驻印度尼西亚共和国大使馆经济商务参赞处网站，http://id.mofcom.gov.cn/article/ziranziyuan/jiaoyu/201506/20150601025315.shtml。
③ 《印尼将实施近60亿美元海港建设计划，实现海洋强国梦想》，中华人民共和国驻印度尼西亚共和国大使馆经济商务参赞处网站，http://id.mofcom.gov.cn/article/ziranziyuan/huiyuan/201411/20141100794601.shtml。

万亿盾（约合 170 亿美元），① 而 2015 年这一数字为 290.3 万亿盾（约合 242 亿美元），同比增长 40.51%。② 为了进一步加大对基础设施的投资，印尼政府已在 2015 年削减了燃油补贴，并计划于 2016 年降低电力和煤气补贴，将这些削减的补贴用于建设和发展基础设施。同时，印尼政府也在积极吸引外资参与其基础设施建设，并于 2014 年 11 月，正式宣布加入由中国倡导的亚洲基础设施投资银行，以寻求更多的融资支持。这都将有效地加强印尼基础设施方面的建设，进而为印尼的工业发展奠定基础。

（二）行政审批手续繁杂，政府办公效率低下

目前，印度尼西亚的基础设施薄弱，工业基础较差，需要大量引进国内外企业在印尼的投资，但由于行政审批手续繁杂，办理各项许可证的时间较长，土地征用程序较为复杂，许多投资者望而却步。在世界银行发布的《2015 年营商环境报告》中，印尼在 189 个国家和地区中排名第 114 位，处于经商环境相对较差的水平。③

从 2015 年 1 月起，印尼中央政府就开始实施"一站式"服务，由印尼投资协调委员会（BKPM）统一办理投资手续，而作为"一站式"许可服务的一部分，包括电站在内的电力领域许可业务也将由印尼能源与矿产资源部移交印尼投资协调委员会，印尼投资协调委员会将统一发放电力和矿业投资许可证。④ 而在此之前，在印尼进行油气开发需要办理多达 286 种许可证，至少 26 种许可证由印尼能源与矿产资源部油气总司颁发，260 种由印尼油气上

---

① 《印尼工商总会主席：基础设施建设融资需要新突破》，中华人民共和国驻印度尼西亚共和国大使馆经济商务参赞处网站，http://id.mofcom.gov.cn/article/ziranziyuan/huiyuan/201411/20141100789365.shtml。
② 《印尼今年基建预算开支同比增长 40.51%》，中国经济网，http://intl.ce.cn/specials/zxgjzh/201502/18/t20150218_4625386.shtml。
③ 《2015 年营商环境报告》，世界银行发布，http://www.doingbusiness.org/data/exploreeconomies/indonesia。
④ 《印尼调整电力和矿业投资许可证发放机构》，中华人民共和国驻印度尼西亚共和国大使馆经济商务参赞处网站，http://id.mofcom.gov.cn/article/ziranziyuan/zhengt/201412/20141200839065.shtml。

游管理机构（SKKMigas）颁发。在电力投资许可领域，涉及8个相关部门和地方政府，印尼国家电力公司（PLN）建设一个电站也需要办理52种许可证。①"一站式"服务的实行将在很大程度上有效整合电力许可手续，缩短办理时间和消除烦琐程序，提高政府的办公效率。

（三）部分工业原料不足，过于依赖进口

印度尼西亚虽然拥有大量资源，但在某些工业原材料方面存在着严重不足，需要通过从国外进口来满足生产需要。印尼工业部表示，2014年印尼纺织品年出口额约达156万亿盾（约合130亿美元），是亚洲最大纺织品出口国之一，但由于棉花、染料与印染助剂等所需原料几乎完全依赖进口，进口纺织原料金额高达96万亿盾（约合80亿美元）。② 工业部官员表示，印尼的气候不适合棉花生长，以致必须通过从国外大量进口来满足纺织工业对棉花的需求，未来纺织业部门必须尽快寻找出对策来解决原料不足问题，减少对进口的依赖。

四　印尼工业发展前瞻

印度尼西亚一直把成为世界工业强国作为其工业发展的长期目标。虽然2014年的工业增速只有4.7%，低于5%的GDP增速，③ 但印度尼西亚具有十分丰富的自然资源，其工业的发展优势依然巨大。同时，作为世界第四人口大国，印尼拥有2.5亿人，这为印尼的工业发展提供了强有力的人力资源保障。尽管印尼的经济增长速度在放缓，世界银行在2015年将印尼经济增

---

① 《印尼调整电力和矿业投资许可证发放机构》，中华人民共和国驻印度尼西亚共和国大使馆经济商务参赞处网站，http：//id.mofcom.gov.cn/article/ziranziyuan/zhengt/201412/20141200839065.shtml。
② 《印尼工业部表示纺织业所需原料仍依赖进口》，亚洲纺织联盟网，http：//www.tnc.com.cn/info/c-013001-d-3505186-p1.html。
③ 《印尼总统公布未来5年宏大经济发展和建设计划》，中华人民共和国驻印度尼西亚共和国大使馆经济商务参赞处网站，http：//id.mofcom.gov.cn/article/ziranziyuan/huiyuan/201412/20141200841311.shtml。

长预期下调至4.7%，但这一数字仍然高于2.6%的世界经济增长速度。① 因此，尽管印度尼西亚工业在今后的发展过程中会面临诸多挑战，但总体势头依然良好，印尼的经济发展前景依然乐观，这也将极大鼓舞国内外投资者，进而促进印尼的工业发展。

2014年12月18日，印尼总统佐科在国家发展计划大会上宣布了《2015~2019年中期建设发展规划》，为印尼未来5年的经济发展设定了目标：争取至2019年印尼宏观经济指标实现显著改善，其中经济增速由今年的约5%提高至6.7%~8.3%，年工业增长率从目前的4.7%提高至8.8%，工业对经济增长的贡献率由目前的20.7%提高至21.6%。② 根据印尼《2015~2019年中期建设发展规划》，能源建设所需资金为4150万亿印尼盾（约合3192亿美元），其中1100万亿印尼盾用于电力生产和供应系统，500万亿印尼盾用于发展新能源，1200万亿印尼盾用于油气上游建设，600万亿印尼盾用于油气下游建设，600万亿印尼盾用于煤炭和矿产开采建设，其余用于其他基础设施建设。按照计划，印尼政府希望在未来5年内把新能源运用比例从目前的10%提高为至少占能源使用总量的25%。在电力供应方面，希望建设功率共达3500万千瓦的电站。③

第三节 能源与矿产业

印度尼西亚国土由17508个岛屿组成，陆地面积为190.44万平方千米，在东南亚国家中位居首位。得益于广袤的国土，印度尼西亚的能源和矿产资源非常丰富。现已探明的资源有石油、天然气、煤、锡、铝、镍、铜、金、

---

① 世界银行网站，http://data.worldbank.org.cn/country/indonesia。
② 《印尼总统公布未来5年宏大经济发展和建设计划》，中华人民共和国驻印度尼西亚共和国大使馆经济商务参赞处网站，http://id.mofcom.gov.cn/article/ziranziyuan/huiyuan/201412/20141200841311.shtml。
③ 《未来5年印尼能源建设需要资金3192亿美元》，中华人民共和国驻印度尼西亚共和国大使馆经济商务参赞处网站，http://id.mofcom.gov.cn/article/ziranziyuan/zhengt/201506/20150601009651.shtml。

银等，这些能源和矿产在亚太地区乃至世界矿产资源市场上的地位极为重要。

一　印度尼西亚能源矿产资源概况

印度尼西亚的能源和矿产资源储量十分丰富，且种类繁多。因此，印度尼西亚的能源和矿业在国家经济中占有重要的比重，为国民经济的发展提供了强大的动力支持。

（一）矿产资源

1. 石油

印度尼西亚环海而居，岛屿林立，海岸众多，石油资源十分丰富。印尼曾经是亚太地区唯一的OPEC石油生产国，同时也是亚洲第二大石油生产国，石油产量居世界第20位。到目前为止，印度尼西亚大约有66个沉积盆地，其中大部分位于海上，其中主要的油气区有苏门答腊油气区、爪哇油气区、东加里曼丹油气区。2011年，印尼的探明储量为40亿桶。但是，随着近些年不断地开采，印度尼西亚的石油储量不断下降，2014年底印度尼西亚的探明石油储量为37亿桶。[①]

2. 天然气

除了丰富的石油资源，天然气资源也是印度尼西亚的支柱能源之一，印度尼西亚是亚洲最大的天然气生产国。截止到2014年底，印尼共有104万亿立方英尺天然气探明储量，此外还有48万亿立方英尺潜在储量，是世界上第13大天然气探明储量国，同时也是仅次于中国的亚洲第二大天然气探明储量国。[②]

[①] 《BP世界能源统计年鉴》，2015年6月。
[②] 《部分油气合同到期延续问题将影响印尼油气产量》，中华人民共和国驻印度尼西亚共和国大使馆经济商务参赞处网站，http://id.mofcom.gov.cn/article/ziranziyuan/zhengt/201410/20141000778447.shtml。

3. 煤炭

得益于特殊的自然地理条件，印度尼西亚的煤炭资源非常丰富。BP 世界能源统计年鉴统计显示，2014 年底印尼煤炭探明储量为 280.17 亿吨。[①]由于很多地区尚未探明储量，因此印度尼西亚的煤炭开采潜力巨大。据印度尼西亚能源矿产部估计，印度尼西亚煤炭资源总储量有可能超过 900 亿吨，是世界第三大煤炭储藏国。目前，印度尼西亚已经探明的煤炭储量主要分布在苏门答腊和加里曼丹两岛，特别是集中在苏门答腊岛的中部和南部，以及加里曼丹岛的中部、东部和南部。此外，印尼的煤矿多为露天矿，具有埋藏浅、开采方便等产业发展优势。

如今的煤炭产业已成为印度尼西亚出口支柱性产业之一，为国民经济建设做出了巨大贡献。2012 年国际能源署发布了 2011 年全球能源统计系列报告和针对经合组织（OECD）国家的能源统计和能源平衡报告。报告显示，印度尼西亚超过澳大利亚成为世界上最大的煤炭出口国。[②]

4. 锡矿

印度尼西亚是世界锡矿资源大国。目前，印度尼西亚锡的储量约为 80 万吨，占世界总量的 14.3%，位居世界第二位。印度尼西亚的锡矿主要分布在苏门答腊东海岸外的廖内群岛，与中国的滇西锡矿和缅甸、泰国、马来西亚同属一个锡成矿带。[③] 2011 年，印尼精炼锡出口量为 9.6 万吨，为世界第一大出口国，主要出口到新加坡和马来西亚。[④] 2014 年，印度尼西亚的锡矿产出量则达 51997 吨。[⑤]

5. 铝矿

印度尼西亚目前已知的铝土矿资源量为 2 亿多吨，其中 85% 分布在西

[①]《BP 世界能源统计年鉴》，2015 年 6 月。
[②]《印尼已成世界最大煤炭出口国》，中华人民共和国驻印度尼西亚共和国大使馆经济商务参赞处网站，http://id.mofcom.gov.cn/article/ziranziyuan/zhengt/201212/20121208464304.shtml。
[③] 韩静：《印度尼西亚的矿业开发与管理》，中国钢铁产业网，2010 年 9 月 24 日，http://www.chinatsi.com/news/info/2010/09/24/1301782.html。
[④] 庄毅：《当前印尼矿业发展现状及其政策分析》，《东南亚纵横》2013 年第 2 期，第 28 页。
[⑤] *Statistical Yearbook of Indonesia 2015*，印度尼西亚中央统计局，第 275 页。

加里曼丹，其余15%分布在廖内群岛中的宾坦岛及其周围小岛上。印尼当前的铝矿开发十分不均匀，由于西加里曼丹地理位置偏远，而当地的基础设施又明显不足，所以那里的铝土矿到现在还没有很好开发。目前只有宾坦岛及周围岛屿上的铝土矿得到了一定程度的开发。①

6. 铜矿

印度尼西亚是世界上重要的铜矿出口国，是仅次于智利和秘鲁的世界第三大铜出口国。印度尼西亚铜矿主要分布在巴布亚岛、北苏拉威西岛的哥伦达洛省，资源储量约6600万吨，探明储量为4100万吨。② 2014年印度尼西亚的铜精矿出口达到157.1万吨。③

7. 镍矿

印度尼西亚的镍矿主要分布在马鲁古群岛、南苏拉威西省、东加里曼丹省和巴布亚岛。2009年印度尼西亚镍矿产量为20.28万吨，居俄罗斯之后排在世界第二位。随着开采的加大，印度尼西亚的镍矿产出不断增加。2014年印尼的镍矿产量达到138.7万吨。④

8. 金、银矿

印度尼西亚是世界金矿资源大国。官方统计显示，印度尼西亚金矿资源量和金的储量在亚洲地区均居于前列。2014年，印度尼西亚的金矿产量达到69.033吨。⑤ 印度尼西亚的金矿床类型多为与第三纪火山岩有关的浅成热液型金矿床和矽卡岩—斑岩型铜金矿床。目前，印度尼西亚境内绝大多数的岛屿都有金矿分布，其中巴布亚省的格拉斯贝格铜金矿是印尼最大的金矿，也是世界上最大的金矿之一。⑥

---

① 韩静：《印度尼西亚的矿业开发与管理》，中国钢铁产业网，2010年9月24日，http://www.chinatsi.com/news/info/2010/09/24/1301782.html。
② 印度尼西亚贸易部。
③ *Statistical Yearbook of Indonesia 2015*，印度尼西亚中央统计局，第275页。
④ *Statistical Yearbook of Indonesia 2015*，印度尼西亚中央统计局，第275页。
⑤ *Statistical Yearbook of Indonesia 2015*，印度尼西亚中央统计局，第275页。
⑥ 韩静：《印度尼西亚的矿业开发与管理》，中国钢铁产业网，2010年9月24日，http://www.chinatsi.com/news/info/2010/09/24/1301782.html。

印度尼西亚的银矿资源也很丰富，储量约为1.14万吨。印度尼西亚的银矿主要分布在巴布亚省的艾斯伯格、格拉斯贝格和西爪哇的芝格托克等地。

（二）能源资源

1. 森林资源

印度尼西亚位于赤道附近，受热带气压控制，是典型的热带雨林气候，常年高温多雨，从而孕育了大片的热带雨林，这就使得印度尼西亚的森林资源异常丰富。据统计，印度尼西亚全国的森林面积约为1200万平方千米，其中永久林区1120万平方千米，可转换林区81万平方千米。印尼的森林覆盖率约为67.8%，在世界上仅次于亚马逊地区。印尼盛产各种热带名贵的树种，其铁木、檀木、乌木和柚木等均驰名世界。[①]

2. 水力资源

印度尼西亚常年高温多雨，水资源非常丰富。在印度尼西亚境内，共有河流5590条，河流区域133个，全国径流量达到了28113立方米，占世界总量的6%。[②] 与此同时，印度尼西亚的多山地形使得印度尼西亚的水能资源蕴藏量极为丰富。印度尼西亚官方估测，印度尼西亚的水力发电潜力达到了7500万千瓦，可供开发利用的潜力为2560万千瓦。

3. 地热能资源

印尼是全球地热储量最大的国家，地热能储量在2800万千瓦以上，约占全球地热能40%以上，但已经开发的不足1/10。[③] 印度尼西亚政府在今后的能源发展中将重点开发地热能资源。在印度尼西亚的能源规划中，除了在楠榜省建设乌鲁贝鲁3号和4号地热发电站，政府还将在西爪哇省、南苏

---

① 《印度尼西亚概况》，新华网，http://news.xinhuanet.com/ziliao/2002-06/18/content_445743.htm。
② 吴世勇，张德荣：《印度尼西亚水电开发考察启示》，《四川水力发电》第34卷第2期，2015年4月，第129页。
③ 《未来五年印尼将建107万千瓦地热电站》，中华人民共和国驻印度尼西亚共和国大使馆经济商务参赞处网站，http://id.mofcom.gov.cn/article/ziranziyuan/zhengt/201507/20150701041813.shtml。

门答腊省、北苏门答腊省、北苏拉威西省、明古鲁省和占碑省等地建设地热电站。

4. 太阳能

印度尼西亚地处热带,赤道从中穿过,常年受日照时间较长,太阳能资源蕴藏量极为丰富。然而,目前印尼全国的太阳能电站提供的电力才仅仅为1.35万千瓦,远远低于其他国家的太阳能发电量。印尼政府为了推动太阳能的开发和利用,已经在多个地方逐渐大规模试点投资太阳能产业,长远看来,印尼的太阳能产业发展潜力极大。

二 印度尼西亚能源政策的调整

印度尼西亚拥有丰富的能源和矿产资源,矿业是其重要的支柱产业之一。能源和矿产在印度尼西亚的国民经济中占有很高的比重,因此对能源和矿产的开发与管理对于印度尼西亚来说十分重要。

印度尼西亚政府为了规范和促进能源矿业的发展,制定了一系列的法律政策,同时,根据本国在不同发展阶段所面临的国际国内经济发展形势,不断地调整矿业管理政策。

在发展能源产业的初期,印度尼西亚政府为了大规模开发能源矿产,发展国民经济,放宽了对能源产业的限制,使得能源产业的发展有了较大的自由发展空间。在这一时期,印度尼西亚对矿产资源的开发和管理,主要是通过与企业订立各类合作合同来掌握矿产能源领域管控权。与此同时,印尼政府对外资进入矿业的管理政策也经历了由限制到逐步放开的过程。2009年初,印度尼西亚颁布了《矿业和煤炭法》,其中规定了外国公司不再被禁止申请和持有矿业许可证。[①] 此举是印度尼西亚矿业领域利用外资的重大突破,为印尼矿业的发展注入了新的活力,同时也有效地促进了矿业的快速发展。这段时期,印尼宽松的能源矿产政策为印尼吸引了大批的能源投资者,

---

① 唐新华,邱房贵:《论印度尼西亚矿业投资环境及其相关法律制度》,《东南亚纵横》2015年第3期,第55~56页。

其中既有印尼本国的投资与开发商,也有来自国外的能源投资者。这些举措效果显著,致使印尼能源矿业迅速发展,支撑了印尼早期的经济发展。

然而,印度尼西亚是一个发展中国家,相比亚太及欧美发达国家,国内经济落后,时刻面临经济发展过程中的各类挑战。能源矿业的发展虽对印尼经济发展贡献较大,但仍以初加工或提供未经加工的初级产品为主。因此,印度尼西亚能源产业的发展在早期的红利渐渐消失后,开始表现出越来越多的问题。首先,相对于能源制成品,能源矿产初级产品附加值偏低、价格十分低廉,大规模的初级产品贸易使印尼矿业面临的贸易环境不断恶化。其次,能源初级产品价格随着世界经济发展与波动而剧烈变化,对于在世界上位居前位的能源出口国印尼来说,长期依赖原矿产品出口不利于本国经济的稳定发展。

为了扭转能源矿业发展的局势,印度尼西亚政府开始着手调整已有的能源和矿产政策。2012年2月初,印尼能源和矿产资源部发布了一项部长级监管法令,明确表示从2014年起开始禁止包括镍矿在内的金属矿石出口。2012年5月6日,印尼开始对该国出口的包括镍矿、铝土矿、海砂等在内的14种矿产加征出口关税。①

2014年1月12日起,印尼开始实施新的矿业法规,对原矿的出口禁令正式生效。也就是说,从这天开始印度尼西亚政府将停止所有原矿出口,在印尼采矿的企业必须就地冶炼或精炼矿石后再行出口。②但是为了避免对印尼经济造成过大冲击,印尼政府还是做出了一定的妥协,适当延长经过选矿或粗加工的精矿石(包括铜矿、锰矿、铅矿、锌矿等矿物)的出口到2017年1月之后,但是印尼政府仍然禁止镍矿和铝土矿出口。③印尼政府此举旨在改变印尼能源矿业的发展结构,一方面控制原矿的直接出口,延缓能源储量的急剧下降;另一方面大力发展本国的冶炼工业,延长能源产业链,增加

---

① 刘佳欣:《印尼出口政策梳理与趋势分析》,《中国粉体工业》2014年第1期,第1页。
② 刘佳欣:《印尼出口政策梳理与趋势分析》,《中国粉体工业》2014年第1期,第2页。
③ 郑娜尔,袁国华,王世虎:《印尼矿业法规政策变化对中国的影响研究》,《中国国土资源经济》2014年第5期,第46页。

能源产品附加值，给印尼带来更多的经济利润。

在限制原矿出口，加强本国冶炼工业能力的同时，印度尼西亚政府还开启了新的能源计划，即增加可再生能源在能源总量中的比重，减少对不可再生能源的依赖。印尼能源与矿产资源部计划从2014年到2019年将可再生能源的装机总量从目前的1070万千瓦增加至2150万千瓦，新增1080万千瓦的可再生能源量。现如今，印尼政府正从多方面实施新能源工程，在发展水电、地热能、太阳能和核能方面不断发展自身实力，同时也不断拓宽国际渠道，寻求国际合作。

三 印度尼西亚能源矿业发展状况

随着印度尼西亚经济发展步伐的加快，印尼政府加大了对能源和矿业的挖掘，希望能够充分发挥印度尼西亚已有的能源矿藏优势。与此同时，由于国内政策和国际形势不断变化，印度尼西亚的能源矿业的发展在不同的时期呈现不同的局面。

（一）油气资源保持平稳产出

印度尼西亚的石油产出在2012～2014年具体数据为：2012年每天产出91.8万桶，2013年每天产出88.2万桶，2014年则每天产出85.2万桶。印尼的石油总产量在2012年达到4460万吨，2013年产出4270万吨，而2014年这个数据则为4120万吨。天然气产量在2012年达到77.1十亿立方米，在2013年为72.1十亿立方米，2014年则产出73.4十亿立方米。①

虽然近几年，国际油气市场趋向于供大于求，油气价格大跌，但是得益于新油气田的发现和国家政策对油气开采的大力支持以及国内发展需求的加大，印尼的油气资源一直保持着高产量的输出。

---

① 《BP世界能源统计年鉴》，2015年6月。

(二)矿产产量及出口呈缩减趋势

以煤炭、铝矿、锡矿为代表的矿物产量及输出渐呈缩减趋势。2013年印尼煤炭产量达276.2百万吨,2014年增长到281.7百万吨。但是目前看来,国际市场煤炭价格持续低迷,2014年以来,全球煤炭价格下跌了近20%,部分企业由于效益不佳,不得不控制产量以减少损失。因此,在接下来的煤炭产业发展中,印尼的煤炭产量将会不可避免地出现一定程度的缩减。

缩减现象最明显的表现在铝矾土的产出上。2014年初,印尼实施了原矿出口禁令,旨在大力发展冶炼厂,增加附加值和就业机会。颁布禁令后,印尼2014年铝矾土出口量与2013年相比,从5560万吨骤减至210万吨。政府在矿产出口方面的收入随之减少。[1]

与此同时,由于全球经济持续低迷,国际大宗商品价格疲弱,印尼的锡矿出口也遭遇挫折。2014年印尼表现活跃的锡出口商只有37家,全年锡出口量达7.7万吨。然而由于锡的价格持续走低,活跃的出口商数量不断下降,预计2015年印尼锡出口量将降至6.5万~7万吨。[2]

(三)新型、可再生能源发展大有潜力

近些年,印尼不断发展自己的可再生能源,并且拟定进一步挖掘可再生能源的潜力,从而减少对不可再生能源的依赖。印尼总统佐科·维多多数次强调,一直以来,印度尼西亚的可再生能源储量十分丰富,但未能得到很好的发展和利用。佐科总统表示,在未来的发展中,印尼将会大力发展电气化和可再生能源,计划2019年和2020年分别实现97%和99%的电气化,并

---

[1]《印尼政府探讨解禁铝矾土出口禁令》,中华人民共和国驻印度尼西亚共和国大使馆经济商务参赞处网站,http://id.mofcom.gov.cn/article/ziranziyuan/zhengt/201506/20150601025321.shtml。

[2]《印尼锡出口活跃度大幅降低》,中华人民共和国驻印度尼西亚共和国大使馆经济商务参赞处网站,http://id.mofcom.gov.cn/article/ziranziyuan/huanbao/201506/20150601018663.shtml。

于 2025 年将可再生能源占能源总量比例提高至 23%。①

首先是大力发展水电。为了满足不断增长的电力需求，印尼政府和国家电力公司大力发展水力发电站。目前，印尼公共工程与住房部对现有的 203 座大坝的容量、水电开发潜力等指标进行了全面的评估，评估于 2014 年 12 月结束，预计 2015 年将向投资者提供 33 个水电站工程建设项目。② 除此以外，印尼政府对国内的地形和河流做了较为全面的评估，对有水电发展前景的地区进行了全方位的分析，为接下来的水电行业发展提供较为准确的资料和数据，从而更好地开发印尼国内的水电潜力。

在可再生能源计划中，地热电站所占比重仅次于水电。印尼政府近些年计划挖掘自身丰富的地热能资源，大力发展地热能发电站。在印尼的能源规划中，印尼政府计划将地热发电量从 2014 年的约 140 万千瓦增加至 2019 年的 493 万千瓦，发电量将增加约 2.5 倍。③ 为了完成此项目标，印尼政府开始加大投入，投资地热能基础设施建设，改善发展地热能的投资环境。同时，为了打开地热能的发展市场，印尼政府也做出了许多努力。印尼政府希望能够充分挖掘印尼蕴藏量极大的地热能潜力，达到印尼应有的地热能利用水平。

此外，在印尼的计划中，开发太阳能也是重要的一部分。一方面，印尼在国内各地进行实地考察，并投资建设太阳能电站。另一方面，为了鼓励发展太阳能电力，印尼能源与矿产资源部出台了一项新的条例，该条例规定，对太阳能发电站所发电力，印尼国家电力公司（PLN）必须购买，电价为 25～30 美分/千瓦时。④ 这一举措无疑给早期太阳能产业的发展提供了最为稳定的支持。

---

① 《印尼计划 2025 年可再生能源占能源总量从目前的 5% 提高至 23%》，中华人民共和国驻印度尼西亚共和国大使馆经济商务参赞处网站，http://id.mofcom.gov.cn/article/ziranziyuan/zhengt/201507/20150701041813.shtml。
② 《印尼政府和国家电力公司将大力开发水电资源》，中华人民共和国驻印度尼西亚共和国大使馆经济商务参赞处网站，http://id.mofcom.gov.cn/article/ziranziyuan/zhengt/201412/20141200830060.shtml。
③ 《印尼可再生能源计划需要 360 亿美元资金》，中华人民共和国驻印度尼西亚共和国大使馆经济商务参赞处网站，http://id.mofcom.gov.cn/article/ziranziyuan/zhengt/201412/20141200830060.shtml。
④ 《印尼将出台新条例鼓励发展太阳能》，中华人民共和国驻印度尼西亚共和国大使馆经济商务参赞处网站，http://id.mofcom.gov.cn/article/ziranziyuan/zhengt/201302/20130200037691.shtml。

无论从国际环境还是印尼的国内政策来看,印尼的可再生能源发展在相当长的一段时间里将会有很大的发展空间,也有很乐观的发展前景。

四 印度尼西亚能源矿业开发国际合作

面对变化莫测的国内外形势,印尼力求在全球化浪潮中发挥自身的能源优势。一方面不断完善强化自身的工业实力,调整国内的相关政策规定;另一方面,加强国际合作,借用别国的优势来提升自己。

(一)印尼与中国的能源合作

同为亚洲最有潜力的发展中大国,中国和印尼在能源领域存在着诸多共同利益,两国具有传统的合作惯例,双边经济贸易往来也有较强的互补性。两国的发展需求和周边环境使双方拥有很多合作机会。

首先,印尼与中国在传统能源贸易方面的合作不断发展。在煤炭领域,中国作为世界上煤炭使用最多的国家,国内的煤炭生产量虽然位居世界第一,但是仍然无法满足消费需求,为此,中国不得不每年从海外大量进口煤炭,而印尼则是给中国输入煤炭较多的国家之一。2014年中国进口煤炭量达到了4500万吨,这其中,印尼一国就占去了很大的一部分。

在油气领域,印尼与中国的合作由来已久。在2002年3月,中国和印尼成立了两国能源论坛,在这之后,两国油气合作的深度和广度不断增加。进入21世纪以来,中国三大石油公司与印尼的油气合作卓有成效。2002年,中国海洋石油总公司购买了西班牙瑞普索公司在印尼5个油田的部分石油资产,此后又参股印尼东固天然气田建设。与此同时,中国石化也进入东加里曼丹省的深水天然气项目,还与印尼国有油气公司合作共建炼油厂。[①] 2014年,印尼政府为了响应总统佐科关于发展印尼炼油能力、满足能源需求的战略,与中国海洋石油总公司签订了购买原油和兴建石油冶炼厂的

[①] 孙秀娟、丁建国:《印尼:横跨赤道的能源高地》,《中国石油报》2015年4月30日。

投资协议。① 目前，印尼国内油气生产持续下降，同时炼油能力也遭遇瓶颈，为了满足国内的能源需求、发展国家经济，中国和印尼的合作还将继续深入和不断扩大。

其次，印尼与中国在电力行业的合作也正加速发展。目前中国和印尼两国的关系步入快速发展新时期，成为"全面战略合作伙伴"。未来10年，在经济快速增长的带动下，印尼的电力需求将会不断增大，电力市场将处于快速增长期。相对于印尼，中国企业具备在印尼开展电力投资和建设的丰富经验。印尼的煤炭资源十分丰富，燃煤发电技术要求比较低，符合印尼国内当前的工业发展水平。为了降低发电成本、满足国内消费需求，印尼新建电站以燃煤电站为主，而中国则拥有世界上最成熟的燃煤电站技术设备和建设能力，电力企业建设成本低、收益快，较欧美、日韩等企业具有更强竞争力。

早在2007年，中国同印尼就已经开始在煤电行业进行了一定程度的合作，此后双方的电力合作不断加深。2012年8月28日，由中国华电集团公司投资建设的印尼巴厘岛一期燃煤电厂项目举行开工奠基仪式，这标志着中国和印尼在能源和基础设施建设领域的合作得到进一步深化。② 自此以后，中国同印尼的煤电合作加速发展，相继建造了多个燃煤电厂，为印尼社会经济的发展提供了必要的能源支持并带来了巨大的经济收益。如今，由于国际煤炭市场持续低迷，印尼的煤炭出口遭受打击。为解决这一发展问题，印尼政府开始充分挖掘国内市场。印尼计划在未来5年内新建功率总计3500万千瓦的发电站，其中约一半项目是燃煤电站。根据印尼煤炭协会数据，这些电站建成后，印尼国内煤炭消耗量将提升至2.9亿吨，约为目前消耗量的3倍。③

---

① 《印尼将与中海油等4家外国投资者签订原油冶炼协议》，中华人民共和国驻印度尼西亚共和国大使馆经济商务参赞处网站，http://id.mofcom.gov.cn/article/ziranziyuan/zhengt/201412/20141200830112.shtml。
② 吴崇伯：《论中国与印尼的能源合作》，《人民论坛·学术前沿》2014年4月15日第8期，第89页。
③ 《印尼新一期电力计划将带动国内煤炭需求，有望提振煤价》，中华人民共和国驻印度尼西亚共和国大使馆经济商务参赞处网站，http://id.mofcom.gov.cn/article/ziranziyuan/huanbao/201507/20150701059421.shtml。

这些举措不仅有利于缓解印尼的煤炭出口压力，也为中国与印尼在煤电行业的合作开启了新的大门。所有这些，使得中国和印尼在传统煤电工业的合作不断扩大和加深。

近些年，印尼开始偏向于发展可再生能源，在印尼可再生能源发展计划中，水电项目所占比重最大，印尼政府计划将2014年的757万千瓦水力发电量提升至2019年的1339万千瓦。2014年早些时候，印尼卡洋水力能源公司举行了卡洋河水电站开工仪式，该项目总投资额约170亿美元，而此项投资主要是由以中国企业为代表的投资者进行的。[①]

2014年底，印尼总统佐科·维多多召开首次工作内阁会议，敦促相关部门尽快落实建设2500万千瓦电站的任务。这对于蓬勃发展的中国电力企业来说，是一个利好消息，印尼积极的电力投资政策将会给中国的电力企业带来新的发展机遇。

到目前为止，中国企业正日益成为印尼潜在电力市场最有力的竞争者，在承揽和投资建设更多电站项目时具备更大的综合优势。同时，中国企业正在继续发挥着自己的比较优势，加大力度拓展印尼电力建设市场。

（二）印尼与俄罗斯的能源合作

印尼的未来能源发展计划是降低传统能源在国家经济发展中的地位，提高可再生新能源在国民经济中的比重。因此，除了与中国在能源行业的合作，印尼也积极拓展渠道与俄罗斯进行核能方面的合作。

印尼是世界第四大人口大国，而且人口每年的增长率达到1.5%，对电力能源的需求量与日俱增，电力不足也成为制约印尼经济发展的重要因素。除建设传统的燃煤、燃油发电站外，印尼政府和国电公司也在致力于新能源和清洁能源的开发和利用，并很早就开始对核能发电站进行开发性研究，但关于其安全利用核能的争论一直没有停息。虽然早前日本出现了海啸导致核

---

① 《印尼可再生能源计划需要360亿美元资金》，中华人民共和国驻印度尼西亚共和国大使馆经济商务参赞处网站，http://id.mofcom.gov.cn/article/ziranziyuan/zhengt/201411/20141100799687.shtml。

电站发生泄漏的现象,并且带来了许多严重的后果,但是印尼政府坚持将核能建设工作推进下去,一方面是为了缓解国内能源需求压力,另一方面是希望能够调整当前的国内能源结构。

对于印尼来说,俄罗斯具有世界前沿的核电站建设经验;而对于俄罗斯来说,印尼具有核电开发的巨大潜力,能够带来巨大的经济效益,因此双方不谋而合。据悉,印尼国家原子能机构与俄罗斯联邦原子能机构签署了一项关于开展核能合作的谅解备忘录,加强两国在核能领域可持续性的基础设施和教育、研究、培训等合作。① 印尼与俄罗斯的核能合作内容主要包括建设核能基础设施,培养核能方面的技术人员、提高人力资源素质。目前印尼与俄罗斯两国原子能机构正在筹划核能专题研讨会,并共同拟定培训和实习计划。

2014年底,俄罗斯原子能机构投资44.1亿美元,在印尼巴淡岛兴建2400兆瓦核能发电站。② 目前,印尼的核能发展前景较为明朗,发展潜力较大,除巴淡岛外,印尼加里曼丹岛和巴布亚岛也有较大核电开发潜力。印尼与俄罗斯的核能合作符合双方的利益需求,并且将在较长时间里有很多的合作空间。

(三)印尼与日本的能源合作

在全面实施新的能源战略的道路上,印尼多面开花,在生物能源领域也加快了发展的脚步。作为世界上著名的农业大国,印尼拥有丰富的植物资源,可以加以利用并转换成能源的植物就有40多种,如棕榈、椰子、甘蔗、蓖麻、木棉子、豆蔻、红厚壳、红豆子、辣木子等,其中棕榈、甘蔗和椰子等燃油替代品植物,具有非常可观的发展前景。③ 但是想要利用这些植物资

---

① 《印尼与俄罗斯签署核能合作文件》,中华人民共和国驻印度尼西亚共和国大使馆经济商务参赞处网站,http://id.mofcom.gov.cn/article/ziranziyuan/zhengt/201507/20150701030502.shtml。
② 《印尼准备在巴淡岛兴建核能发电站》,《印度尼西亚商报》2014年12月1日。
③ 谢晶仁:《印尼新能源战略分析及对我国的启示》,《农业工程技术》2012年第3期,第12页。

源，需要大量的资金和过硬的工业技术，而日本在生物能源领域有着得天独厚的资金和技术优势，因此印尼与日本在生物能源方面加大了合作的力度。

早前，日本三菱、卡塔富士集团组成的财团，对印尼明古鲁地区投资额为1万亿印尼盾（约合8千万美元）发展可再生能源的项目进行了可行性研究。研究的主要内容包括将明古鲁省各地的油棕、橡胶、森林的废物加工成为代替煤炭的可再生能源。①

该项目的推进，对印尼大有裨益。首先，最直观的效益表现是项目的运行能够吸收大批当地的劳动力，对解决当地就业问题、缓解就业压力具有极其重要的推动作用。与此同时也提高了印尼国内开发生物能源的能力，还将为印尼增加十分可观的财政收入。

（四）印尼与韩国的能源合作

在与中国、俄罗斯、日本进行着不同程度的能源合作之外，印尼没有停下寻找合作伙伴的脚步。在一些能源领域，印尼正在积极与韩国进行接触，寻求合作的可能。

2014年12月11日，印尼总统佐科赴韩国出席东盟—韩国峰会，并与韩国总统朴槿惠和韩国企业界人士举行会晤，希望进一步加强印尼与韩国的战略伙伴关系，深化两国经济和投资领域合作。佐科表示，韩国企业对投资印尼兴趣较高，希望投资印尼发电站、化工业、钢铁业等工业领域，并要求印尼政府进一步改善投资环境，包括简化投资手续和维护社会稳定，印尼表示欢迎韩企投资，但不应仅在爪哇岛等经济较为发达的地区投资，也要加大在东部偏远地区投资，帮助印尼实现区域经济平衡发展。②

目前，韩国与印尼的能源合作处于接触和发展时期。随着合作的不断深化，在印尼实施新的能源政策的道路上，双方还有许许多多的合作机遇。

---

① 《日企投资印尼可再生能源》，中华人民共和国驻印度尼西亚共和国大使馆经济商务参赞处网站，http://id.mofcom.gov.cn/article/ziranziyuan/zhengt/201506/20150601025317.shtml。
② 《印尼总统欢迎韩企投资电站和化工业》，《国际日报》2014年12月12日。

五 印度尼西亚能源矿业发展中存在的问题

印度尼西亚在不断发展能源和矿产的同时,也产生了一系列的问题。这些问题如果不能很好解决,将会阻碍印度尼西亚经济的可持续发展。

(一)开采技术低下,能源矿产储量不断下降

印度尼西亚是一个发展中的大国,技术水平落后,生产力低下。到目前为止,印尼的能源开采大部分采取传统的开采方式,使得能源开采效率低下,开采过程中还会造成不必要的浪费。近些年,印尼经济发展、人口激增导致对能源需求越来越大。然而,印尼国内的能源产能不足,因此不得不从国外大量进口。据印尼石油协会预计,2019年印尼将成为能源净进口国,届时印尼能源需求将为每日610桶石油当量,其中石油、天然气、煤炭仅能满足每日604桶石油当量的需求,预计,2025年印尼能源需求缺口将扩大至每日240桶石油当量。

同时,随着印尼的大规模能源开采,印尼的能源储量不断减少。据统计,近40年来印尼已开采石油220亿~230亿桶,剩余储量仅约40亿桶,如未新增新探明储量,预计未来10~12年将耗尽。[①] 从长远的角度看,这不利于印尼的发展和战略安全。

(二)能源政策变化不定,不利于能源产业长期发展

一般来说,能源矿业政策涉及主体、土地、环境、社区准入、税费政策、贸易政策等广泛领域。在过去数十年里,全球矿业大起大落,各国矿业政策亦经历了过山车般起伏。2014年,印尼开始实施严格的能源和矿产政策,即停止所有原矿出口,在印尼采矿的企业必须就地冶炼或精炼后方可出口。印尼政府本希望通过这项政策发展本国的能源矿产加工业,却给原来依赖单纯的采矿投资者造成了重大的损失,导致印尼国内许多的矿厂被迫倒

---

① 《BP世界能源统计年鉴》,2015年6月。

闭。颁布禁令后，印尼2014年铝矾土出口量与前一年相比大幅度减少，政府在矿产出口方面的收入也随之减少。

目前，印尼政府对政策的调整还在继续。由于禁止原矿出口政策的实施，印尼的出口贸易额大幅度缩减，从而引发了一系列国内外问题。印尼政府目前正在就如何为恢复铝矾土出口搭建法律通道进行讨论，企图恢复原矿的出口。

自印尼发布第一项能源政策至今，印尼已经数次反复修改其能源矿业政策了，这无疑使希望在印尼进行能源投资的国内外投资者不敢贸然做出决定，减缓了印尼能源融资的进程。

（三）能源产品初级单一

长期以来，印尼的能源产业比较单一和初级，大部分集中于原始矿物贸易。从20世纪开始，印尼就已经开始了对自己的能源和矿藏的开发和利用，但是由于自身的工业水平比较落后，能源加工业缺乏一定的基础，印尼国内的能源产业一直处于比较初级的水平，依靠原始的矿物贸易获取工业资本。由于经济全球化的深入发展，国际市场对能源的巨大需求，印尼开始大规模进行能源的开采与挖掘，这些能源绝大部分被直接出口到国外。印尼原矿的出口为印尼带来了巨大的外汇和工业发展的资本。

然而，随着能源业的发展，国际能源市场开始趋向于饱和，印尼的能源业开始出现疲软，出口受到巨大阻碍。而且印尼的原矿出口价格低廉，相反印尼从国际市场进口的能源加工品却价格高昂，致使印尼的能源贸易出现逆差，这个逆差还在不断扩大。长此以往，印尼的能源产业将优势不再，这将对依赖能源发展的印尼工业来说无疑是一个重大的打击。

（四）能源过度开发，环境破坏严重

众所周知，对能源的开采，不可避免地会对生态环境造成破坏。如前所述，印尼地处太平洋板块与亚欧板块交界处，多火山地形，这就使印尼的资源储量丰厚，同时印尼的许多矿藏蕴藏在地表。人们对于资源的开采，往往

注重眼前的效益，竭泽而渔，在地表进行大规模开挖，这样极大地破坏了地表植被，带来了更多的连锁效应。

印尼的气候是热带雨林气候，高温多雨。一旦地表植被被破坏，强力的雨水会不断地冲刷地表，使水土流失严重。而且被破坏的地表若长此以往而不加以维护的话，将会受到毁灭性的损伤。

印尼的毁山毁林式的开矿，使这个世界第二大的热带雨林区已经开始出现缩减。如果不采取措施，印尼将会重蹈巴西的覆辙。因此，环境问题使印尼可持续发展面临挑战。

第四节 金融业

一 金融业发展概况

印度尼西亚的金融业对整个国家经济发展起着十分重要的作用，而随着近年来印度尼西亚的经济增长速度持续放缓，印尼金融业的发展也受到了一定程度的影响。印尼银行业作为印尼金融业中的支柱行业，2014年产值为252.2万亿印尼盾（约合201.7亿美元），增长速度从2013年的9.19%下降至4.73%，低于2014年5%的经济增长速度，这表明印尼银行业在2014年波动较大。同时，2014年，印尼的金融相关服务业产值增长速度也从2013年的5.1%下降至3.95%，年产值为5.6万亿印尼盾（约合4.5亿美元）。虽然印尼银行业和金融服务业在2014年增长速度下降，金融业的发展也呈整体下降的趋势，但非银行金融机构的发展势头相对较好，2014年，非银行金融机构的产值是103.9万亿印尼盾（约合83.2亿美元），增长速度为7.59%，在上一年7.07%的基础上有所增加。①

进入2015年后，印尼的经济形势依然没有得到改善，第一季度的经济增长率也仅为4.7%。受此影响，印尼银行业前5个月发放的贷款额共计

---

① 数据来源：印度尼西亚中央统计局网站，http://www.bps.go.id/。

3793万亿印尼盾（约合2918亿美元），同比增长10.3%，平均贷款利率为12.96%，比去年同期的12.98%略降。根据印尼央行预计，2015年银行业的贷款增长率为11%~13%，将低于此前所预期的15%~17%。① 而由于印尼盾持续贬值，截至2015年5月底，印尼国家债务总额增加至2843万亿印尼盾（约合2186亿美元），其中国家债券为2152万亿印尼盾（约合1655亿美元），国内外贷款为692万亿印尼盾（约合532亿美元）。② 同时，2015年上半年，印尼外汇储备为1080亿美元，约占国内生产总值的13%，这一比例也是东盟主要国家中最低的。③

印尼金融业的发展虽然受到经济增速放缓的影响，但无论是国际还是国内，对于印尼金融业的前景都是持乐观态度。2015年6月，印尼投资协调委员会（BKPM）主任弗兰基表示，目前印尼盾汇率下滑到1美元兑13000盾，但对投资者并未造成较大影响，投资者主要看重的是印尼的投资环境和加工业发展前景，截至6月1日，印尼接收的投资承诺接近1500亿美元。④ 而2843万亿印尼盾（约合2186亿美元）的国债也只占国内生产总值的24.7%，与60%的国际平均安全水平仍有一段距离，处在安全范围之内。⑤ 目前，印尼的外汇储备虽然在国民生产总值中的占比不高，但依然可以维持印尼政府6.8个月的外债偿付和进口付汇，远高于3个月的国际平

---

① 《印尼央行预计今年贷款增长11%~13%》，中华人民共和国驻印度尼西亚共和国大使馆经济商务参赞处网站，http://id.mofcom.gov.cn/article/ziranziyuan/tiyu/201507/20150701041824.shtml。
② 《印尼政府债务增加为2843万亿印尼盾》，中华人民共和国驻印度尼西亚共和国大使馆经济商务参赞处网站，http://id.mofcom.gov.cn/article/ziranziyuan/tiyu/201506/20150601025327.shtml。
③ 《印尼外汇储备占GDP比重在东盟主要国家中最低》，中华人民共和国驻印度尼西亚共和国大使馆经济商务参赞处网站，http://id.mofcom.gov.cn/article/ziranziyuan/tiyu/201507/20150701042859.shtml。
④ 《印尼BKPM：印尼盾贬值未影响投资者热情》，中华人民共和国驻印度尼西亚共和国大使馆经济商务参赞处网站，http://id.mofcom.gov.cn/article/ziranziyuan/tiyu/201506/20150601028830.shtml。
⑤ 《今年前5个月印尼债务仍在安全范围》，中华人民共和国驻印度尼西亚共和国大使馆经济商务参赞处网站，http://id.mofcom.gov.cn/article/ziranziyuan/tiyu/201506/20150601029271.shtml。

均标准。① 自 2014 年佐科·维多多当选印尼总统以来，也一直非常重视印尼金融业的发展，希望努力将印尼打造成全球伊斯兰金融中心。印尼是全球伊斯兰人口最多的国家，拥有全球伊斯兰债券最大的零售市场，且正逐渐成为世界上发行伊斯兰债券最多的国家，如果深挖潜力，将有望成为全球伊斯兰金融中心，②对于实现这一目标，佐科总统表示积极乐观。

二 主要金融行业情况

（一）银行业

印尼银行业作为金融业的支柱产业，在印尼经济发展中发挥着十分重要的作用，2014 年银行业的增长率为 20%，对国内生产总值的贡献率为 3%。据统计，目前印尼国内拥有 120 家商业银行，其中包含 4 家国有银行，10 家外资银行，14 家合资银行，31 家非外汇银行，26 家私有进出口银行及 26 家区域发展银行；伊斯兰银行及单位共有 34 家。③

近年来，印尼经济增长势头迅猛，银行业贷款年增速提升为 20%~25%，净利息收益率（NIM）为 6%~8%，成为世界贷款业务利润率最高的银行市场。④ 但进入 2014 年以来，印尼整体经济增速放缓，存款增速低于贷款增速，导致流通性下降，给银行业的贷款业务带来了一定负面影响。据印尼央行和金融服务管理局数据，2014 年 8 月，印尼在途存款同比增长

---

① 《截至 5 月底，印尼外汇储备略降至 1108 亿美元》，中华人民共和国驻印度尼西亚共和国大使馆经济商务参赞处网站，http://id.mofcom.gov.cn/article/ziranziyuan/zhxm/201506/20150601008992.shtml。
② 《印尼总统希将印尼打造成为全球伊斯兰金融中心》，中华人民共和国驻印度尼西亚共和国大使馆经济商务参赞处网站，http://id.mofcom.gov.cn/article/ziranziyuan/tiyu/201506/20150601013043.shtml。
③ 数据来源：Global Business Guide Indonesia，http://www.gbgindonesia.com/en/finance/article/2013/an_outlook_on_indonesia_s_microfinance_sector.php。
④ 《受经济增长放缓影响，今明两年印尼银行业利润率下滑》，中华人民共和国驻印度尼西亚共和国大使馆经济商务参赞处网站，http://id.mofcom.gov.cn/article/ziranziyuan/tiyu/201411/20141100794593.shtml。

13.9%，总额达到 3166 亿美元，而未偿还贷款同比增长 13.9%，总额达到 2895 亿美元，截至 8 月底，贷存比例达到 90.6%。① 而 2015 年前 5 个月，印尼国内存款总额约为 3181 亿美元，② 贷款总额约为 2918 亿美元，印尼央行预计，2015 年银行业的贷款增长率将为 11%~13%，低于此前预期的 15%~17%。③ 印尼央行行长助理哈利姆表示，印尼银行贷款的缓慢增长主要缘于外部因素，即出口需求下降，特别是在加里曼丹和苏门答腊等生产出口商品的地区。④ 为了促进 2015 年贷款增长，印尼央行计划放宽宏观谨慎政策，放宽贷款价值比率，增加房地产部门和汽车金融贷款。

值得一提的是，2015 年的第一季度，外资银行贷款情况相对较好。根据印尼金融服务管理局公布外资银行经营最新数据，2015 年第一季度，印尼外资银行发放贷款额为 254.46 万亿印尼盾（约合 194.2 亿美元），比 2014 年同期增长 13.83%。外资银行的总资产也较 2014 年同期的 391.15 万亿盾（约合 298.6 亿美元）增长了 20.6%，达到 471.16 万亿印尼盾（约合 359.7 亿美元），贷款人尚未支付的外资银行贷款承诺共 4.06 万亿印尼盾（约合 3.1 亿美元），同比下降了 25.5%，资本回报率同比下降了 23%，为 3.29%，贷存比为 134.81%，同比增长 4.4%。此外，外资银行第三方资金共计 188.76 万亿印尼盾（约合 144.1 亿美元），同比上升了 10.37%，其中转账资金占 54.19%，活期存款占 12.16%，定期存

---

① 《受经济增长放缓影响，今明两年印尼银行业利润率下滑》，中华人民共和国驻印度尼西亚共和国大使馆经济商务参赞处网站，http：//id. mofcom. gov. cn/article/ziranziyuan/tiyu/201411/20141100794593. shtml。
② 《截至今年 5 月，印尼国内存款约 3181 亿美元》，中华人民共和国驻印度尼西亚共和国大使馆经济商务参赞处网站，http：//id. mofcom. gov. cn/article/ziranziyuan/tiyu/201507/20150701041823. shtml。
③ 《印尼央行预计今年贷款增长 11%~13%》，中华人民共和国驻印度尼西亚共和国大使馆经济商务参赞处网站，http：//id. mofcom. gov. cn/article/ziranziyuan/tiyu/201507/20150701041824. shtml。
④ 《印尼经济增长放缓，央行修订贷款增长预期》，中华人民共和国驻印度尼西亚共和国大使馆经济商务参赞处网站，http：//id. mofcom. gov. cn/article/ziranziyuan/tiyu/201506/20150601022239. shtml。

款占33.65%。① 当然,目前外资银行对印尼中小微企业贷款占总贷款比例仍然较低,但印尼外资银行的整体发展情况比印尼当地银行的情况更显乐观。

由于受到印尼经常账户赤字居高不下,印尼盾持续贬值,同时,受到美联储加息预期的提高和印尼调升补贴燃油价格等因素的影响,导致印尼通胀升高,使得印尼银行业前景笼罩在阴云之下,但印尼银行业的发展依然比较稳定。2014年11月18日,印尼央行宣布,为了控制油价上涨后的通胀预期,央行决定将基准利率调高0.25%~7.75%。② 这一举措虽然会使银行净利息收入进一步下降,同时也可能影响商业银行的存款利率调整,但是并不会对印尼经济造成太大影响。国际知名评级机构也认为2014年印尼银行业发展稳中有进。惠誉评级认为,印尼基准利率提升、印尼盾持续贬值、经济增速放缓、国际大宗商品价格疲软等不利因素将对印尼银行资产质量和盈利能力造成压力,2014年印尼银行不良贷款(NPL)比例提高,尽管如此,盈利能力仍然优于本地区其他国家;穆迪咨询也认为,虽然印尼银行业在享受快速信贷增长之后面临较大的系统性调整压力,但前景依然稳定。③

(二)证券业

印度尼西亚的证券业发展至今已有百年历史,目前印尼国内唯一的证券交易所是位于雅加达的印度尼西亚证券交易所(IDX),主要证券指标是雅加达综合指数。近年来,印尼证券交易所(IDX)加大了在印尼资本市场的发展力度,其通过发行股票和债券获得资金,这对印尼当地企业发展壮大也是至

---

① 《今年一季度印尼外资银行信贷同比增长14%》,中华人民共和国驻印度尼西亚共和国大使馆经济商务参赞处网站,http://id.mofcom.gov.cn/article/ziranziyuan/tiyu/201506/20150601006130.shtml。
② 《印尼央行表示上调利率不会对印尼经济造成不良影响》,中华人民共和国驻印度尼西亚共和国大使馆经济商务参赞处网站,http://id.mofcom.gov.cn/article/ziranziyuan/tiyu/201411/20141100805963.shtml。
③ 《2014年印尼银行业面临重重挑战》,中华人民共和国商务部外贸发展事务局,中国贸易促进网,http://www.tdb.org.cn/news/702003。

关重要的。印尼还需要进一步扩大本土投资基础,以防止跨境资本过多地进入到印尼的资本市场中。为了增加股票和债券的发行量、交易量和流通量,印尼证券交易所(IDX)与金融服务管理局(OJK)一直在延长交易时间、完善交易机制、简化发行程序、加强公司治理和普及证券知识等方面保持着密切合作。在过去的几年中,印尼证券交易所(IDX)发行的证券有了较快的增长,印尼上市公司的数量、股票总市值和每日交易量都在上升。印尼资本市场的发展并没有受到全球投资基金的影响,它依然是印尼本土上升势头最好的行业之一。

2014年,印尼证交所募集资金总值达411.9万亿印尼盾(约合329.5亿美元),比2013年的383.09万亿印尼盾(约合306.4亿美元)增长了7.5%。这一增长的主要原因是政府债券和伊斯兰债券发行量的增加,印尼2014年的政府债券和伊斯兰债券的总发行量价值314.53万亿印尼盾(约合251.6亿美元),较上一年增加了近48万亿印尼盾(约合38.4亿美元)。截至2014年底,印尼证券交易所(IDX)发行的上市股票有506只,总市值达5228万亿印尼盾(约合4182.4亿美元),日均股票交易价值为6.01万亿印尼盾(约合4.8亿美元)。虽然股票总市值比2013年的4219万亿印尼盾(约合3375.2亿美元)高出约1000万亿印尼盾(约合800亿美元),但不及印尼国内生产总值的50%,仍然处于相对较低的水平。而像印尼同地区的马来西亚和新加坡,虽然国土面积和人口都少于印尼,可他们的上市公司总数都比印尼多,并且上市公司股票的总市值都远远超过了其国内生产总值。随着越来越多印尼人参与印尼股票市场,印尼也逐渐成长为一个极具吸引力的资本市场。然而,印尼资本市场中的共同基金普及率却比较低,每1000个印尼人中仅有1人投资了共同基金。根据印尼金融服务管理局(OJK)的数据显示,截至2014年底,印尼国内基金的总投资量为241.57万亿印尼盾(约合193.25亿美元),这只相当于印尼2014年度国内生产总值的2%,远低于其他发达经济体的水平。①

---

① 数据来源:Global Business Guide Indonesia, http://www.gbgindonesia.com/en/finance/article/2015/indonesian_ capital_ markets_ local_ funds_ in_ prime_ position_ 11214.php。

进入2015年后,受经济增长放缓的影响,印尼股市与其他亚洲股市一样开始下跌,雅加达综合股指在2015年上半年暴跌5.87%,跌幅位居东南亚国家之首。① 印尼证券公司分析员认为,印尼经济受全球投资者情绪影响较大,目前大部分印尼资本市场控制在外国投资者手中,2014年,外国资金掌握着印尼证券交易所59%的证券交易。② 同时,国家预算落实缓慢,基础设施项目阻力重重,国内经济表现平平,无法对股指和印尼盾汇率提供有力支撑,预计印尼股指还将继续承压,若美联储在2015年9月加息,将会导致印尼股市资金进一步流失。③ 为了稳定国内资本市场、降低国内证券市场对外国资金的依赖,印尼政府和印尼证券交易所(IDX)鼓励印尼本国的投资者投资股票和债券,以减小雅加达综合指数的波动,进而促进印尼的经济保持全球竞争力。

(三)保险业

印尼的保险业正处于蓬勃发展时期,过去投资者们把目光主要投向印尼的人寿保险业务,而随着保险业市场潜力的进一步挖掘,非寿险业务获得了越来越多的关注。目前,印尼的保险业规模较小,市场普及率低,但由于经济日趋成熟,个人和企业都将在保护资产和防控风险方面提出更多需求。印尼的保险业长期以来一直对外国投资开放,尽管有人呼吁限制来自全球投资者的参与,但该行业需要更多的资金来满足其较高资本要求的事实却不容忽视。而印尼的保险业要在即将形成的东盟经济共同体中获得更大的竞争力,就需要敞开大门,让外国的资金进入印尼的保险业市场。

---

① 《今年上半年印尼股指暴跌5.87%,跌幅居东南亚之首》,中华人民共和国驻印度尼西亚共和国大使馆经济商务参赞处网站,http://id.mofcom.gov.cn/article/ziranziyuan/zhxm/201506/20150601028874.shtml。
② 数据来源:Global Business Guide Indonesia, http://www.gbgindonesia.com/en/finance/article/2015/indonesian_ capital_ markets_ local_ funds_ in_ prime_ position_ 11214.php。
③ 《今年上半年印尼股指暴跌5.87%,跌幅居东南亚之首》,中华人民共和国驻印度尼西亚共和国大使馆经济商务参赞处网站,http://id.mofcom.gov.cn/article/ziranziyuan/zhxm/201506/20150601028874.shtml。

印尼的保险业市场拥有巨大的潜力，目前印尼已注册的人寿保险公司有52家，一般保险公司有82家，提供再保险业务的公司有5家。在2010年到2014年的5年时间里，印尼保险业发展十分迅猛，其资产以平均每年19%的速度增长，而保险费则以平均每年20%的速度增长。根据印尼金融服务管理局的数据显示，到2014年底，印尼保险行业的总资产达755万亿印尼盾（约合604亿美元），其中人寿保险资产为323万亿印尼盾（约合258.4亿美元），一般保险资产为108万亿印尼盾（约合86.4亿美元），再保险资产为9万亿印尼盾（约合7.2亿美元）。而2014年，印尼保险行业的保费增长了47%，达271万亿印尼盾（约合216.8亿美元），其中人寿保险、一般保险和再保险的保费分别为130万亿印尼盾（约合104亿美元）、55万亿印尼盾（约合44亿美元）和6万亿印尼盾（约合4.8亿美元）。当然，印尼保险业的市场普及率仍然很低，尤其是在非人寿保险业务方面。2014年印尼保险业的总保费仅占国内生产总值的2.1%，远低于马来西亚的4.9%和泰国的4.7%。人寿保险的保费虽然占总保费的约2/3，但随着经济发展，财产和意外伤亡保险也逐渐成为人们关注的焦点。除传统的汽车保险外，房地产和公共基础设施行业也都具有较大的潜力，将产生如财产保险、工程保险或担保债券等相关保险承保和服务方面的需求。据印尼一般保险协会（AAUI）分析，印尼的担保债券是一般保险类别中增长最快的业务。2014年，其保费为2万亿印尼盾（约合1.6亿美元），增长速度达105%。同时，财产保险也已经取代汽车保险，成为一般保险行业中占比最高的业务，2014年，财产保险的保费为16.1万亿印尼盾（约合12.8亿美元），增速为27%。随着交通运输行业的快速发展、海上运输量和航空运输量的上升，规避运输风险的需求也在不断加大，这给海运保险和航空保险的发展带来了较大的发展空间。①

印尼保险业的经营方式主要是外国保险公司与印尼本地保险公司建立合

---

① 数据来源：Global Business Guide Indonesia, http://www.gbgindonesia.com/en/finance/article/2015/indonesia_s_general_insurance_industry_gaining_traction_11254.php。

资企业。目前，越来越多的欧美保险公司正在寻求通过并购印尼当地的保险公司进入印尼市场，其中包括美国安达保险集团（ACE：which controls ACE Jaya Proteksi）、安联（Allianz：PT Asuransi Allianz Utama Indonesia）、美国国际集团（American International Group）、安盛（Axa：PT Asuransi AXA Indonesia）、费尔法克斯金融控股（Fairfax Financial Holdings：PT Fairfax Insurance Indonesia）和苏黎世保险集团（Zurich Insurance Group：PT Zurich Insurance Indonesia）等国际知名保险业巨头。[①] 而外资控股的合资企业给印尼当地的传统保险公司带来了巨大的冲击，使其面临着激烈的竞争。根据印尼的法律规定，外国保险公司不能在印尼国内开设分公司，只能采取并购的方式，并且所持股份要达到80%。[②] 这种较高要求的经济行为对于目前高速发展的保险业是不利的，印尼当地保险公司已要求印尼政府重新考虑降低保险业的外资股份所有权，并要求印尼财政部和金融服务管理局（OJK）出台相应的规定来限制保险业外资所有权。

近年来，印尼保险业的最低从业资本持续提高，2015年初，从事一般保险业务企业的资本也需要达到1000亿印尼盾（约合800亿美元）。[③] 逐渐增加对于资金的要求，不仅能为当地的保险公司提供强大的经济基础，还有利于印尼当地银行业的发展。

三 印尼金融业存在的问题

随着2014年印尼经济增速放缓，包括银行、证券、保险在内的印尼各金融行业都受到不同程度的影响，这些影响使得金融业中存在的问题进一步凸显。

[①] 资料来源：Global Business Guide Indonesia, http://www.gbgindonesia.com/en/finance/article/2015/indonesia_ s_ general_ insurance_ industry_ gaining_ traction_ 11254.php。

[②] 《印尼本地保险公司呼吁政府重新考虑保险业外资限制》，中华人民共和国驻印度尼西亚共和国大使馆经济商务参赞处网站，http://id.mofcom.gov.cn/article/ziranziyuan/huiyuan/201410/20141000767828.shtml。

[③] 数据来源：Global Business Guide Indonesia, http://www.gbgindonesia.com/en/finance/article/2015/indonesia_ s_ general_ insurance_ industry_ gaining_ traction_ 11254.php。

（一）印尼盾汇率持续下降，限制进口

印尼盾作为印尼的国家法定货币，近年来持续贬值。印尼盾汇率自2013年7月跌破1美元兑10000印尼盾的关口后，就一直延续了这种下跌态势，截至2014年底，印尼盾汇率已跌至1美元兑12500印尼盾，这相当于1998年金融危机时候的水平。[①] 印尼盾大幅贬值引发的进口商品价格上涨，对印尼经济造成了不良影响，这使得原材料依靠进口的印尼制造业、消费品行业、航空业等损失惨重，并引发新一轮输入性通胀。印尼本地经济学家和商业界人士也认为，印尼盾贬值对原材料和中间产品主要依靠进口的印尼制造业影响较大。进口成本升高，而国际大宗商品价格依旧疲软，印尼出口业绩短期内无法大幅提升，这可能会加重贸易平衡压力，对居高不下的经常账户赤字产生不利影响，同时也会加重印尼外债负担，削弱产品以内销为主企业偿还外债的能力。[②]

（二）银行贷款增速下降，不良贷款比例增高，信贷风险加大

2014年，由于受到出口疲软、经常账户与财政双赤字、选举年政治不确定性等因素的影响，印尼经济增速放缓，资金来源收紧，银行业贷款增速下降。据印尼央行和金融服务管理局数据，2014年8月，银行业未偿还贷款同比上升13.9%，比2014年初增加了6.1%，总额达到2895亿美元。[③] 与此同时，印尼银行业的不良贷款率在逐年升高，2013年的不良贷款率为1.77%，到2014年，这一比例提高到了2.16%，截至2015年4月底，这一

---

① 数据来源：印度尼西亚中央银行，http://www.bi.go.id/en/moneter/informasi-kurs/referensi-jisdor/Default.aspx。
② 《印尼政府采取措施应对货币剧烈贬值》，中华人民共和国驻印度尼西亚共和国大使馆经济商务参赞处网站，http://id.mofcom.gov.cn/article/ziranziyuan/huiyuan/201412/20141200839082.shtml。
③ 《受经济增长放缓影响，今明两年印尼银行业利润率下滑》，中华人民共和国驻印度尼西亚共和国大使馆经济商务参赞处网站，http://id.mofcom.gov.cn/article/ziranziyuan/tiyu/201411/20141100794593.shtml。

数字已经上升到了2.48%。① 这进一步加大了印尼银行业的信贷风险，造成货币流动性下降，具体体现在：加剧了银行贷款成本回流和收益的不确定性，增加了银行的损失；降低了银行的市场信誉度，导致存款增速放缓，银行的可供给资金减少。

（三）印尼金融业市场规模偏小，产品种类少且过于集中

印尼的资本市场目前处于较低的发展水平，其规模仍然偏小，没有适应印尼经济社会的发展要求。2014年，印尼银行业的总产值对国内生产总值的贡献率为3%，保险业的贡献率低于2%，证券市场的总市值也不到国内生产总值的50%，② 这些数字都比经济发达国家的水平要低，也显然与作为世界前二十大经济体成员的身份不相符。而且，印尼金融行业的产品种类相对较少，发展也过于集中。印尼银行业的主要收入来源于贷款的利润，而保险行业中的人寿保险业务占据了保险业的大部分市场。这种情况使印尼的金融业更容易受到经济下行压力的影响，既不利于行业自身的发展，也加大了金融业中各行业的潜在风险。

（四）非银行金融业中的外资控股率偏高，不利于本土企业发展

印尼大部分金融行业中的外资控股比例比较高，例如保险业中的外资持股比例基本在80%，而证券业中的外资控制率也在50%以上。虽然早期制定的外资高持股率等给印尼带来了大量的外来资金和先进的经营理念，但随着印尼金融业的快速发展和印尼企业的不断成长，外资持股过高会限制本土企业参与到金融行业中的空间。印尼金融服务管理局（OJK）非银行金融业监管主任费达斯·德加拉尼表示，随着保险等金融行业的快速发展，印尼金融业

---

① 《学者提醒政府警惕印尼银行业不良贷款率升高趋势》，中华人民共和国驻印度尼西亚共和国大使馆经济商务参赞处网站，http://id.mofcom.gov.cn/article/ziranziyuan/tiyu/201507/20150701059570.shtml。

② 数据来源：Global Business Guide Indonesia, http://www.gbgindonesia.com/。

已经过了向外资全面开放的自由化时代,需要适当增加国内企业的参与。[1] 近年来印尼国内企业发展迅速,部分企业具备了开展保险业务的实力,应该给予其更多经营空间;同时,印尼合资经营的保险公司越来越多,且发展状况良好,如阿斯特拉人寿保险(Astra Life)、金光人寿保险(Sinarmas MSIG Life)的内外资比例均为50%,在部分其他保险公司中,印尼方持有的股份甚至超过一半;此外,印尼保险业对外资的需求已不再是资本导向型,而是市场和管理导向,希望通过少量外资带来管理经验,带动印尼保险业发展。[2]

(五)印尼贸易市场以美元结算,增加了金融业不确定性

印尼国内众多行业仍以美元作为交易和结算货币,这在很大程度上降低了印尼盾的流通性和信誉度,使印尼金融行业的不确定性增加。由于印尼国内对外资,尤其是对美元的需求程度较高,资本市场对美元的依赖性增强,这使得美元的走势直接影响了印尼的金融业,增加了其发展的不确定性。随着2014年10月,美联储宣布退出量化宽松政策,同时,印尼加大了对美联储加息的预期,印尼盾汇率持续走低,印尼银行业利润下滑,股市震荡频繁,资金流失严重。进入2015年后,印尼雅加达综合股指下跌了5.87%,跌幅居东南亚之首。[3] 印尼货币贸易对美元的依赖性,决定了印尼盾的不稳定性,并直接影响到印尼金融业的稳定。

(六)印尼的基础性融资机构缺失,不利于国家基础设施建设

印尼的道路、供水、电力和电信等基础设施落后于东盟地区大多数国

---

[1] 《印尼将把保险业外资持股比例下调至60%》,中华人民共和国驻印度尼西亚共和国大使馆经济商务参赞处网站,http://id.mofcom.gov.cn/article/ziranziyuan/tiyu/201412/20141200830104.shtml。

[2] 《印尼将把保险业外资持股比例下调至60%》,中华人民共和国驻印度尼西亚共和国大使馆经济商务参赞处网站,http://id.mofcom.gov.cn/article/ziranziyuan/tiyu/201412/20141200830104.shtml。

[3] 《今年上半年印尼股指暴跌5.87%,跌幅居东南亚之首》,中华人民共和国驻印度尼西亚共和国大使馆经济商务参赞处网站,http://id.mofcom.gov.cn/article/ziranziyuan/zhxm/201506/20150601028874.shtml。

家,这些落后的基础设施也一直是限制印尼经济发展的重要因素,而印尼国内可以为基础设施建设项目提供融资的机构却严重缺失,这对印尼的基础设施建设非常不利。印尼发展基础设施和制造业等,需要大量来自像基础设施银行这类机构的融资。2014年,随着印尼政府宣布加入由中国主导的亚洲基础设施投资银行(AIIB),印尼基础设施建设资金紧缺的问题将得到缓解。可是虽然亚洲基础设施投资银行具有为印尼所有基础设施项目融资的能力,但完全依靠外国融资却具有一定的政治风险。因此,佐科总统上任后,做出的最重要的一个承诺就是成立基础设施银行,为长期项目提供融资支持,从而提高国家竞争力、促进经济繁荣发展。[①] 但基础设施银行等相关融资机构的具体运作效益,受限于印尼复杂的政治、经济和社会环境,目前难以做出具体的判断。

四 印尼政府采取的金融业发展措施

2014年,印尼金融业受到包括美元走强、国际市场对美联储加息的预期升温、国际油价暴跌,以及国际大宗商品价格持续下降等不同因素的影响,发展压力增大。为了应对金融业存在的问题,降低金融风险,并促进其良性发展,印尼政府及相关部门也做出了如下一些相应的政策调整。

1. 2014年11月18日,印尼央行宣布将基准利率调高0.25个百分点至7.75%,[②] 以此来控制政府提高油价后的通胀预期。

2. 鉴于印尼盾汇率下跌有利于印尼出口,2014年底,印尼出口融资局调整了2015年业务目标,加大出口融资力度,其中出口融资额增加20%~

[①] 《印尼政府采取措施应对货币剧烈贬值》,中华人民共和国驻印度尼西亚共和国大使馆经济商务参赞处网站,http://id.mofcom.gov.cn/article/ziranziyuan/huiyuan/201412/20141200839082.shtml。

[②] 《印尼央行表示上调利率不会对印尼经济造成不良影响》,中华人民共和国驻印度尼西亚共和国大使馆经济商务参赞处网站,http://id.mofcom.gov.cn/article/ziranziyuan/tiyu/201411/20141100805963.shtml。

22%，预计净利润增长18%~20%。①

3. 随着印尼国内企业实力迅速发展，印尼保险业的开放程度日益提高，印尼国内对保险市场需求不断增长，印尼金融服务管理局（OJK）计划将保险业外资持股比例从目前的80%下调至60%或以下，②进而改变保险行业中外资比例过高的局面，增强规避过度依赖外资所带来的风险。

4. 为加大基础设施建设的融资，2014年底，印尼政府宣布加入亚洲基础设施投资银行，同时，对于以往印尼依靠国际贷款融资的建设项目执行情况不佳，资金使用效率较低，或签订了大型国际贷款合同后，贷款程序迟迟未能启动等情况，印尼政府承诺不滥用国际贷款，将把双边和多边贷款用于生产性建设项目，如发电站、铁路网络建设等。③

5. 为稳定金融市场、恢复投资者信心，2014年12月16日，印尼政府宣布了包括短期金融市场干预政策和中长期经济结构改革等数项应对措施。短期金融市场干预政策包括以下几点。一是利用外汇储备，回购印尼国债，增加市场流动性，加强市场干预；二是通过国有企业在二级证券市场上回购国家债券，防止基金大量外流；三是制定关于公司股票回购管理等一系列金融政策，降低股市风险，消除投资者担忧；四是必要时上调基准利率至8%或更高，以增强印尼盾资产收益率。中长期经济结构改革措施包括以下几点。第一，继2014年11月上调补贴燃油价格后，又出台固定燃油补贴制度，确定燃油补贴为每升1000印尼盾或2000印尼盾，以降低油价波动对政府补贴的影响，从而有助于经常账户赤字恢复平衡；第二，加快经济改革步伐，增强投资吸引力，重点发展制造业等生产性部门，调整进出口战略，从

---

① 《明年印尼将加大出口融资力度》，中华人民共和国驻印度尼西亚共和国大使馆经济商务参赞处网站，http：//id.mofcom.gov.cn/article/ziranziyuan/tiyu/201412/20141200839083.shtml。
② 《印尼将修改债券发行规定，为实施经济发展计划扩大融资渠道》，中华人民共和国驻印度尼西亚共和国大使馆经济商务参赞处网站，http：//id.mofcom.gov.cn/article/ziranziyuan/tiyu/201412/20141200832728.shtml。
③ 《印尼政府承诺将有针对性地使用亚投行等国际贷款》，中华人民共和国驻印度尼西亚共和国大使馆经济商务参赞处网站，http：//id.mofcom.gov.cn/article/ziranziyuan/tiyu/201412/20141200839066.shtml。

根本上增强经济发展能力。①

2014年，印尼经济发展速度放缓，对各金融行业产生了不同程度的负面影响，印尼金融业目前也存在一些问题，但金融业发展的基本面向好，从长远眼光来看，其市场潜力仍然较大，国内外投资者对于印尼金融业未来的前景依旧保持乐观态度。当然，由于国际市场需求疲软和对美联储加息政策预期的提高，印尼金融业在2015年的整体发展形势基本不会出现较大变化，印尼盾贬值、外资依赖度高等情况仍将持续。

第五节 对外贸易

一 印尼对外贸易发展概况

印尼的对外贸易在国民经济中占据着十分重要的位置，对经济的发展起着不可替代的作用。印尼是个自然资源非常丰富的国家，拥有大量的油气资源、矿产资源、旅游资源和农、林、渔业资源，其石油、天然气、木材及木制品、天然橡胶、棕榈油、咖啡、可可和多种水产品的产量都位居世界前列，这些产品为印尼的出口奠定了坚实的基础；同时，印尼是世界第四人口大国，而且随着国家经济的发展，人们生活水平不断提高，其国内消费需求日益增长，这又为印尼的进口提供了巨大的市场空间。

印尼的对外贸易中出口产品主要有石油、天然气、纺织品和成衣、木材、藤制品、手工艺品、鞋、铜、煤、纸张及纸制品、电器、棕榈油、橡胶等；进口产品主要有机械运输设备、化工产品、汽车及零配件、发电设备、钢铁、塑料制品、棉花等。② 但由于近年国际市场需求疲软，大宗商品价格

---

① 《印尼政府采取措施应对货币剧烈贬值》，中华人民共和国驻印度尼西亚共和国大使馆经济商务参赞处网站，http://id.mofcom.gov.cn/article/ziranziyuan/huiyuan/201412/20141200839082.shtml。

② 《印度尼西亚对外贸易情况》，中国国际贸易促进委员会网站，http://www.ccpit.org/Contents/Channel_3362/2014/1226/438013/content_438013.htm。

持续下跌,加之国内政治、经济、社会等因素的影响,从 2012 年开始,印尼的对外贸易,尤其是货物贸易总体呈现下降趋势:2012 年,印尼的进出口贸易总额为 3817.1 亿美元,基本与 2011 年保持平衡;而 2013 年,进出口贸易总额为 3691.81 亿美元,同比下降 3.28%;2014 年的进出口贸易总额为 3541.59 亿美元,同比下降 4.07%。①

虽然 2014 年印尼的货物贸易总体下降,但国际社会对印尼这个巨大投资市场的前景依然看好。随着佐科总统上台,印尼新一届政府为了进一步加强印尼国内的基础设施建设,加大了改善投资环境和吸引外资的力度,促使越来越多的外国投资进入印尼资本市场。印尼在 2014 年全年接收到的国外直接投资金额达 307 万亿印尼盾(约合 285.3 亿美元),比 2013 年增加了 13.5%,而且国外投资也占到了印尼国内投资总额的 66.3%,② 是印尼境内投资的主要资本来源。截至 2014 年底,外国资本在印尼境内的投资项目总数为 8885 个,其中新建项目和扩建项目的投资额分别为 213.1 万亿印尼盾(约合 198.0 亿美元)和 93.9 万亿印尼盾(约合 87.3 亿美元)。③

二 印尼对外贸易主要方面的发展情况

(一)货物进出口贸易

货物进出口贸易是印尼对外贸易中的主体部分。2014 年,印尼对外货物贸易由于受到来自国际和国内各种因素的影响,继 2013 年之后持续下滑。2014 年 1~12 月,印尼货物进出口贸易总额为 3541.59 亿美元,相比 2013 年

---

① 数据来源:*Statistical Yearbook of Indonesia 2015*,印度尼西亚中央统计局,第 509 页。
② 数据来源:DOMESTIC AND FOREIGN DIRECT INVESTMENT REALIZATION IN QUARTER IV AND JANUARY-DECEMBER 2014,印度尼西亚投资协调委员会网站,http://www6.bkpm.go.id/file_uploaded/public/Bahan%20Paparan%20TW%20IV%202014-Eng.pdf。
③ 数据来源:DOMESTIC AND FOREIGN DIRECT INVESTMENT REALIZATION IN QUARTER IV AND JANUARY-DECEMBER 2014,印度尼西亚投资协调委员会网站,http://www6.bkpm.go.id/file_uploaded/public/Bahan%20Paparan%20TW%20IV%202014-Eng.pdf。

贸易总额下降了3.98%，其中出口总额1759.8亿美元，同比下降3.43%；进口总额1781.79亿美元，同比下降4.53%，贸易逆差21.99亿美元。①

2014年，印尼的油气类产品进出口总额全面下降，1~12月油气产品进出口总额为734.79亿美元，比2013年减少5.7%。油气产品的出口总额为300.19亿美元，比2013年的326.33亿美元减少8%，其中，原油出口额为92.15亿美元、石油产品出口额为36.24亿美元、天然气出口额为171.8亿美元；油气产品进口总额为434.60亿美元，比2013年的452.66亿美元减少了4%，其中原油进口额为130.72亿美元、石油产品进口额为273.63亿美元、天然气进口额为30.25亿美元。② 2014年印尼油气的进出口额均呈现下降趋势，这主要是印尼国内油气产量下滑和2014年国际油价大幅下跌造成的。印尼虽然拥有丰富的油气资源，但国内人口众多，需求量日益增长，产量减少必然影响出口下降。同时，国际油价下跌导致印尼油气进口量增长而进口额反倒下降，例如2014年，印尼进口的原油总量为1618.59万吨，较2013年的1601.56万吨增长了约18万吨，但原油的进口总额为130.72亿美元，比2013年下降了3.8%。③

与油气类产品相同的是，印尼非油气类产品在2014年的进出口总额在2013年基础上也有一定程度的下降。根据印尼中央统计局的统计数据显示，2014年，印尼非油气类产品的进出口总额为2806.8亿美元，约占印尼对外贸易总额的80%，其中，出口总额为1459.61亿美元，同比下降2.6%；进口总额为1347.19亿美元，同比下降4.7%。④ 主要出口的非油气类产品包括：烟草（1.7万吨，0.83亿美元）、水果（29.9万吨，3亿美元）、咖啡（38.3万吨，10.3亿美元）、茶叶（6万吨，1.1亿美元）、可可豆（7.7万吨，2.0亿美元）、金枪鱼（10万吨，2.1亿美元）、虾类（14.9万吨，17.1亿美元）、蟹类和贝类（9.2万吨，2.7亿美元）、煤炭（4.1亿吨，

---

① 数据来源：*Statistical Yearbook of Indonesia 2015*，印度尼西亚中央统计局，第509页。
② 数据来源：*Statistical Yearbook of Indonesia 2015*，印度尼西亚中央统计局，第509~511页。
③ 数据来源：*Statistical Yearbook of Indonesia 2015*，印度尼西亚中央统计局，第509~511页。
④ 数据来源：*Statistical Yearbook of Indonesia 2015*，印度尼西亚中央统计局，第509页。

208.2 亿美元)、铜矿 (71.5 万吨,16.8 亿美元)、镍矿 (416 万吨,0.86 亿美元)、棕榈油 (2289.2 万吨,174.65 亿美元)、服装 (74.5 亿美元)、鞋类 (41.1 亿美元)、胶合板 (23.73 亿美元)、纸张及纸制品 (436.8 万吨,37.8 亿美元)、橡胶粉 (252.1 万吨,45.4 亿美元)、铜产品 (29 万吨,19.7 亿美元)、音像产品 (31.7 亿美元)、计算机及电子产品 (5.7 亿美元)、电气设备 (62.6 亿美元) 等。① 主要进口的非油气类产品包含消费品、原辅材料和资本货物三大类产品:大米 (84.4 万吨,3.9 亿美元)、化肥 (665.4 万吨,18.2 亿美元)、水泥 (405.6 万吨,2.5 亿美元)、钢材 (88.7 万吨,17.9 亿美元)、机动车 (23.3 亿美元)、电信设备 (70.1 亿美元)、特种工业机械 (122.9 亿美元)。②

值得一提的是,2014 年,印尼与中国贸易总额为 469.21 亿美元,同比下降 7.73%,其中出口 164.59 亿美元,占印尼非油气类产品出口总额 11.28%,同比下降 22.66%;自中国进口 304.62 亿美元,占印尼非油气产品进口总额 22.61%,同比增长 3.01%,印尼对中国的贸易逆差为 140.03 亿美元,同比增加 68.93%。③ 中国是印尼非油气产品贸易的最大伙伴国,日本和美国紧随其后,同时中国也是仅次于日本的印尼第二大出口市场和第一大进口来源地。

(二) 外国在印尼的投资

随着印尼投资环境的逐渐改善,投资政策的不断开放,以及投资程序的进一步简化,越来越多外国资本投入印尼各行各业,印尼国内的投资资金也主要来源于国外。2014 年,印尼吸引国外直接投资达 307 万亿印尼盾 (约合 285.3 亿美元),同比增长 13.5%,占到印尼国内总投资额的 66.3%,而这也是国内企业投资额的 2 倍,超额完成了 2014 年初制定的 297.3 万亿印

---

① 数据来源:*Statistical Yearbook of Indonesia 2015*,印度尼西亚中央统计局,第 523~543 页。
② 数据来源:*Statistical Yearbook of Indonesia 2015*,印度尼西亚中央统计局,第 553~560 页。
③ 《2014 年印尼对外贸易及与中国贸易情况》,中国商务部,http://www.mofcom.gov.cn/article/i/jyjl/j/201502/20150200886288.shtml。

尼盾的目标。2014年，印尼的国外投资项目总共有8885个，其中新建项目投资额为213.1万亿印尼盾（约合198亿美元），占国外投资的69.4%；扩建项目的投资额为93.9万亿印尼盾（约合87.3亿美元），占国外投资的30.6%。①

从投资的行业方面来看，外资对于印尼的投资以制造业、服务业和采矿业三大行业为主，占所有投资的90%以上。其中，投资金额较大的具体行业包括：采矿业，投资额为46.7亿美元，占总投资额的16.4%，涉及552个项目；食品工业，投资额为31.4亿美元，占总投资额的11%，涉及640个项目；交通运输、仓储和通信行业，投资额为30亿美元，占总投资额的10.5%，涉及228个项目；五金、机械和电子工业，投资额为24.7亿美元，占总投资额的8.7%，涉及690个项目；化工和生物制药行业，投资额为23.2亿美元，占总投资额的8.1%，涉及377个项目；粮食作物和种植园业，投资额为22.1亿美元，占总投资额的7.7%，涉及324个项目；运输设备和其他运输行业，投资额为20.6亿美元，占总投资额的7.2%，涉及295个项目；建筑业，投资额为13.8亿美元，占总投资额的4.8%，涉及147个项目；电力、燃气及自来水供应行业，投资额为12.5亿美元，占总投资额的4.4%，涉及118个项目；房地产、工业园和写字楼行业，投资额为11.7亿美元，占总投资额的4.1%，涉及255个项目。②

从投资来源国和地区的情况看，印尼的国外投资主要来自亚洲、欧美国家和地区。2014年，对印尼进行投资超过1亿美元的国家和地区包括：新加坡（投资额58.32亿美元，投资项目1302个）、日本（投资额27.05亿美元，投资项目1010个）、马来西亚（投资额17.76亿美元，投资项目448个）、荷兰（投资额17.26亿美元，投资项目181个）、英国（投资额15.88

---

① 数据来源：《DOMESTIC AND FOREIGN DIRECT INVESTMENT REALIZATION IN QUARTER IV AND JANUARY-DECEMBER 2014》，印度尼西亚投资协调委员会网站，http：//www6.bkpm.go.id/file_uploaded/public/Bahan%20Paparan%20TW%20IV%202014-Eng.pdf。

② 数据来源：*DOMESTIC AND FOREIGN DIRECT INVESTMENT REALIZATION IN QUARTER IV AND JANUARY-DECEMBER* 2014，印度尼西亚投资协调委员会网站，http：//www6.bkpm.go.id/file_uploaded/public/Bahan%20Paparan%20TW%20IV%202014-Eng.pdf。

亿美元,投资项目 182 个)、美国(投资额 12.99 亿美元,投资项目 179个)、韩国(投资额 11.27 亿美元,投资项目 1054 个)、中国(投资额 8 亿美元,投资项目 501 个)、中国香港(投资额 6.57 亿美元,投资项目 197个)、澳大利亚(投资额 6.47 亿美元,投资项目 226 个)、英属维尔京群岛(投资额 6.24 亿美元,投资项目 240 个)、毛里求斯(投资额 5.41 亿美元,投资项目 45 个)、泰国(投资额 3.18 亿美元,投资项目 55 个)、法国(投资额 2 亿美元,投资项目 115 个)、加拿大(投资额 1.64 亿美元,投资项目 34 个)、瑞士(投资额 1.51 亿美元,投资项目 56 个)、塞舌尔(投资额 1.19 亿美元,投资项目 15 个)、中国台湾(投资额 1.15 亿美元,投资项目 150 个)。

(三)旅游业

印尼的服务贸易目前受限于落后的基础设施和国家政策等因素,整体发展水平还有待提高,但由于印尼拥有十分丰富的旅游资源,其旅游业的快速发展为印尼国家经济带来大量外汇收入。印尼的旅游业既帮助解决了国内的部分就业问题,又促进了相关产业的发展,已经从服务贸易中的优势行业逐渐成长为国家经济的支柱产业之一。2014 年,印尼旅游业依然保持良好发展势头:国外游客总数达 943.5 万人次,同比增长了 7.2%;国外游客的人均消费额为 1183.45 美元,同比增长 3.6%;游客的平均旅游时间是 7.66天,较 2013 年的 7.65 天也有小幅增长。[①] 其中,2014 年亚太地区的游客为 746.9 万人次,占游客总数的 79.2%,而印尼境外游客的主要来源国家和地区包括新加坡(174 万人次)、马来西亚(148.57 万人次)、澳大利亚(112.76 万人次)、中国(86.85 万人次)、日本(52.55 万人次)、韩国(35.2 万人次)、菲律宾(24.82 万人次)、印度(26.71 万人次)和中国台

---

① 数据来源:*Statistical Yearbook of Indonesia 2015*,印度尼西亚中央统计局,第 341、342、344、355 页。

湾（22.02 万人次）。①

三 印尼同主要地区和国家的经贸关系

（一）在东盟区域内的经贸关系

印尼作为世界排名前二十的经济体之一，是东盟十国中最大的经济体。印尼在东盟区域内的总体贸易额遥遥领先于其他地区和国家。2014 年，印尼与东盟另外九个国家间的贸易总额达 903.94 亿美元，占印尼总贸易额的 25.5%。其中，对东盟国家的总出口额为 396.68 亿美元，同比下降 2.3%；总进口额为 507.26 亿美元，同比下降 5.8%。②

当然，由于东盟国家的经济实力和发展情况不一，印尼与其他九个国家之间的经贸往来也不尽相同。按照 2014 年印尼在东盟区域内的贸易额度来看排列如下。

1. 新加坡排在首位

2014 年，印尼与新加坡的进出口总额达 419.14 亿美元，占印尼在东盟区域内贸易总额的 46.4%，其中，对新加坡的出口额为 167.28 亿美元，进口额为 251.86 亿美元。③

2. 马来西亚排在第二位

印尼与马来西亚在 2014 年的贸易额为 205.85 亿美元，占印尼在东盟区域内贸易总额的 22.8%，其中，印尼对马来西亚的出口总额是 97.3 亿美元，进口总额是 108.55 亿美元。④

3. 泰国位居第三位

2014 年全年，印尼对泰国的进出口总额为 155.64 亿美元，占印尼在东

---

① 数据来源：Statistical Yearbook of Indonesia 2015，印度尼西亚中央统计局，第 341、342、344、355 页。
② 数据来源：Statistical Yearbook of Indonesia 2015，印度尼西亚中央统计局，第 519、546 页。
③ 数据来源：Statistical Yearbook of Indonesia 2015，印度尼西亚中央统计局，第 519、546 页。
④ 数据来源：Statistical Yearbook of Indonesia 2015，印度尼西亚中央统计局，《印度尼西亚 2015 年统计年鉴》，第 519、546 页。

盟区域内贸易总额的17.2%,其中,出口额为57.83亿美元,进口额为97.81亿美元。①

4. 越南紧随其后,排名第四位

2014年,印尼对越南的进出口贸易额为58.69亿美元,占印尼在东盟区域内贸易总额的6.5%,其中,出口额是24.51亿美元,进口额是34.18亿美元。值得一提的是,2014年,印尼对越南的出口和进口都呈现增长趋势。②

5. 菲律宾排名第五位

印尼与菲律宾在2014年的贸易总额为45.88亿美元,占印尼在东盟区域内贸易总额的5.1%,其中,印尼对菲律宾的出口额为38.88亿美元,进口额为7亿美元。③

6. 剩余的四个东盟国家

在2014年与印尼的贸易额均未超过10亿美元,印尼对这四个国家的进出口情况依次为:文莱(贸易总额为6.94亿美元,对文莱出口1亿美元,进口5.94亿美元)、缅甸(贸易总额为6.89亿美元,对缅甸出口5.67亿美元,进口1.22亿美元)、柬埔寨(贸易总额为4.34亿美元,对柬埔寨出口4.16亿美元,进口0.18亿美元)、老挝(贸易总额为0.56亿美元,对老挝出口0.05亿美元,进口0.51亿美元)。④

(二)印尼与中国的经贸关系

作为世界第二大经济体的中国和作为东盟地区最大经济体的印尼有着广泛的合作空间。近年来,随着两国全面战略伙伴关系的不断深化,印尼与中国无论在双边还是多边场合,都保持着密切交往与合作。在此基础上,印尼与中国的经贸水平也高于印尼同其他国家的经贸水平。截至2014年12月,

---

① 数据来源:*Statistical Yearbook of Indonesia 2015*,印度尼西亚中央统计局,第519、546页。
② 数据来源:*Statistical Yearbook of Indonesia 2015*,印度尼西亚中央统计局,第519、546页。
③ 数据来源:*Statistical Yearbook of Indonesia 2015*,印度尼西亚中央统计局,第519、546页。
④ 数据来源:*Statistical Yearbook of Indonesia 2015*,印度尼西亚中央统计局,第519、546页。

印尼与中国的进出口贸易总额达482.3亿美元,其中,印尼对中国的出口额为176.1亿美元,印尼自中国的进口额为306.2亿美元。① 这一数据表明中国已经是印尼的最大贸易伙伴国,中国也是仅次于日本的印尼第二大出口市场和第一大进口来源国。

与此同时,印尼也是中国在东盟投资最多的国家之一,中国的投资涉及能源、矿产、交通、通信、机械、金融、农业、渔业等多个领域,其中更是包括巨港电站、芝拉扎电站、风港电站、泗马大桥和加蒂格迪大坝在内的许多大型基础设施建设项目。② 目前,印尼与中国的经贸关系正朝着全方位、多层次、宽领域的方向不断迈进,这不仅促进了双边友好关系的发展,更丰富了两国战略伙伴关系内涵。

(三)印尼与日本的经贸关系

印尼拥有丰富的自然资源和巨大的消费市场,而日本则以进口原材料和出口加工产品为主,这就使印尼和日本之间形成了天然的贸易互补关系。2014年,印尼与日本的进出口贸易总额紧随中国和新加坡之后,达401.25亿美元,同比下降13.5%,其中,印尼对日本的出口额为231.18亿美元,自日本的进口额为170.07亿美元。③ 日本也是印尼最大的出口对象国和第三大进口来源国。

(四)印尼与美国的经贸关系

印尼和美国虽然分别是东盟地区和世界范围最大经济体,但两国间的贸易规模却排在中国、新加坡和日本之后,位列第四。2014年,印尼与美国间的贸易总额是247亿美元,与2013年的贸易额基本持平,其中,印尼的出口额为165.3亿美元,同比增长5.3%,而进口额为81.7亿美元,同比下

---

① 数据来源:Statistical Yearbook of Indonesia 2015,印度尼西亚中央统计局,第519、546页。
② 《印度尼西亚对外贸易情况》,中国国际贸易促进委员会网站,http://www.ccpit.org/Contents/Channel_3362/2014/1226/438013/content_438013.htm。
③ 数据来源:Statistical Yearbook of Indonesia 2015,印度尼西亚中央统计局,第519、546页。

降9.9%。①

（五）印尼与澳大利亚的经贸关系

二战后，印尼和澳大利亚的双边关系虽然有所起伏，但近年来，随着两个国家在多个国际机制中加强合作，彼此也越来越重视双边关系的发展。而且，澳大利亚是距离印尼最近的二十国集团（G20）成员国，两个国家之间一直保持着密切的贸易往来。2014年，在印尼总体进出口贸易额下降的前提下，印尼对澳大利亚的进口和出口均出现增长。截至2014年底，印尼与澳大利亚的贸易额为105.96亿美元，比2013年增长了12.6%，其中，印尼对澳大利亚出口49.48亿美元，同比增长13.2%，从澳大利亚进口56.48亿美元，同比增长12.1%。②

（六）印尼与欧盟的经贸关系

欧盟一直是印尼的重要贸易伙伴，印尼也十分重视发展对欧经贸关系。欧洲先进的技术产品和发展经验是印尼所需要的，而印尼的国内市场也为欧洲所青睐。2014年，印尼同欧盟的贸易总量达295.85亿美元，其中，向欧盟的出口额为168.94亿美元，自欧盟的进口额为126.91亿美元。③ 同时，与印尼有着密切贸易往来的欧盟国家主要包括：德国（贸易总额为69.13亿美元，印尼对德国出口28.22亿美元，进口40.91亿美元）、荷兰（贸易总额为48.93亿美元，印尼对荷兰出口39.85亿美元，进口9.08亿美元）、意大利（贸易总额为40.10亿美元，印尼对意大利出口22.87亿美元，进口17.23亿美元）、英国（贸易总额为25.53亿美元，印尼对英国出口16.58亿美元，进口8.95亿美元）、西班牙（贸易总额为24.54亿美元，印尼对西班牙出口19.37亿美元，进口5.17亿美元）、法国（贸易总额为23.52亿美元，印尼对法国出口10.19亿美元，进口13.33亿美元）、比利时

---

① 数据来源：*Statistical Yearbook of Indonesia 2015*，印度尼西亚中央统计局，第519、546页。
② 数据来源：*Statistical Yearbook of Indonesia 2015*，印度尼西亚中央统计局，第519、546页。
③ 数据来源：*Statistical Yearbook of Indonesia 2015*，印度尼西亚中央统计局，第519、546页。

（贸易总额为18.03亿美元，印尼对比利时出口12.17亿美元，进口5.86亿美元）。

四 印尼对外贸易面临的国际与国内环境

（一）国际环境

2014年，世界经济仍然处于艰难的复苏阶段，发达经济体的经济增长速度低于世界平均水平，发展中经济体的经济增长速度呈现放缓趋势。印尼同大部分新兴经济体一样，2014年的经济增速也出现下滑。面对外部复杂多变的经济环境，印尼的对外贸易也受到了一定程度的影响，其中，具有明显负面作用的国际环境因素主要包括以下几个。

1. 全球需求疲软，国际大宗商品价格持续下跌

世界经济目前仍然处于调整和修复期，受此影响，全球市场需求疲软，贸易增长乏力，国际大宗商品价格持续下跌。2014年贸易量增速仅比全球经济增速快0.8个百分点，这与国际金融危机前5年贸易量增速快于经济增速1倍形成巨大差异。[1] 与此同时，国际大宗商品价格连续3年下跌。据世界银行统计，2014年，能源、非能源价格比上年分别下跌7.2%和4.6%，这是继2012年和2013年后的再次下跌，其中，农产品价格下跌3.4%，肥料下跌11.6%，金属和矿产下跌6.6%。[2]

2. 世界各经济体的货币政策分化严重

自2008年国际金融危机以来，国际社会的各经济组织和经济实体都在维护金融稳定、恢复金融秩序与保持经济增长方面做出了各种货币政策调整。2014年，各经济体的货币政策相继出台，但分化严重，例如：美国于2014年10月份完全退出量化宽松；欧元区和日本年中以后仍在加大宽松政

---

[1] 数据来源：《2014年世界经济形势回顾与2015年展望》，中国国家统计局国际统计信息中心，http://www.stats.gov.cn/tjsj/zxfb/201502/t20150227_686531.html。

[2] 数据来源：《2014年世界经济形势回顾与2015年展望》，中国国家统计局国际统计信息中心，http://www.stats.gov.cn/tjsj/zxfb/201502/t20150227_686531.html。

策力度；俄罗斯和巴西分别升息6次和5次，全年累计升息幅度达1150个和125个基点；罗马尼亚和韩国分别降息3次和2次，累计降息100个和50个基点。① 货币政策的严重分化不仅影响了各国货币的稳定性，也加剧了国际贸易的不确定性。

3. 国际金融市场起伏不定

2014年国际金融市场在年初出现一波震荡以后，一直处于相对稳定的状态，而到了下半年，特别是第四季度，股市、汇市等领域出现了较大幅度波动。美国道琼斯工业指数在2014年屡创历史新高，而主要欧洲股市下半年来震荡加剧，全年总体走势平平。日本股市在2014年下半年走出了一波上涨行情。新兴市场则出现了明显的剧烈震荡走势，2014年2月初至9月初一路上扬，第四季度急剧下跌，幅度超过12%，上半年成果尽失。② 同时，美元走强，欧元和日元走弱，其他国家的货币呈现不同程度的贬值态势。美元指数在2014年下半年上涨超过13%；受乌克兰危机影响，俄罗斯卢布全年贬值超过73%，仅2014年第四季度就贬值了近43%；乌克兰格里夫纳全年贬值近48%；受经济疲弱及国际大宗商品价格下跌等因素影响，拉美主要国家成了货币贬值的重灾区：阿根廷比索全年累计贬值近23%，巴西雷亚尔贬值近14%，墨西哥比索贬值超过11%。③

4. 地区冲突和非传统安全问题恶化

2014年，乌克兰危机持续、中东局势恶化、恐怖主义盛行、生态环境恶化是国际社会关注的主要问题。这些问题都在不同的程度上影响着国际投资和国际资本运转：一方面国际投资者的投资热情和投资信心受到打压；另一方面，国际的进出口需求和贸易也受到一定抑制。

---

① 数据来源：《2014年世界经济形势回顾与2015年展望》，中国国家统计局国际统计信息中心，http://www.stats.gov.cn/tjsj/zxfb/201502/t20150227_686531.html。
② 数据来源：《2014年世界经济形势回顾与2015年展望》，中国国家统计局国际统计信息中心，http://www.stats.gov.cn/tjsj/zxfb/201502/t20150227_686531.html。
③ 数据来源：《2014年世界经济形势回顾与2015年展望》，中国国家统计局国际统计信息中心，http://www.stats.gov.cn/tjsj/zxfb/201502/t20150227_686531.html。

（二）国内环境

2014年，印尼对外贸易的发展不仅受到来自国际因素的影响，也受到其国内各种因素的影响。

1. 印尼大选年

2014年是印尼的总统选举年，印尼国内的政治焦点都集中于此，政局受此影响也出现起伏。大选给印尼未来的走向所带来的不确定性，尤其是经济领域的不确定性，将直接对印尼的对外贸易造成不利影响。不同的总统候选人有着不同的施政纲领和经济发展规划，而这些不同的执政理念势必引起印尼国内部分经济实体和经济行业对自身未来发展的担忧，害怕新政府的政策会不利于其生产和发展。此外，这也会导致国际投资者的信心出现波动，对印尼的投资保持观望态度。当然，随着佐科·维多多当选总统，印尼国内政局开始恢复稳定，来自国外的投资也在稳步增长，然而经济整体情况却并没有起色，进出口贸易持续下滑，大选所带来的负面影响将延续。

2. 经济增速放缓

近年来，印尼的经济增长速度逐渐放缓，2014年的增速为5%，是2008年金融危机以来的最低值。[①] 2014年，印尼的经济增长乏力，进出口贸易额同比下降，进口大于出口，这也降低了印尼产品的市场竞争力。当前，印尼的经济增速正处在换挡期、经济结构正处在调整期，工业、农业和金融业等经济支柱产业中还存在着很多问题有待解决。印尼的经济下行压力仍然很大，加上国际需求持续疲软、外部贸易环境复杂严峻，印尼的对外贸易面临着较大的挑战。

3. 贸易保护主义抬头

印尼的出口产品以原材料和初加工产品为主，而其国内巨大的市场和不断增长的消费量又不能从国内得到满足，需要大量进口。这就形成了印尼国

---

① 数据来源：印度尼西亚中央统计局网站，http://www.bps.go.id/。

内的原材料外流而进口持续攀升的局面,也直接导致近年印尼的贸易逆差成为一种常态化现象。2014年,为了进一步保持贸易平衡、保护国内企业利益以增强其国内产品的竞争力,印尼政府一方面通过提高部分进口产品的关税来阻止外国商品大量涌入印尼国内市场;另一方面采取了一些非关税措施,如禁止进口、进口配额、退证查询等,以限制外国商品自由进入,这也导致印尼的贸易保护主义显现抬头之势。

五 印尼对外贸易发展前瞻

2014年,印尼的对外贸易由于受到来自国际各种因素和国内政治、经济、社会等方面的影响,继2013年之后,其整体发展形势依然持续下滑。目前世界经济依然增长乏力,世界主要经济体的经济不是增速放缓,就是处于较低增速水平。同时,印尼虽然是一个资源丰富的国家,但其基础设施落后、生产技术偏低的情况依然严重,极大地影响了其对外贸易的结构,阻碍了其对外贸易发展。

佐科政府需要在未来投入更多的人力、物力和财力,对其贸易结构的不合理之处进行调整和改革,努力使印尼的对外贸易朝着持续稳定健康的方向发展:首先,要平衡货物贸易、服务贸易以及吸引外资等方面的发展,在扭转货物贸易增速下降的同时加大服务贸易的发展力度;其次,要充分利用好不断进入印尼国内市场的外国投资,以促进国内生产技术的提高和基础设施的完善,从而加强"印尼制造"的国际竞争力;再次,要在大力投入国内基础设施建设的同时,注重人才的培养,以增加国际贸易运输、通信、商业服务、金融、法律等涉及对外贸易各领域人才的储备;最后,要善于运用国际贸易规则维护自身权益,并合理利用争端解决机制处理好与贸易伙伴之间的贸易摩擦,增强贸易救济能力。

随着全球经济的关联性越来越强、国际贸易的相互依存度越来越高,印尼的经济必然会受到影响,2015年的对外贸易也将面临更多风险和挑战。从当前世界经济和印尼经济的整体情况来看,二者表现都不容乐观,下行压力依然较大,印尼的对外贸易在此条件下将不会出现明显改观,印尼政府需要以更谨慎的态度加以应对。

第六节 中国—印度尼西亚贸易关系发展情况

一 中国—印尼经贸关系回顾

自20世纪90年代,中国和印度尼西亚恢复外交关系以来,双方的经贸合作在两国政府和民间的推动下取得了显著成绩。在复交后相继签订了《投资保护协定》、《海运协定》和《避免双重征税协定》等相关贸易和投资法规,并就农业、渔业、矿物资源开发、交通基础设施建设、财政和金融等多个领域的合作签署了谅解备忘录。两国于1990年成立了经济贸易技术合作联委会。1991~1997年,双边贸易保持了高速增长,其中,1991年双边贸易增长率达36.21%,1997年双边贸易达34.47亿美元,是两国复交时(1990年)的2.5倍。1997年7月亚洲金融危机爆发并蔓延,1998年印尼国内爆发大范围排华事件、苏哈托政权垮台,致使两国政治关系跌入复交以来的低谷,双边贸易大幅下挫26.93%。① 在哈比比、瓦希德和梅加瓦蒂执政期间,印尼国内政局日趋稳定,中国与印尼两国政治关系与经贸合作均得以较快恢复。② 2001年底,双方将农业、能源和资源开发以及基础设施建设确定为经贸合作重点领域。此后,在2002年成立两国能源论坛,9月召开首次会议。2005年4月,两国政府发表了关于建立战略伙伴关系的联合宣言。2006年10月,双方在上海召开了第二次会议。2007年9月,双方在上海召开第九次经贸技术联委会。2008年3月,中国银行泗水分行复行。2008年12月,能源论坛第三次会议在雅加达举行。2009年,中方支持建设的印尼泗马大桥举行通车仪式。

进入21世纪后,特别是随着中国—东盟自由贸易区的建成,双方在经

---

① *Key Indicators for Asia and the Pacific 2014.*
② 郑国富:《中国与印度尼西亚双边经贸合作关系论析》,《江南社会学院学报》2015年1月。

贸上的合作得以迅速加强。根据印度尼西亚中央统计局2014年的数据显示，2001~2008年，印度尼西亚与中国双边贸易额年均增速超过20%，2008年两国贸易额就已经达到315.20亿美元，双方领导人定下的2010年贸易额突破300亿美元的宏伟目标，提前2年实现。虽然2009年由于金融危机的影响，双方的贸易额略有下降，但在两国政府的共同努力下，不久就得到了迅速回升。2010~2014年，双边贸易额分别达到361.16亿美元、491.53亿美元、510.45亿美元、683.54亿美元和469.21亿美元，[1] 可以看出除了2014年之外，中国和印尼双边贸易额都保持了较快的增长速度。截至2014年底，中国是印尼非油气商品的最大出口市场、最大进口来源国和最大贸易伙伴。

二 中印尼双边贸易

（一）印尼的贸易投资环境

众所周知，被称为"千岛之国"的印度尼西亚是东南亚地区的重要大国，同时作为该地区目前经济增长最快的国家，是东盟的第一大经济体。虽然经历了2008年国际金融危机的冲击，但印度尼西亚的经济增长率和对外投资吸引率仍然保持了较高的增长速度，未来印度尼西亚的发展前景是值得期待的。

印度尼西亚作为世界上重要的原料产地和资源输出国拥有丰富的矿产资源和油气资源，适宜种植热带经济作物。同时其地理位置十分重要，处在国际海洋交通线的要道。另外，印尼人口众多、市场广大，再加上政治局势比较稳定，市场化程度较高，金融市场也较为开放。这些都为印度尼西亚经济的发展提供了良好的基础。与此同时，印尼政府也始终着眼于加强自身内部建设，尤其是国内基础设施的建设。据印尼《国际日报》消息，印尼公共工程与民居部公布了2015~2025年高速公路建设规划，预计将在10年间建设3733公里高速公路，使印尼高速公路总长度达到6115公里，该建设规划

---

[1] *Statistical Yearbook of Indonesia 2015*，印度尼西亚中央统计局。

约需投入723万亿印尼盾。① 特别是随着新总统佐科·维多多上台后，新政府继承了前任的经济方针，重视基础设施建设，将在近期建立"加速基础设施建设工作组"，旨在进一步简化投资许可证办理程序，取消繁杂且没有太大实效的条例。② 与此同时，为了加快国内贸易环境的改善，出台了一系列旨在吸引外商投资的政策以促进印度尼西亚经济的发展。

目前印度尼西亚经济保持较快增长，消费成为推动经济发展的主导力量，各项宏观经济指标均保持正增长，经济结构比较合理。印尼持续向好的经济发展前景和相对于他国的比较优势更有利于吸引大规模的外资进入本国。印度尼西亚中央投资统筹机构（BKPM）2015年1月28日公布的全年投资数据显示，2014年印尼国内投资和外国投资总额达463.1万亿盾（约合332.1亿美元），同比增长16.2%，其中印尼实际吸引外国直接投资307.0万亿盾（约合285.3亿美元），同比增长13.5%，但增速相对于2013年的22.4%有所下降。按投资来源国统计，新加坡投资58亿美元，占投资总额的20.4%，中国位列第八位，投资总额为8亿美元。按投资领域统计，排名前五大类的行业依次为采矿业47亿美元，占投资总额的16.4%，食品业（11%），交通、仓储和通信业（10.5%），金属、机械和电子业（8.7%）及化工制药业（8.1%）③。

印度尼西亚主管贸易的政府部门是贸易部，其主要职能包括制定外贸政策、参与外贸法规的制定、进口许可证的申请管理、指定进口商及分派配额等。印尼国内颁布的与对外贸易相关的法律主要是《贸易法》、《海关法》、《产业法》、《禁止垄断行为法》、《不正当贸易竞争法》。

在投资方面，印尼主管投资的主管部门分别为投资协调委员会、财政部、能源与矿产资源部。根据2007年新出台的《投资法》，国内外投资者

---

① 《印尼未来十年将建3373公里高速公路》，中华人民共和国驻棉兰总领馆经济商务室，http://medan.mofcom.gov.cn/article/jmxw/201501/20150100862568.shtml.
② 《印尼将建立加速基础设施建设工作组》，中华人民共和国驻棉兰总领馆经济商务室，http://medan.mofcom.gov.cn/article/jmxw/201507/20150701043124.shtml.
③ 《2014年吸引外资继续保持增长》，中华人民共和国驻棉兰总领馆经济商务室，http://medan.mofcom.gov.cn/article/jmxw/201501/20150100882552.shtml.

可自由投资任何营业部门，除非为法令所限制与禁止。法令限制与禁止的部门包括生产武器、火药、爆炸工具及其他可用于作战工具的部门。另外，基于健康、道德、文化、环境、国家安全以及其他国家利益的标准，政府可依据总统令规定禁止行业。目前共有25个行业被禁止投资，仅能由政府经营。禁止外商投资的行业主要包括无线电广播与电视广播、公路设备、经营机动车辆定期检查、含酒精饲料工业、糖精工业和黑锡金属工业。同时该法规定，外国投资是指外国投资者完全使用外国资本或者与国内资本合资在印尼开展的投资活动。外国投资只能采取有限责任公司的形式。对外国的投资没有一般的政府批准或者筛选过程，原则上，所有领域都对投资开放，除了在印尼政府公布的负面清单中规定的已声明不开放或者有条件开放的领域。

在税收优惠方面，印尼政府对有限公司和合作社的新投资或扩充投资提供所得税优惠：一是2010年起企业所得税降至25%；二是加速偿还和折旧；三是分红时，外资企业所缴纳的所得税税率定为10%，或根据避免双重征税协议，采用较低的税率；四是给予5年以上的亏损补偿期。

在接受对外直接投资的行业中，印尼官方投资统筹机构2013年12月24日公布了最新修订的投资负面清单。[①] 印尼政府通过修订投资领域的负面清单，放宽了对外资准入的限制。其表现为，一方面扩大了外商投资的领域，开放了部分原先仅限当地投资的行业；另一方面，对外资的持股比例要求放宽，一些行业外商可以控股。修订的主要类目如下。

第一类为对外资更加开放领域，陆路交通客站和车辆常规检验部门的外资可持股比例从零放宽至49%，为此次放宽幅度最大的两个行业。其他两个行业为制药业和金融风险投资业，外资可持股比例分别从原来的75%和80%调整至85%。广告业外资可持股比例亦从零放宽至49%，但仅限东盟国家。

第二类为新设定的外资可持股领域，固定通信、多媒体综合网络电信、多媒体服务供应商的外资可持股比例分别为65%、65%和49%。

---

① *WT/TPR/S/278/Rev.1 INDONESIA*. p. 24 – 25.

第三类为公私合营的基础设施项目领域,其中机场、港口和陆路交通客站(含铁路)的经营管理外资可持股权分别为49%、95%和49%,供水95%,收费公路95%,10兆瓦以下发电厂49%,10兆瓦以上发电厂100%,输电和配电分别为100%。此外,此次修订负面清单还收紧了几个外资可持股比例领域,如货物分销业和仓储业从100%缩减至33%。农业领域外资可持股比例因须与2010年颁布的园艺法规定相配套,从95%缩减至30%。

目前清单中属于完全禁止类的产业有部分化学品、特殊交通设施和博彩业等,部分禁止类的产业有制糖、矿业和医药等。

2014年12月印尼《国际日报》的消息,印尼投资统筹机构主任弗兰基称,将加快简化投资许可证申请程序进程,由投资统筹机构进行一站式管理。该机构已召开一站式服务的统筹会议,研究将26个部门投资许可证批准权限交由中央政府统管,并从1249个工商类别中优先简化电力、粮食、海事和劳力密集工业四类投资许可申请。此外,有四项外商投资许可证可在一站式服务柜台免费申请,一是外国投资基本许可证,即签发给在印尼进行营业活动的外国人或企业的许可证,有效期为3年,可申请延长;二是制造商进口识别编号许可证,即证明投资商进口货物和机器为投资运作需要,非商业用途;三是普通进口商识别编号许可证,即表明投资商进口的货物和机器是出于商业用途;四是永久营业许可证,即企业设立后准备运作的许可证,有效期30年且可以延长。[①]

(二)2014年全年及2015年上半年双边贸易额

印尼统计局4月份公布的数据显示,2014年1~3月,印尼与中国双边货物贸易额为123.1亿美元,增长2.8%。其中,印尼对中国出口51.5亿美元,下降4.4%,占印尼出口总额的11.6%,下降0.3个百分点;印尼自中国进口71.6亿美元,增长8.7%,占印尼进口总额的16.6%,增长2.2个

---

① 《印尼优先简化四类投资许可证申请,四项外资许可免费申请》,中华人民共和国驻棉兰总领馆经济商务室,http://medan.mofcom.gov.cn/article/jmxw/201412/20141200821803.shtml。

百分点。① 印尼对中国的贸易逆差为20.1亿美元，增长66.1%。

2014年1~3月，印尼对中国出口最多的商品为矿物燃料、动植物油、杂项化学产品、橡胶及制品、有机化学品。上述五大类商品的出口额依次为18.1亿美元、8.9亿美元、4.2亿美元、3.2亿美元和2.6亿美元，合计占对中国出口总额的71.9%。其他对华出口商品还包括矿砂、木浆及纸浆、木材、机电产品、塑料制品、铜及制品、可可及制品、水产品等。印尼自中国进口的商品种类繁多，主要有机电产品、机械设备、钢材、贱金属及制品、有机化学品。2014年1~3月，印尼进口的上述五类商品合计43.4亿美元，② 占印尼自中国进口总额的60.6%。除上述产品外，印尼自中国进口的主要商品还有塑料制品、肥料、干鲜水果、无机化学品、棉花、铝制品和音响器材制品等。

在第二季度公布的统计数据中显示，2014年4~6月，印度尼西亚与中国双边贸易额为122.5亿美元，相比上一季度有所下降。其中印尼对中国出口42.2亿美元，占同时期印尼总出口额的9.5%；自中国进口80.3亿美元，占印尼进口总额的17.2%。印尼对中国的贸易逆差为38.4亿美元，相比第一季度增加了9%。③

2014年4~6月，印尼对中国出口最多的五大类商品依次为矿物燃料13.9亿美元、动植物油6.4亿美元、杂项化学产品3.4亿美元、橡胶及制品1.9亿美元、有机化学品2.4亿美元；合计占对中国出口总额的66.4%。印尼自中国进口主要商品包括机电产品35.3亿美元、贱金属及制品10.8亿美元、化工产品10亿美元、纺织品及原料7.3亿美元、塑料及橡胶制品3.4亿美元，以上五大类商品占印尼自中国进口总额的72.7%。④

2014年第三季度的统计数据报告，7~9月，印尼与中国双边贸易额为112.2亿美元，相比第二季度有所下降。其中印尼对中国出口总额为39.1

---

① *Indikator Ekonomi April 2014.*
② *INDONESIA FOREIGN TRADE STATISTICAL BULLETIN IMPORTS APRIL 2014.*
③ *Tabel Ekspor Menurut Negara*, Tahun 2014.
④ *Buletin Statistik Perdagangan Luar Negeri Ekspor Menurut Komoditi HS*, June 2014.

亿美元，占同时期印尼出口总额的 8.9%，自中国进口总额为 73.1 亿美元，占印尼第三季度进口总额的 16.5%。① 双方的贸易逆差 34 亿美元，较上一季度略微下降。

第三季度中，印尼对中国出口最多的商品依次为矿产品 21.9 亿美元、动植物油脂 4.5 亿美元、纸浆及纸制品 3.2 亿美元、塑料及橡胶 2.4 亿美元、木及制品 2.2 亿美元。这五类商品共占印尼该季度对中国出口总额的 87.5%。印尼自中国进口的商品品类繁多，主要有有机化学品、钢铁制品、钢材、塑料及制品、无机化学品。2014 年前三季度，印度尼西亚进口的上述五类商品合计为 180.7 亿美元，占印尼自中国进口总额的 78.6%。②

2014 年 12 月公布的统计数据显示，第四季度印尼与中国双边贸易额为 124.9 亿美元，较第三季度有所增加。其中印尼对中国出口总额为 43.7 亿美元，占同时期印尼出口总额的 10%；由中国进口总额为 81.2 亿美元，占印尼第四季度进口总额的 18.6%。双边贸易逆差为 37.5 亿美元，③ 相比上一季度贸易逆差在增加。从表 2-3 可以看出，2014 年印尼在与中国的双边贸易中，自中国进口额在增加，而对中国出口额在下降，双方的贸易逆差有扩大的趋势。

表 2-3 2014 年印度尼西亚与中国双边贸易额

单位：亿美元

时间 类别	第一季度	第二季度	第三季度	第四季度
进口	71.6	80.3	73.1	81.2
出口	51.5	42.2	39.1	43.7
进出口总额	123.1	122.5	112.2	124.9

资料来源：印度尼西亚中央统计局，http://www.bps.go.id/；中华人民共和国驻棉兰总领事馆经济商务室，http://medan.mofcom.gov.cn/article/jmxw/。

---

① *Indikator Ekonomi Oktoberi 2014.*
② *INDONESIA FOREIGN TRADE STATISTICAL BULLETIN IMPORTS SEPTEMBER 2014.*
③ *Buletin Statistik Perdagangan Luar Negeri Ekspor Menurut Komoditi HS*, Desember 2014.

再来对比2013年和2014年中国与印尼双边贸易的形势。印尼统计局发布的数据显示,2013年印度尼西亚与中国双边贸易额为524.5亿美元,其中对中国出口226亿美元,自中国进口298.5亿美元;2014年双边贸易额为482.3亿美元,相比2013年下降8.7%。其中,印尼对中国出口176.1亿美元,下降22.1%,占印尼出口总额的10.0%,同比下降2.4个百分点;印尼自中国进口306.2亿美元,增长2.6%,占印尼进口总额的17.2%,同比增长1.6个百分点①。印尼对中国的贸易逆差为130.1亿美元,增长77.5%。

2014年,印度尼西亚对中国出口最多的商品为矿物燃料、动植物油、杂项化学制品、木浆及纸浆、木材及制品;上述五大类商品的出口额依次为58.8亿美元、27.0亿美元、13.9亿美元、10.9亿美元、8.8亿美元,以上五大类商品合计占对中国出口总额的67.8%。除此之外,2014年印尼对中国的煤炭出口21.68亿美元,比上年增长31.45%;铜矿石出口3.82亿美元,占同时期印尼全部铜矿出口总额的22.7%;镍矿出口0.82亿美元,较上年增长95.7%;铁矿石出口3.58亿美元,相比2013年下降86.27%;同时,印尼铁矿石出口额由2013年的4.27亿美元下降到2014年的0.58亿美元,降幅达86.42%②,主要原因即中国对来自印尼的铁矿石进口大幅减少。其他对华出口商品还有矿砂、橡胶及制品、有机化学品、机电产品、塑料制品、铜及制品、可可及制品、水产品等。印尼自中国进口的商品种类繁多,主要有机械设备、机电产品、钢铁制品、钢材、有机化学品。2014年,印度尼西亚进口的上述五类商品总额合计为181.6亿美元,占印尼自中国进口总额的59.3%。③ 除上述商品外,印度尼西亚自中国进口的主要商品还有有机化学品、塑料及制品、无机化学品、肥料、干鲜水果、棉花、铝制品和音响器材制品等。

截止到2014年12月底,中国仅次于日本成为印度尼西亚第二大出口市

---

① MENURUT KODE SITC 2013 - 2014.
② Statistical Yearbook of Indonesia 2015,印度尼西亚中央统计局。
③ INDONESIA FOREIGN TRADE STATISTICS EXPORTS 2014.

场和第一大进口来源地。在印度尼西亚的十大类进口商品中，中国出口的机电产品、金属制品、纺织品、家具和瓷器处于较明显的优势地位；但中国出口的化工品、塑料制品、光学仪器和运输设备等仍面临着来自日本、美国、法国、德国、韩国等国家的竞争。

2015年4月11日印尼中央统计局公布了第一季度的对外贸易统计数据。前3个月，印尼对外贸易总额758.31亿美元，同比下降13.37%。其中出口391.29亿美元，同比下降11.67%，大宗出口产品煤炭、棕榈油和机械电子同比分别下降18.33%、13.56%和12.75%；进口367.02亿美元，同比下降15.10%，贸易顺差24.27亿美元。按非油气类产品统计，1~3月印尼与中国贸易总额105.9亿美元，同比下降12.37%。其中出口31.33亿美元，占印尼非油气类产品出口总额的9.37%，同比下降36.51%；自中国进口74.57亿美元，占印尼非油气产品进口总额24.37%，同比增长4.29%，印尼方贸易逆差43.24亿美元。[①] 第一季度美国为印尼第一大出口国，日本和中国分列第二、第三位。

在印尼中央统计局公布的2015年4月经济指标报告和进口统计中，前4个月，印尼对中国的进口总额为99.33亿美元，占同期印尼进口总额的20.13%，同比下降0.84%；其中4月印尼对中国出口为12.55亿美元，同比下降5%，自中国进口23.95亿美元，同比增长16%。[②]

印尼中央统计局6月15日公布了2015年5月印尼对外贸易统计数据。5月印尼对外贸易出口125.65亿美元，同比下降15.24%。印尼中央统计局长苏亚敏称，印尼22种主要出口商品中有18种商品的国际市场价格下跌，这是造成出口较大幅度下降的主要原因。1~5月，印尼对外贸易出口为647.20亿美元，同比下降11.84%。按非油气类产品统计，1~5月，印尼与中国贸易总额共计174.92亿美元，同比下降13.23%。其中对中国出口54.09亿美元，占印尼非油气类产品出口总额的9.63%，同比下降

---

① *INDONESIA FOREIGN TRADE STATISTICAL BULLETIN IMPORTS APRIL 2015.*
② *INDIKATOR EKONOMI Buletin Statistik Bulanan April 2015.*

29.27%；自中国进口 120.83 亿美元，占印尼非油气产品进口总额的 23.95%，同比下降 3.42%，印尼方贸易逆差 66.74 亿美元，同比增加 37.24%。[①] 中国为印尼第二大出口国和最大进口国，续为第一大贸易伙伴，日本和美国分居第二和第三位。

从表 2-4 可以看出，相比 2014 年上半年，无论是印尼对中国的出口额，还是进口额都出现了不同程度的下降。原因是中国处在金融危机的调整期，国内经济增长乏力，面临着经济结构调整的问题，同时贸易伙伴经济前景不明，国外需求下降，导致了进出口额的负增长。

表 2-4 2014 年上半年与 2015 年上半年贸易

单位：亿美元

时间 \ 类别	进口	出口	贸易总额
2014	89.77	151.68	241.45
2015	66.45	147.05	213.50

资料来源：印度尼西亚中央统计局，http://www.bps.go.id/；《2014 年 1~6 月印尼对外贸易下降，对中国出口下降进口增加》，中华人民共和国驻棉兰总领事馆经济商务室，http://medan.mofcom.gov.cn/article/jmxw/201408/20140800685627.shtml；《2015 年上半年印尼对外贸易及与中国贸易情况》，中华人民共和国驻棉兰总领事馆经济商务室，http://medan.mofcom.gov.cn/article/jmxw/201507/20150701047301.shtml。

三 中国与印尼在双边贸易面临的问题与挑战

（一）贸易水平总体低下且结构失衡

自 2013 年 10 月，习近平主席访问印度尼西亚后，中国和印尼的双边关系提升为"全面战略伙伴关系"，但与政治关系不符的是双边经贸关系。经贸合作是双边政治合作的前提基础。尽管自 1990 年两国恢复政治关系以来，双边贸易取得了显著的成就，但同时也要看到中国和印尼两国的贸易在各自对外

[①] *INDIKATOR EKONOMI Buletin Statistik Bulanan May 2015.*

贸易中所占比重较低，远不符合两国的实际经济实力。作为当今世界第四大人口大国和东南亚地区经济的领头羊，从其人口总量、经济规模、地区优势和资源禀赋而言，两国在未来的双边贸易合作前景是值得期待的。而且长期以来，印度尼西亚对中国出口的商品主要以资源类产品和初级产品为主，诸如能源和钢铁等，尤其是近些年来，该类产品所占比重基本都维持在90%以上。2014年，初级产品和矿产在印尼对中国出口产品中占到80%以上，而印尼自中国进口的商品主要是制造业产品，比重基本都在75%左右。[①] 由于印尼在中高端制造业上与中国存在较大差距，所以印尼国内经常会出现许多反对从进口国进口某些产品的意见。这种贸易保护主义的思想在印尼国内的影响力越来越大。另外要注意到，长期以来，印度尼西亚在对中国的对外贸易中始终处于逆差地位，且逆差金额逐年扩大，这种长期的贸易结构失衡会给未来的两国经贸合作带来不利影响。尽管两国的双边贸易呈现这种结构是由双方的经济发展水平和经济结构决定的，但这种贸易商品种类单一且层次不高的贸易结构会在很大程度上制约双方贸易潜力的有效发挥，而且会不可避免地造成双方在经济利益上的分配不均，甚至会加大双方的贸易摩擦。

（二）对外投资合作进程缓慢

虽然目前中国已经是印度尼西亚第一大贸易伙伴，但两国的投资合作进展却是滞后的。长期以来中国在印尼吸引的外国投资比重所占地位，远不如其他发达国家。2014年，中国对印尼投资8亿美元，仅是新加坡的1/8，位列第八位。[②] 同时，在不同的年份，中国对印尼投资波动幅度较大。基于投资合作的驱动机制分析，目前双方的投资合作主要依赖于两国政府的大力推动，尤其是中国的投资方主要以中国国内的大型国有企业为主，而双方民间企业的参与程度并不是很高。除此之外，我们注意到以目前日本对印尼投资的领域主要集中在制造业，同时还在不断从诸如采矿业的某些资源行业撤出

---

① *INDONESIA FOREIGN TRADE STATISTICS EXPORTS 2014.*
② 《2014年中国对外投资统计公报》，中华人民共和国商务部。

资金投入制造业。而在印尼国内的中资企业目前仍以采矿业为主要投资行业，甚至还在不断投入资金。

尽管出现这样的投资结构是基于两国的资源禀赋和现实经济发展需要，甚至短期内还是来自两国政府机构有意识的引导和推动，但从长期看，这种投资结构会激起当地政府和民众的民族主义情绪，进而使他们产生反感并加以抵制，最终引发双方利益争端和更深层次的矛盾冲突。近些年来，中国在海外投资时常引起的排华事件屡见不鲜。所以未来与印尼的投资合作，尤其是中国对印尼的投资，应在实现合作共赢和经济利益的基础上，在促进当地经济发展、增加就业机会、保护当地环境、承担社会责任和增加两国的信任方面寻求平衡点。

（三）印尼外资政策和国内经商环境的不稳定

自1998年印尼民主转型之后，其在国内建立了一套"美式民主体制"。但这种不考虑国情，只是单纯生搬硬套的政策，与旧有的体制产生了诸多矛盾。比如某些地区的地方自治落入了当地少数精英族裔的手中，并没有达到预期的目标。与此相关，中资企业如果不了解当地的社会现状，可能会面临政策朝令夕改的情况，这就增大了投资的风险。同时，印尼政府对于投资与贸易政策缺乏长期的规划。例如2014年1月印尼政府宣布全面禁止原矿产品出口，这就意味着包括煤矿、铁矿石和镍矿等矿产品的出口将会出现大幅下降。我们不评论这个政策的对与错，但它对印尼短时期内的经济肯定会有负面影响。而且，印尼国内贪腐问题严重，政府行政命令和法律环境不透明。世界银行《2014年营商环境报告》（*Doing Business 2014*：*Understanding Regulations for Small and Medium-Size Enterprises*）显示，印度尼西亚经商便利度在全球188个国家中排名第120位，在东盟国家中仅高于柬埔寨、老挝和缅甸。[①] 近年来，印尼国内伊斯兰极端主义分子

[①] 2014 Investment Climate Statement-Indonesia，美国国务院网站，http//www.state.gov/e/eb/rls/other/ics/2014/22611.htm.

有抬头的现象,他们打着"民主"的旗号,在当地从事一些暴力活动,造成了当地社会的动荡。出于这些原因,中国企业尤其是民间企业对在印尼投资始终存有疑虑。

(四)政治和历史因素的影响

回顾历史,印度尼西亚国内政局的变化会对双方的经贸合作产生重大的影响。2014年时值印尼国内大选,错综复杂的国内政治因素不可避免地会给中国和印尼的双边经贸合作带来诸多不确定因素。尽管新当选的总统佐科表示会推进印尼和中国的战略伙伴关系,但鉴于当前印尼国内诸多政治势力对华态度的差异,新政府是否能够继续维持和推进对华关系,仍然不是很明朗。[①] 还有近年来,印尼政府积极实施"全方位"外交战略,大力推进与世界主要国家和地区之间的政治和经贸合作关系。日本、韩国、新加坡、美国、中国台湾地区等纷纷看好印尼市场未来前景,并率先涌入抢占商机,开展各领域合作。发达国家(地区)企业凭借其"先行者优势"及传统竞争优势,在印尼市场上迅速扩张,使得中资企业在竞争中面临更大的压力和挑战。

同时还应该看到,基于历史和现实的因素,印度尼西亚国内仍有一部分民众对中国怀有戒心,对华人持有偏见。不时表现的种族主义势力残余以及历史上多次发生的大规模"排华事件"直到现在仍然让中资企业普遍比较谨慎,普通民众之间缺乏互信,严重阻碍了双方更深层次的合作。这种长时间积淀下来的矛盾短时间内不会发生根本性变化,这需要双方政府的努力合作。印尼华人的地位如果无法在印尼国内得到法律制度上的承认,将对未来中国和印尼双方更进一步的合作带来十分不利的影响,甚至会成为阻碍合作的决定性因素。未来,印尼作为中国在东南亚地区的重要合作伙伴之一,随着中国与东盟合作的进一步加深,与中国的双边贸易合作必将更为密切。

---

① 杨晓强、欧芮:《印度尼西亚:2013年回顾与2014年展望》,《东南亚纵横》2014年2月。

因此，进一步促进两国政府和民间的理解已成为当前两国最值得关注的现实问题，这既需要两国高层加深走访，也需要不断增进两国民众的互信并加强民间交流，广泛培植民间合作基础才会促使双边经贸合作进一步加深。

第三章 2014~2015年印度尼西亚外交发展

2014年是印度尼西亚的大选年，谁将在大选中胜出？新总统如何继承与发展前任政府的内政与外交？世人尤其是印尼人民翘首以盼。7月22日，印尼选举委员会正式宣布总统选举结果，53岁的候选人佐科·维多多（Joko Widodo）以53.15%的得票率当选总统。

佐科在选举中获胜多少有些让人感到意外，毕竟与历任总统及本次大选的竞争对手普拉博沃·苏比安托（Prabowo Subianto）将军相比，佐科看起来有许多"劣势"：第一，出身"卑微"，佐科出生于一个贫困木匠家庭，且没有达官贵人相助，而普拉博沃成长于印尼最富有的家族之一，且曾是前总统苏哈托的女婿；第二，没有军人经历，军人在印尼政坛影响力巨大，大多数总统是行伍出身，而普拉博沃曾担任印尼特种部队司令；第三，从政资历较浅，佐科之前经商，2005年才踏足政坛，任梭罗市长，2012年竞选雅加达市长成功。对于这样一位从政还不到10年的人而言能够竞选总统成功不可谓不是一个奇迹。然而，这是印尼人民自己的选择，他们希望这样一位亲民、清廉、实干的"草根"总统能够革新令人厌倦的、官僚气息较浓的传统国家治理模式，实现根本性的制度变革，带领印尼人民走上国富民强的现代化道路，使印尼真正成为一个在地区和国际事务中发挥重要作用的中等强国。

2014年10月20日，佐科在雅加达宣誓就任印尼第七任总统。参加就职仪式的有苏西洛、哈比比、梅加瓦蒂等印尼前任总统、中国国家主席习近平特使严隽琪、马来西亚总理纳吉布、澳大利亚总理阿博特、新加坡总理李显龙、东帝汶总统鲁阿克以及美国国务卿克里等多国政要。就连竞选对手普拉博沃也出现在就职现场，以表示对佐科的支持。

第一节 佐科外交的总体印象[①]

一 佐科外交（政策）面临的挑战

印尼是世界人口第四大国家，是最大的穆斯林国家。在东南亚安全事务专家、《外交家》杂志副主编普拉什纳思·帕拉梅斯瓦兰（Prashnath Parameswaran）看来，佐科将面临许多艰巨的国内问题，比如国内的资源困境以及尚未完成的政治转型，还要维护其在国际舞台（例如G20以及联合国）上作为东南亚地区大国的地位。另外，印尼与邻国间的民族主义情绪上升也是其将面临的难题。[②] 具体而言，佐科政府的外交政策面临如下挑战。

1. 内政压力较大

澳大利亚洛维国际政策研究所国际安全项目研究员阿德尔·内亚里（Adelle Neary）敏锐地指出，国内事务几乎构成佐科政府的全部关注，他不太可能花费太多的精力于国际事务。[③] 这一判断不无道理，佐科的确面临着严峻的国内政治、经济与军事压力。

政治上，首先，政治改革受制于政党斗争，例如，苏西洛于2009年以70%的得票率获得连任，印尼人民曾寄希望于苏西洛在第二个五年任期能够加大反腐力度，然而由于屈服于其联盟伙伴和对手，苏西洛最终没能推进符合国家利益的改革议程。苏西洛的第二任期如此令人失望，以至于民主斗争党的继任者佐科在2014年4月份的立法选举中表现欠佳。因此有人预测佐

[①] 从2014年7月22日竞选总统结果公开到10月20日就职仪式之间的近3个月间，学界和媒体对佐科就任总统后的外交政策进行了大胆的预测、分析与讨论。

[②] Prashnath Parameswaran, "Between Aspiration and Reality: Indonesian Foreign Policy After the 2014 Elections", *the Washington Quarterly*, Fall 2014, p. 153.

[③] Adelle Neary, "Indonesia under Jokowi: A Foreign Policy Driven by a 'Global Maritime Nexus'", October 23, 2014, http://cogitasia.com/indonesia-under-jokowi-a-foreign-policy-driven-by-a-global-maritime-nexus/.

科的改革同样会受制于破碎的联盟与反对者（尤其是以普拉博沃为首的反对党联盟）。① 其次，对少数民族的宗教偏执日益上升。极端的伊斯兰组织如"伊斯兰防卫前线"（Islamic Defender's Front）试图剥夺少数族裔（Ahmadi, Shi'ite, and Christian）的权利与自由。②

经济上，首先，面临着严峻的结构性缺陷。尽管苏西洛时期印尼的年均经济增长率达到5.8%，但是在国家的结构性缺陷上却几无进步：基础设施较差、劳动力市场僵化、制造业不成熟、教育和医疗系统落后，所有这些都制约着国外投资的增加。其次，未来几年经济的增速将放缓，由于缺乏现代基础设施、严重依赖于商品出口以及人口增长给经济带来的压力，印尼经济在随后几年增速将减缓下来。③ 澳大利亚国防军事学院副教授鲍勃·劳里（Bob Lowry）指出，刺激经济增长是佐科的首要任务，没有这一点保证，想保持政治稳定很难，更别说连任。④ 印尼财政部长查蒂布·巴斯里（Chatib Basri）警告说，这些趋势有可能导致印尼陷入经济学家所谓的"中等收入陷阱"。果真如此的话，这将阻碍印尼到2025年实现成为高收入国家的目标。⑤

印尼近年来对石油进口的需求持续增加，印尼政府每年划拨超过200亿美元巨额资金用于石油进口，这成为政府的沉重包袱。佐科竞选期间曾表示，将在当选总统后4年内逐步取消燃油补贴，把节省出来的资金用于修建

---

① Prashnath Parameswaran, "Between Aspiration and Reality: Indonesian Foreign Policy After the 2014 Elections", *the Washington Quarterly*, Fall 2014, p. 155.
② Prashnath Parameswaran. "Between Aspiration and Reality: Indonesian Foreign Policy After the 2014 Elections", *the Washington Quarterly*, Fall 2014, p. 159.
③ Ferry Akbar Pasaribu, "Revisiting Indonesian foreign policy", *the Jakarta Post*, June 13, 2014, http://www.thejakartapost.com/news/2014/06/13/revisiting-indonesian-foreign-policy.html。事实上，在过去几个季度，由于出口下降，印尼的GDP已明显放缓，Winarno Zain, "Indonesian exports: A predicament from China", June 01 2015, http://www.thejakartapost.com/news/2015/06/01/indonesian-exports-a-predicament-china.html。
④ Bob Lowry, "Jokowi and Australia-Indonesia Relations", October 19, 2014, http://thediplomat.com/2014/10/jokowi-and-australia-indonesia-relations/.
⑤ Prashnath Parameswaran, "Between Aspiration and Reality: Indonesian Foreign Policy After the 2014 Elections", *the Washington Quarterly*, Fall 2014, p. 156.

基础设施,以拉动经济增长。① "削减直至取消燃油补贴"不只是一个经济问题,还是一个政治问题,它不仅会受到其他政党的阻碍,也会受到既得利益者的极力反对。

军事上,尽管印尼的国防预算在过去10年增长了3倍,但是从未达到GDP的1%。由此带来的后果是印尼相关部门不能很好地履行最基本的职能,例如控制自己所属的海域。据统计,印尼现在只有25艘适于航行的船只,而它们的任务是要巡逻世界第二长海岸线。尽管印尼已购买许多武器设备,但是不完善的采购流程以及不连贯的战略学说依然严重限制着军事现代化。②

2. 外交经验欠缺

在外交层面,佐科由于缺乏外交经验,常遭人诟病。尤其是相较于其前任苏西洛总统而言,佐科不是一个国际关系行家。③ 由于缺乏外交经验及国家领导人履历,有人推测,在外交政策上,佐科可能会依赖于外交部长。④ 洛维国际政策研究所东亚项目研究员艾伦·康奈利(Aaron L. Connelly)认为,佐科在外交事务上没有经验,关注国内事务,很有可能把外交和安全政策的决策权委托给他的重要顾问,这将导致这些顾问所领导的不同机构间的激烈竞争,一旦无法达成共识,将会给印尼外交决策带来更大的困难。艾伦·康奈利因此指出,印尼有可能首次出现总统不是外交最高决策者的状况。⑤

---

① 《"印尼奥巴马"佐科宣誓就任总统》,新华网2014年10月21日,http://intl.ce.cn/qqss/201410/21/t20141021_3744391.shtml。

② Prashnath Parameswaran, "Between Aspiration and Reality: Indonesian Foreign Policy After the 2014 Elections", *the Washington Quarterly*, Fall 2014, p. 156.

③ Meidyatama Suryodiningrat, "Commentary: Jokowi, the foreign policy president", *The Jakarta Post*, May 26, 2014, http://www.thejakartapost.com/news/2014/05/26/commentary-jokowi-foreign-policy-president.html.

④ Hadianto Wirajuda, "The prospects for Indonesian foreign policy", May 30, 2014, http://www.thejakartapost.com/news/2014/05/30/the-prospects-indonesian-foreign-policy.html.

⑤ Aaron L. Connelly, "Indonesian Foreign Policy Under President Jokowi", October 16, 2014, http://www.lowyinstitute.org/publications/indonesian-foreign-policy-under-president-jokowi.

当然，并非所有观察家都持上述看法，阿德尔·内亚里承认，佐科所面对的过多的国内问题毫无疑问会分散他对国际事务的注意力，佐科缺乏外交经验也肯定会是印尼外交政策上的一个未知因素，但是他认为，佐科在国际事务上经验欠缺并不意味着什么，佐科显然不是世界上第一个无外事经验的领导人，印尼过去几届总统除了其前任苏西洛外，没有哪位有丰富的外交经验。①

3. 民族主义倾向

印尼的民族主义倾向既表现在经济上，又表现在政治上。

经济上，日益抬头的经济民族主义导致保护主义政策抬头，例如实施支持国内公司的贸易和工业法。② 佐科必须尽可能保证日益兴起的民族主义不会破坏印尼的国际形象或声誉。关于经济民族主义，新任总统需要在处置公众对引进外资造成外国剥削的担心与维持国家形象之间做出更好的平衡。印尼的矿业部门约占所有 FDI 的 20%，2014 年 1 月，印尼做出颇有争议的决定，禁止矿石出口，目的是保障在国内进行加工从而增加出口附加值。但是这也在短期内减少了外汇收入，恶化了经常账目赤字及引发了全球对日益兴起的保护主义的担心。③

政治上，当印尼感觉受到他国轻视时，民族主义情绪便被激发，但是务实的决策者应该把握任何深化国家间关系的契机，从而更理智地处置危机。2014 年，澳大利亚情报机关监听苏西洛夫人及其他内阁大臣的电话引发的两国关系紧张说明了这一点。后来两国在情报共享方面达成一致从而关系有所缓和，佐科政府应该考虑如何在精英间进一步促使安全合作制度化，同时加强教育交流，以促进相互间更好的认知。④

---

① Adelle Neary, "Indonesia under Jokowi: A Foreign Policy Driven by a 'Global Maritime Nexus'", October 23, 2014, http://cogitasia.com/indonesia-under-jokowi-a-foreign-policy-driven-by-a-global-maritime-nexus/.

② Prashnath Parameswaran, "Between Aspiration and Reality: Indonesian Foreign Policy After the 2014 Elections", *the Washington Quarterly*, Fall 2014, p.156.

③ Prashnath Parameswaran, "Between Aspiration and Reality: Indonesian Foreign Policy After the 2014 Elections", *the Washington Quarterly*, Fall 2014, p.158.

④ Prashnath Parameswaran, "Between Aspiration and Reality: Indonesian Foreign Policy After the 2014 Elections", *the Washington Quarterly*, Fall 2014, p.158.

普拉什纳思·帕拉梅斯瓦兰指出，如果苏西洛的外交政策被批评为太精英化和国际导向，那么佐科政策的国内化和现实政治风格则是矫枉过正，太与世隔绝或自私。如果其他国家认为佐科的外交政策更多是在迎合国内选票而不是加强与他国的友好关系，那么这些国家也可能会做出相应调整，反过来使印尼的国际环境更加复杂。① 换句话说，佐科的民族主义倾向会极大地影响其外交政策的制定。②

二 佐科是否会继承前任的外交政策

在美国对外关系委员会东南亚问题研究员乔舒亚·柯兰齐克（Joshua Kurlantzick）看来，"前任总统苏西洛在国内改革无所作为，但是他却恢复了印尼在东盟的领导地位，并在调停地区冲突中发挥了重要作用"。③ 印尼外交官弗雷·阿克巴·帕萨里布（Ferry Akbar Pasaribu）指出："过去10年，在苏西洛总统的领导下，印尼外交政策极大提升了印尼在地区乃至全球层面的形象，它被称为'中等强国'。"④

许多分析家认为佐科不太可能放弃苏西洛基本的外交政策，即寻求印尼在地区和国际舞台的领导能力与维持自治或有限能力的平衡。⑤ 佐科应该尊重前任政府做出的承诺。一方面，东盟地区规划、APEC、G20、WTO、气候变化、清迈协议等主题要继续；另一方面，与其承诺的变革精神相一致，佐科政府需要设定新的外交政策议程。佐科领导下的外交政策应该在激发国

---

① Prashanth Parameswaran, "The Trouble With Indonesia's Foreign Policy Priorities Under Jokowi", January 09, 2015, http://thediplomat.com/2015/01/the-trouble-with-indonesias-foreign-policy-priorities-under-jokowi/.
② Aaron L. Connelly, "Indonesian Foreign Policy Under President Jokowi", October 16, 2014, http://www.lowyinstitute.org/publications/indonesian-foreign-policy-under-president-jokowi.
③ Joshua Kurlantzick, "Jokowi's Maritime Doctrine and What It Means", November 29, 2014, http://thediplomat.com/2014/11/jokowis-maritime-doctrine-and-what-it-means/.
④ Ferry Akbar Pasaribu, "Revisiting Indonesian foreign policy", *the Jakarta Post*, June 13 2014, http://www.thejakartapost.com/news/2014/06/13/revisiting-indonesian-foreign-policy.html.
⑤ Prashnath Parameswaran, "Between Aspiration and Reality: Indonesian Foreign Policy After the 2014 Elections", *the Washington Quarterly*, Fall 2014, p.157.

民自豪感的同时保护海外印尼人。①

伦敦政治经济学院博士生哈迪安托·威拉朱达（Hadianto Wirajuda）撰文指出，佐科的外交政策理念保持了外交政策的连贯性，尤其是梅加瓦蒂时期。在地区合作上，佐科强调东盟的重要性，"巩固印尼在东盟的领导地位，重申东盟的核心作用"。这与梅加瓦蒂时期的政策——"通过促进东盟的民主和人权，恢复和巩固印尼在东盟的领导地位"——相一致。②

印尼大学法学院国际法教授西可马汉托·尤瓦纳（Hikmahanto Juwana）认为，佐科应继续坚持"自由积极的"外交政策理念，但不是苏西洛时期的"千友零敌"具体政策，后者不能有效维护国家的统一。③

澳大利亚国防军事学院教授鲍勃·劳里（Bob Lowry）指出，佐科外交政策的选择会受到历史与地缘政治现实的影响，印尼"自由积极的"外交政策理念不会有根本性的变化。地理位置注定印尼将主要关注地区事务，尽管在某些方面印尼力图发挥更强势的全球作用。④

综合各学者的观点，基本上可以认为，佐科将继续印尼前任总统"自由积极的"外交政策理念，但是在具体方法上可能会不同于苏西洛总统的"千友零敌"具体政策。

第二节 佐科外交的特征

佐科总统在参加 APEC 会议、东盟峰会和 G20 峰会时，对印尼自由积极的外交政策主张进行了重新解读，强调"只要不损害印尼主权，不危及印尼

---

① Ben Perkasa Drajat, "Foreign policy reforms under Jokowi", the Jakarta Post, September 09, 2014, http：//www.thejakartapost.com/news/2014/09/09/foreign-policy-reforms-under-jokowi.html.
② Hadianto Wirajuda, "The prospects for Indonesian foreign policy", May 30, 2014. http：//www.thejakartapost.com/news/2014/05/30/the-prospects-indonesian-foreign-policy.html.
③ "Jokowi should extend new interpretation on RI's foreign policy", The Jakarta Post, November 10, 2014, http：//www.thejakartapost.com/news/2014/11/10/jokowi-should-extend-new-interpretation-ri-s-foreign-policy-says-expert.html.
④ Bob Lowry, "Jokowi and Australia-Indonesia Relations", October 19, 2014, http：//thediplomat.com/2014/10/jokowi-and-australia-indonesia-relations/.

国家利益,所有国家都是朋友"。印尼大学国际法教授西可马汉托·尤瓦纳将此称为"佐科主义",力图表明印尼在涉及主权及国家利益的问题上决不妥协。"佐科主义"是印尼全体人民意愿的体现,不仅有助于新政府获得国内的支持,而且有利于印尼获得国际社会的尊重。① 概括起来,佐科外交有如下特征。

一 力图发挥中等强国作用

如前所述,苏西洛总统为印尼在世界舞台上赢得了"中等强国"的声誉,显然佐科政府致力于进一步巩固印尼在国际事务上的中等强国地位。面对"佐科无外交经验且主要精力集中于国内事务,因此印尼将从国际舞台后退"的质疑,印尼外交部长蕾特诺·马尔苏迪(Retno LP Marsudi)明确指出,印尼绝不会减少与世界的接触。作为一个中等强国,印尼拥有2.5亿人口,是世界第三大民主国家,是拥有最多穆斯林人口的国家,是最大的东盟国家,是G20成员国,印尼将继续在地区和全球舞台发挥力所能及的作用。印尼希望构建一个更加民主、国家间贫富差距缩小、国际交往相互尊重、稳定且安全的世界。②

在纪念亚非会议60周年的开幕致辞中,佐科总统抨击某些世界强国,批评西方领导的不公正世界秩序所带来的不平等,并指出那种认为世界经济问题只能由世界银行、国际货币基金组织(IMF)和亚洲开发银行(ADB)来解决的看法已过时。③ 该演讲不仅表达了增强印尼在国际

---

① "Jokowi should extend new interpretation on RI's foreign policy", *The Jakarta Post*, November 10, 2014, http://www.thejakartapost.com/news/2014/11/10/jokowi-should-extend-new-interpretation-ri-s-foreign-policy-says-expert.html.

② "The Ministry of Foreign Affairs Republic of Indonesia", *Annual Press Statement Minister For Foreign Affairs Republic of Indonesia*, Unofficial Translation, 2015, p.5.

③ 印尼外交部负责亚太及非洲事务的主管尤里·坦林(Yuri Thamrin)就此专门指出,对此声明"不要过度解读",意在表明印尼的外交政策并没有发生变化,"表达世界存在不平等和不公正并不意味着我们要与之搞对称,印尼的外交政策仍是建设性的。"Tama Salim and Bagus BT Saragih, "Jokowi wins support for foreign policy speech", *The Jakarta Post*, April 24, 2015, http://www.thejakartapost.com/news/2015/04/24/jokowi-wins-support-foreign-policy-speech.html.

舞台政治影响力的呼声，也可以看作对那些质疑其外交参与能力的人的一种回应。[①]

佐科总统强调积极参与双边和多边事务，例如巴勒斯坦问题、中东恐怖主义和冲突，目的是加强印尼在地区和世界和平与稳定中的作用。外交部长蕾特诺·马尔苏迪希望巴勒斯坦问题得到全世界的支持，印尼将继续支持巴勒斯坦为建立独立主权国家而进行的斗争，继续与巴勒斯坦开展技术合作以及帮助其能力建设。印尼在积极号召其他国家承认巴勒斯坦独立的同时，也为其他国家如何帮助巴勒斯坦树立了榜样，在外交部长蕾特诺·马尔苏迪看来，其他国家对巴勒斯坦只是口头支持而没有向其提供实际帮助。[②] 2014年12月30日，联合国安理会未能采纳巴勒斯坦决议草案，印尼为此深表遗憾。为了发展与巴勒斯坦更加紧密的关系，印尼计划在拉马拉建立一个名誉领事馆，以取代在约旦安曼的巴勒斯坦使馆，这样更便于印尼向巴勒斯坦提供援助。[③]

外交部长蕾特诺·马尔苏迪指出，印尼是对联合国维和任务做出重要贡献的国家之一，截止到目前，印尼共派出维和人员1843名，位列第十六位。预计到2019年，部队人数将增加到4000人次，又称"维和愿景4000"。随着千年发展目标到2015年结束，印尼将继续在制定后2015年发展议程中发挥积极作用，从而确保世界摆脱极端贫困，实现可持续发展。关于气候谈判，2014年印尼积极参加在秘鲁利马举行的第20届联合国气候变化框架公

[①] Tama Salim and Bagus BT Saragih, "Jokowi wins support for foreign policy speech", *The Jakarta Post*, April 24, 2015, http://www.thejakartapost.com/news/2015/04/24/jokowi-wins-support-foreign-policy-speech.html.

[②] Dylan Amirio, "Tama Salim and Yohanna Ririhena, Discourse: Asia, Africa need political will to move forward", *The Jakarta Post.* April 20, 2015, http://www.thejakartapost.com/news/2015/04/20/discourse-asia-africa-need-political-will-move-forward.html.

[③] "The Ministry of Foreign Affairs Republic of Indonesia", *Annual Press Statement Minister For Foreign Affairs Republic of Indonesia*, Unofficial Translation, 2015, p.6. 在某些媒体看来，加强支持巴勒斯坦或有助印尼获得其他阿拉伯国家帮助，减少"圣战"分子回流机会，有助平定国内暴力冲突。《印尼总统大选佐科胜出 或继续苏西洛外交路线》，2014年7月23日，转引自参考消息，http://world.cankaoxiaoxi.com/2014/0723/433538.shtml。

约的各方会议（COP），并将继续参加 2015 年在法国巴黎举办的第 21 届 COP 大会，预计此次大会将就气候变化签署新协议，并于 2020 年生效。印尼再次当选联合国人权理事会会员（2015~2017 年），这表明印尼在促进和保护人权方面的承诺与贡献得到了国际社会的认可。印尼将继续竞选联合国安理会非常任理事国成员（2019~2020 年）。①

二 坚决维护印尼的主权

维护主权是印尼外交的重点之一，外交部长蕾特诺·马尔苏迪强调指出，印尼外交的任务是保护国家的领土完整，国际关系要建立在相互尊重领土主权原则的基础上，印尼不会容忍他国对这一原则的侵犯。同时进一步突出边界外交（border diplomacy），为了解决海洋边界问题，印尼创建了一个边界谈判路线图，印尼政府将增加在边界地区的存在。②

印尼外交部对外服务学院主任本·皮卡萨·德拉亚特（Ben Perkasa Drajat）认为，印尼领导人直率地表达了他们关于国家在全球舞台上应有的立场及关注。例如印尼新的"海洋声明"（指"全球海洋支点"构想——引者注）强调了印尼在所属地区的主权与自治权。这一单边倡议很重要，它提升了国家信心，同时也加深了国际社会对印尼致力于维护主权、领土完整以及新的海洋合作的理解。③

外交部长蕾特诺·马尔苏迪所谓的维护印尼主权，对任何侵犯印尼领土的行为给予坚决回应，并尽可能划定海洋边界的言论。从印尼角度来看，这言之有理，佐科一再重复说，每天约有 5000 只船在印尼水域非法作业，这是对印尼国家主权的嘲弄。印尼与几个国家有突出的边界问题，从马来西亚

---

① "The Ministry of Foreign Affairs Republic of Indonesia", *Annual Press Statement Minister For Foreign Affairs Republic of Indonesia*, Unofficial Translation, 2015, p. 6.
② "The Ministry of Foreign Affairs Republic of Indonesia", *Annual Press Statement Minister For Foreign Affairs Republic of Indonesia*, Unofficial Translation, 2015, p. 4.
③ Ben Perkasa Drajat, "Foreign policy reforms under Jokowi", *the Jakarta Post*, September 09, 2014, http://www.thejakartapost.com/news/2014/09/09/foreign-policy-reforms-under-jokowi.html.

到巴布亚新几内亚，随时有爆发冲突的可能。但是印尼选择保护主权的方式使邻国大为不悦，尤其是印尼公开击沉非法渔船被看作一个极端做法，这使人们担心一个更加强势的印尼的回归。2014年，印尼前海军参谋长马尔斯蒂约（Marsetio）说，印尼当下国家海洋防御只有2艘潜艇和4艘护卫舰，实际上至少需要12艘潜艇和16艘护卫舰。划定海洋边界是一个不错的选择，在过去几年印尼已在这一方向取得显著进步，特别是与菲律宾。但是佐科的顾问们也承认，边界问题不是一朝一夕能解决的，尤其是与马来西亚面临着更加复杂的问题。①

印尼大学国际法教授西可马汉托·尤瓦纳指出，伴随着经济实力增长，印尼维护主权和国家利益的决心更加坚定，这使印尼坚定实施更加强势的立场，不惜一切办法致力于得到它想要的东西。当涉及国家利益时，印尼政府不愿意妥协，并准备去直面有可能遇到的一切困难。西可马汉托·尤瓦纳教授认为，世界各国都要适应印尼的外交政策，大国和发达国家不能再向固属于印尼的内政问题施加压力。另外，他国必须明白印尼外交政策的新形态不只是佐科总统个人的欲望，而是印尼人民的愿望。相较于过去，印尼更加民主，市民在印尼发展与他国关系中拥有更大的发言权。因此，印尼更强势的外交政策（例如击沉外国船只和对毒品犯执行死刑）得到了印尼民众的广泛支持。②

尽管佐科政府的外交政策得到了大多数民众的支持，但实现则面临巨大的挑战，以印尼的国防预算为例，在2014年底由高级部长和顾问参加的会议上，佐科提出了印尼国防政策的发展任务，其中最重要的是彻底改革国防工业，实现军事装备的自力更生，因为国防工业是实现外交政策目标（包括"全球海洋支点"）的基础。佐科提议印尼应该放弃只购买外国

---

① Prashanth Parameswaran，"The Trouble With Indonesia's Foreign Policy Priorities Under Jokowi"，January 09，2015，http：//thediplomat.com/2015/01/the-trouble-with-indonesias-foreign-policy-priorities-under-jokowi/.

② Hikmahanto Juwana，"Insight：Jokowi's foreign policy：Assertive or nationalistic？"，The Jakarta Post，June 25，2015，http：//www.thejakartapost.com/news/2015/06/25/insight-jokowi-s-foreign-policy-assertive-or-nationalistic.html.

武器系统而不致力于加强国内生产的传统做法，强调国防转型的重点是确保国防工业"致力于长远发展，而不仅仅是一两年"。① 据《简氏防务周刊》报道，2015年1月26日，印尼国防部长里亚米萨德·里亚古都（Ryamizard Ryacudu）在与众议院外交和国防委员会会见时要求2015年印尼的国防预算增加5.1万亿印尼盾（4.09亿美元）。里亚古都还申请了额外的经费支持军事采购活动，以替换印尼武装部队的老化装备。若额外经费得到批准，印尼的国防预算将超过100万亿印尼盾。② 即便如此，印尼国防预算占国内生产总值（GDP）的比重仍然只有约0.8%（而马来西亚和越南均超过1%），这是印尼国防工业改革所面临的最重要的限制因素之一。佐科计划将国防预算提升至GDP的1.5%，但是实现这一理想的难度太大。2015年初，印尼国民军司令穆尔多科（Moeldoko）声称印尼的部队仍然离不开外国武器装备，比如在搜救亚航QZ8501时不得不依赖外国设备，在国内建设完备的国防工业还需要很长一段时间。考虑到印尼亟待有效完成一些基本任务，例如监管自己的海域，印尼不得不依赖更具竞争力的外国武器系统。③

三 强调实用主义

佐科直言将放弃苏西洛的"千友零敌"政策，④ 把外交重点放在能够为

---

① Prashanth Parameswaran, "An Indonesian Defense Revolution Under Jokowi? Indonesia's new president is determined to transform its defense industry", January 30, 2015, http://thediplomat.com/2015/01/an-indonesian-defense-revolution-under-jokowi/.

② Jon Grevatt, "Indonesia's defence minister requests USD400m defence budget boost", *Jane's Defence Weekly*, 26 January, 2015, http://www.janes.com/article/48323/indonesia-s-defence-minister-requests-usd400m-defence-budget-boost.

③ Prashanth Parameswaran, "An Indonesian Defense Revolution Under Jokowi? Indonesia's new president is determined to transform its defense industry", January 30, 2015, http://thediplomat.com/2015/01/an-indonesian-defense-revolution-under-jokowi/.

④ 印尼前总统苏西洛政府的重要外交理念是"千友零敌"，即对外广交朋友，宁要一千个朋友，也不要一个敌人。这一外交理念遭到了印尼国内一些精英的诟病。他们认为，"千友零敌"外交理念并没有给印尼带来现实的国家利益，反而使印尼疲于应付繁杂的国际事务，消耗了国家大量资源。《印尼总统佐科展开实用外交，访华签署基础设施建设等8项合作》，2015年3月27日，http://news.163.com/15/0327/12/ALNDJQIL00014SEH.html。

印尼人民带来实际利益的友邦上,这预示着佐科政府将强调外交的实用主义。佐科说:"印尼愿意与能够给我们人民带来最大好处的国家发展关系,如果对我们无益,有再多的朋友有什么意义?"①"如果没有什么益处,我不会去做……我们仍要(与某些国家)接触,但不会经常。"②

中国社会科学院亚太与全球战略研究院研究员许利平认为,在维护印尼海外劳工权益、保护印尼渔业利益等涉及印尼国际形象和核心利益的方面,佐科体现出了坦率的外交风格。"这并不意味着印尼外交比以前更强硬,只能说他的外交更务实,更亲民。"③"佐科对亚太自贸区和跨太平洋伙伴关系协定保持谨慎,确定本国产品的定位及优势后再决定加入与否,这凸显了佐科外交的实用主义风格",印尼希望之光大学国际政治系主任阿列克斯如是说。印尼在区域经济一体化过程乃至整个国际关系中追求实惠,"佐科会分清哪些是地区层面需要解决的问题,哪些是本国亟待解决的问题。两相冲突时,政府会优先考虑2.5亿印尼国人的利益"。④

佐科的实用主义外交在印尼对东盟的态度上有鲜明体现,正如佐科的外事顾问、雅加达战略与国际问题研究中心执行主任利扎尔·苏克马(Rizal Sukma)所言,东盟曾是印尼外交政策的(唯一)基石,现在则(只)是基石之一。⑤

四 积极促进民主

印尼外交官和外交政策评论家在讨论印尼是否应该继续在促进地区民

---

① "Indonesia's foreign policy, A thousand jilted friends", May 2, 2015, http://www.economist.com/news/asia/21650173-new-president-charts-markedly-different-course-thousand-jilted-friends.
② Prashanth Parameswaran, "Is Indonesia Turning Away From ASEAN Under Jokowi?", December 18, 2014, http://thediplomat.com/2014/12/is-indonesia-turning-away-from-asean-under-jokowi/.
③ 《印尼总统佐科展开实用外交,访华签署基础设施建设等8项合作》,2015年3月27日,http://news.163.com/15/0327/12/ALNDJQIL00014SEH.html.
④ 《佐科就任首月新举措赢好评 印尼改革艰难起步》,国际在线,2014年11月24日,http://news.qianlong.com/28874/2014/11/24/7304@10015795.htm.
⑤ "Indonesia's foreign policy, A thousand jilted friends", May 2, 2015, http://www.economist.com/news/asia/21650173-new-president-charts-markedly-different-course-thousand-jilted-friends.

和人权中发挥积极作用。有些人认为民主和人权不应该再是印尼外交政策的重点，因为现在印尼正在关注经济外交和其他有益于经济发展的议程。然而，促进民主作为印尼外交政策议程的一部分，潜在优势远大于成本。首先，至少在过去10年，民主为印尼外交政策增色不少。国际社会对印尼民主的认可为印尼赢得了良好口碑。承诺和继续促进民主价值将强化认知与声誉，有助于印尼维持良好国际形象。基于"民主有助于促进地区与世界的和平与稳定"的认识，前外交部长哈桑（Hassan Wirajuda）和马蒂（Marty Natalegawa）致力于建设一个更民主的东盟，印尼是联合国人权理事会的成员，是全球"开放政府伙伴关系"的共同发起人和主席，发起成立了"巴厘民主论坛"——这是亚太地区第一个民主论坛。其次，民主和印尼所提出的"中等强国"外交战略相一致，这一点已排在佐科总统的日程上。专家认为，"中等强国"不只是指国家的军事和经济资源规模，而且是在说"国际好公民"，这涉及民主的态度：支持多边主义，寻求冲突妥协。第三，印尼民主的坚定立场是建设"软权力"的关键，这有助于达成外交政策目标。过去10年，印尼已成为世界第三大民主国家，佐科总统也是选民直接选举产生的。印尼关于民主价值的强调赢得了国际社会媒体与民众的支持。佐科当选总统引起世界媒体的关注便是明证，《时代》周刊杂志称之为"自1998年该国实施改革以来，维护民主的新希望"。美国《外交政策》杂志把他列为"2013年全球领导思想家"；《福布斯》杂志将其纳入"世界50大领导人"名单。① 第四，印尼坚持民主将对经济外交及其他方面产生积极影响，共同的民主价值已成为许多双边战略伙伴关系的基础，有助于发展更好的经济关系。最后，外交政策中承诺民主将有助于巩固国内民主。印尼的长远目标是到2025年发展成为一个"民主更加巩固"的国家。印尼在海外清楚的民主声音有助于激励人民更加积极地强化国内民主。印尼外交官应该在与民主和人权相关的国际论坛上继续乃至加强经验共享、表达观念、追求合

---

① 转引自《"印尼奥巴马"佐科宣誓就任总统》，新华网2014年10月21日，http://intl. ce. cn/qqss/201410/21/t20141021_ 3744391. shtml。

作、设定议程和提出候选人。①

第三节 佐科外交的主要内容

尽管外交经验有限,佐科总统却试图启动一个大胆的外交政策新理念。②他在总统竞选时提出的"愿景与规划"(Vision and Mission)中包括几项优先外交政策:促进印尼作为一个群岛国家的身份认同;增强中等强国外交的全球角色;扩大参与印太地区事务;深化改革外交部;强调经济外交;加强公共外交。另外,佐科承诺国防预算占GDP的比重将在5年内(2014~2019年)从现在的0.8%提高至1.5%。③

2015年1月8日,印尼外交部长蕾特诺·马尔苏迪在其首次年度外交总结报告陈述中指出,在佐科总统接下来的5年任期内,印尼外交政策将关注三个重点:维护印尼主权、促进对印尼公民的保护、加强经济外交,这符合佐科"坚定的、尊严的、追求实际的和亲民的"外交政策,最重要的目的是满足印尼人民之所需。有人认为,这是对前任总统苏西洛过度强调精英主义和国际主义世界观的修正。自2014年10月以来,外交部长蕾特诺·马尔苏迪和佐科顾问们一再强调这些重点,并为此展开实际工作。④

一 改组外交部,外交服务于人民

为了提高对外政策和外交质量,佐科总统要求驻外使馆员承担起印尼营

---

① Dyah Widiastuti, "Promotion of democracy should still be a foreign policy priority", January 9, 2015, http://www.thejakartapost.com/news/2015/01/09/promotion-democracy-should-still-be-a-foreign-policy-priority.html.
② Joshua Kurlantzick, "Jokowi's Maritime Doctrine and What It Means", November 29, 2014, http://thediplomat.com/2014/11/jokowis-maritime-doctrine-and-what-it-means/.
③ Aaron L. Connelly, "Indonesian Foreign Policy Under President Jokowi", October 16, 2014, http://www.lowyinstitute.org/publications/indonesian-foreign-policy-under-president-jokowi.
④ Prashanth Parameswaran, "The Trouble With Indonesia's Foreign Policy Priorities Under Jokowi", January 9, 2015, http://thediplomat.com/2015/01/the-trouble-with-indonesias-foreign-policy-priorities-under-jokowi/.

销代表的责任,这需要对外交部及其人事制度做出调整。首先,需要对人力资源开发进行改革,亟须颁布《涉外服务法》(Foreign Service Law),以改变印尼大使馆员选用与聘任没有法律规范的现状。该法规要求,大使任命必须透明、负责、符合专业标准。尽管大使的任命是总统的特权,但是不应该仅仅考虑政治因素,同时要考虑其能力及特长。合格的外交大使应该是专业人员,他们非常熟悉自己的职责,并经过系统的培训,从而能够很好地从事外交活动,为此大使需要进行公开选拔。不同外交层次上的人员选拔也要遵循公开与透明的程序。在佐科执政期间,外交部官员(包括大使)的任命缺乏问责和透明这一现状将得到整治。其次,实行人事制度改革,所有大使级以下的职业外交官不一定是公务员。《公务员配置》(Civil Service Apparatus)第5/2014条规定,外交官可以不是公务员,而是"有工作合同的政府人员"。另外,外交部必须具有包容性,向公众开放。外交部要与学术界及公众进行直接的讨论与辩论。①

外交官是印尼的先行者,要帮助促进印尼的贸易、旅游和投资。外交官不再遵守沉默是金的原则,也不必什么都听从国内的指令。他们必须与对印尼感兴趣的任何人(或实体)打交道。外交官必须促进印尼的商业利益,真正成为印尼商业利益的"公仆"。外交官必须具备从事经济外交的技能,这意味着外交官必须能够主动地抓住经济机会,无论是在国内还是国外,并采取相应措施,从而使印尼经济获益。经济外交还要求外交官具备律师水平,能够谈判和起草国际经济合同,以确保这些合同无害于印尼经济利益。换句话说,印尼外交必须以人为本,这就是佐科所谓的"精神革命"(mental revolution)。②

佐科没有外交经验,选择职业外交官作为外交部长不难理解,但是当他选择蕾特诺·马尔苏迪出任外交部长一职时仍令人多少有些惊讶。有人戏称

---

① Ben Perkasa Drajat, "Foreign policy reforms under Jokowi", the Jakarta Post, September 9, 2014, http://www.thejakartapost.com/news/2014/09/09/foreign-policy-reforms-under-jokowi.html.
② Hikmahanto Juwana, "Challenges facing the Foreign Ministry", August 19, 2014, http://www.thejakartapost.com/news/2014/08/19/challenges-facing-foreign-ministry.html.

印尼现在有了自己的"希拉里·克林顿"（至少性别上如此）。蕾特诺·马尔苏迪是印尼历史上第一位女性外交部长，被看作该国取得的骄人成绩与进步。她曾任驻荷兰大使，也任过挪威和爱尔兰大使，在外交部的各部门任职过，曾任西欧事务部主任、美欧地区合作部主任。作为年轻外交官，曾任堪培拉和海牙多边经济合作部副主任。2008年，她被任命为首位美国和欧洲女性总干事。没有人质疑她作为外交官的能力以及她的正直。①

外交部长蕾特诺·马尔苏迪指出，印尼外交和对外政策必须向海外印尼公民和法人实体提供保护，使之具有安全感。在民众保护方面，印尼政府主要采取三种方法：预防、早期发现和保护。就预防而言，2014年末，外交部、信息与通信部和五个移动电话供应商签署了一个"谅解备忘录"，方便在国外旅游的印尼人民与距离最近的印尼领使馆取得电话联系。外交部还将印尼海外公民数据库与印尼海外打工人员数据库合并，希望通过这些努力，更好更快地处理印尼海外公民（其中60%是海外打工人员）遇到的问题。为了进一步保护印尼公民（包括海外打工人员）和法人实体，印尼政府建议只有在满足以下两个条件之一时才同意派遣海外打工人员：第一，目的国有保护外来打工人员的国家立法；第二，印尼与目的国签有保护印尼海外打工人员的双边协议。另外，加强保护印尼海外打工人员还需要推动建立保护海外打工人员的东盟非歧视法律文件，这符合建立一个关怀共同体（caring community）的"东盟愿景"（ASEAN Vision）。②

加强对印尼公民的保护无疑是一个值得称赞的目标。根据印尼安置和保护海外打工人员局（BNP2TKI）的统计，620万印尼海外打工人员中有180万人没有正式文件，致使这部分人无法受到法律保护，经常遭受虐待、得到不公正工资或者被外国政府起诉。处理印尼海外打工人员问题是

---

① Meidyatama Suryodiningrat, "The making of a 'people's' foreign minister", *The Jakarta Post*, October 27, 2014, http://www.thejakartapost.com/news/2014/10/27/the-making-a-people-s-foreign-minister.html.

② "The Ministry of Foreign Affairs Republic of Indonesia", *Annual Press Statement Minister For Foreign Affairs Republic of Indonesia*, Unofficial Translation, 2015, pp. 2–4.

一项十分艰巨的任务。事实上,到目前为止,具体的海外打工人员有多少都不清楚,来自印尼不同机构的统计数据不同,国际劳工组织估计印尼海外打工人员至少是登记注册数据的2倍。印尼计划遣返所有180万非法工人,这一想法很大胆,但是恐怕不具有可行性,尤其是考虑到这样做所带来的成本时。造成如此众多非法海外打工人员的最重要原因之一是申请合法工作的程序太昂贵或者过于复杂。BNP2TKI局长努斯隆·瓦希德(Nusron Wahid)承诺着手简化相关程序,但是了解印尼的人清楚这将是一项艰巨挑战。①

二 提出"全球海洋支点"构想

佐科的外事顾问利扎尔·苏克马说,佐科的"全球海洋支点"构想反映了他对印尼地缘政治地位、印尼海洋国家和发展目标的深刻理解,"这也意味着印尼自由积极的外交政策在全球与地区权力关系变革的新战略环境下的新变化"。②

佐科在竞选总统期间首次提出印尼要强化"海洋国家"③的身份,他称之为"全球海洋支点"。④ 在2014年6月22日进行的外交政策辩论中,佐科认为印尼应该充分利用其位于印度洋和太平洋中间的战略位置,积极发挥

---

① Prashanth Parameswaran, "The Trouble With Indonesia's Foreign Policy Priorities Under Jokowi", January 09, 2015, http://thediplomat.com/2015/01/the-trouble-with-indonesias-foreign-policy-priorities-under-jokowi/.
② Rendi A. Witular, "Presenting maritime doctrine", *The Jakarta Post*, November 14, 2014, http://www.thejakartapost.com/news/2014/11/14/presenting-maritime-doctrine.html.
③ 印尼是全球面积最大的群岛国家,拥有18000个岛屿,从东到西绵延3000多英里,其中包括许多世界上最具有战略意义的水道,因此,印尼是逻辑上的"海洋国家"。Brian Harding, "Jokowi's Big Maritime Plans for Indonesia Need International Support", September 2, 2014, https://www.americanprogress.org/issues/ext/2014/09/02/96346/jokowis-big-maritime-plans-for-indonesia-need-international-support/.
④ Brian Harding, "Jokowi's Big Maritime Plans for Indonesia Need International Support", September 2, 2014, https://www.americanprogress.org/issues/ext/2014/09/02/96346/jokowis-big-maritime-plans-for-indonesia-need-international-support/.

"全球海洋支点"作用,提议要重视发展群岛间的海洋贸易。① 在2014年10月20日的就职演讲中,佐科强调再次将印尼建设成为一个海洋国家,他指出:"印尼背弃海洋、大海、海峡和海湾已很长时间,现在是时候回归印尼先辈所谓的'我们在海洋中无往不胜'的时候了,海洋、大海、海峡和海湾是印尼文明的未来。"② 2014年11月13日,在缅甸内比都举行的东亚峰会上,佐科完整阐述了"全球海洋支点"构想:印尼是介于印度洋与太平洋之间的一个大国,是一个海洋支轴。作为处于席卷全球的地理、经济与政治变革中心的一个国家,印尼的地位越来越重要。"作为一个海洋国家,印尼应该主张其世界海洋轴心的地位,……作为世界海洋轴心,印尼有兴趣参加决定印度洋和太平洋区域未来的活动。"我们希望印度洋和太平洋维持有益于世界贸易的和平与安全,而不是成为争夺自然资源、领土冲突和海洋霸权的战场。""印尼有义务发展海洋防务力量,这对于确保海洋财富和主权以及为保护航海安全和海洋安全很有必要。"③

佐科总统的"全球海洋支点"构想主要有五部分组成:第一,培育海洋文化,作为一个群岛国家,印尼必须认识到未来在很大程度上取决于如何管理海洋;第二,维护和管理海洋资源,保持对海洋产品的主权控制;第三,发展海洋基础设施,建立海上通道,建立深海港,改进航运业、物流和海洋旅游;第四,开展海洋外交,从源头阻止海洋冲突,例如非法捕鱼、侵犯主权、领土争端、海盗和污染;第五,加强海洋防御,作为连接两大洋的

---

① Aaron L. Connelly, "Indonesian Foreign Policy Under President Jokowi", October 16, 2014, http://www.lowyinstitute.org/publications/indonesian-foreign-policy-under-president-jokowi.
② Jakarta Globe, "'Jokowi's Inaugural Speech as Nation's Seventh President'", October 20, 2014, http://thejakartaglobe.beritasatu.com/news/jokowis-inaugural-speech-nations-seventh-president/.
③ 佐科之所以选择在东亚峰会提出其海洋支轴构想,是因为该论坛在地区安全、稳定和经济繁荣方面发挥重要作用。东亚峰会有来自10个东盟的领导人、美国和韩国总统、中国、俄罗斯、澳大利亚、印度、新西兰和日本的总理。第十八届东亚峰会成员国代表着世界55%的人口,占全球GDP的56%。Rendi A. Witular, "Presenting maritime doctrine", *The Jakarta Post*, November 14, 2014, http://www.thejakartapost.com/news/2014/11/14/presenting-maritime-doctrine.html。

桥梁，印尼有责任发展海洋防御力量。①

为了落实"全球海洋支点"构想，印尼力图在以下几个方面有所作为。

第一，加强海洋防御能力。印尼是印度洋大国（印度）和太平洋大国（中国和美国）间的一个海洋支点（fulcrum），为保护这一海域的自然资源，印尼需要扩大海军实力，以确保这些海域的航行与贸易自由。内阁大臣安迪·韦迪加简图（Andi Widjajanto，是一位受过训练的防御和安全专家）认为，为了实现"全球海洋支点"构想，印尼必须将防御重点转移到海洋。"海洋防御要求海岸自卫队和海军两者兼而有之，作为世界上最大的群岛国家，我们的巡逻船和战斗舰艇的数量必须有大幅增加。"②

第二，加强海洋基础设施、能源、渔业和保护海洋环境等领域的地区与国际合作。双边层面，在全面战略伙伴关系框架内发展与友好国家的海洋合作。印尼政府决定并承诺加强执法力度，准备与他国合作，杜绝非法、未报道和未规定（IUU）的捕捞。多边层面，印尼鼓励通过各种东盟机制进行的海洋合作。③

第三，改善海洋互联互通，建立一个包括港口和公路在内的综合网络。④ 为配合发展海洋经济，佐科计划在北苏门答腊、雅加达、东爪哇、南苏拉威西和巴布亚扩建五个主要港口。印尼海洋统筹部长英德罗约诺·苏西洛（Indroyono Soesilo）希望将位于印尼最西部的沙璜（Sabang）到最东部

---

① "The Ministry of Foreign Affairs Republic of Indonesia", *Annual Press Statement Minister For Foreign Affairs Republic of Indonesia*, Unofficial Translation, 2015, p. 4; Rendi A. Witular, "Presenting maritime doctrine", *The Jakarta Post*, November 14, 2014. http://www.thejakartapost.com/news/2014/11/14/presenting-maritime-doctrine.html.

② Rendi A. Witular, "Presenting maritime doctrine", *The Jakarta Post*, November 14, 2014, http://www.thejakartapost.com/news/2014/11/14/presenting-maritime-doctrine.html.

③ "The Ministry of Foreign Affairs Republic of Indonesia", *Annual Press Statement Minister For Foreign Affairs Republic of Indonesia*, Unofficial Translation, 2015, pp. 4-5.

④ Prashanth Parameswaran, "The Trouble With Indonesia's Foreign Policy Priorities Under Jokowi", January 09, 2015, http://thediplomat.com/2015/01/the-trouble-with-indonesias-foreign-policy-priorities-under-jokowi/.

的马老（Merauke）连通起来，借此提高运输效率，促进贸易。①

第四，召开由各国领导人参加的年度"环印度洋地区合作联盟"（IORA），2015年末，印尼将担任轮值主席国。在担任主席国期间，印尼将关注和鼓励海洋合作。②

第五，实行沉船政策。数以百万计的印尼人靠海生活，主要是捕鱼，大多数群岛间的贸易通过海上完成。佐科希望通过扩大渔业增加财富，主张控制印尼的主权水域，建设海洋基础设施，使印尼贫穷遥远的东部岛屿纳入相对繁荣的爪哇范围，为此需要惩罚外国的非法捕鱼船只。在印尼水域击沉非法捕鱼船只是佐科总统的新政策，被称为"沉船"政策。自2014年10月佐科执政以来，印尼海军已击沉30多艘外国非法捕鱼船只，多数来自泰国或越南。③ 在佐科看来，印尼不能再容忍约5000艘船只在印尼水域非法捕捞的状况，这是对印尼主权的无视，每年损失200多亿美元。尽管沉船实践本身并不新鲜，但是佐科政府相对于以前的政府在此事件上更引人注目。佐科的顾问们坚称，为了维护自身权利，除了这种办法印尼没有其他选择。多年来，印尼试图与个别政府谈判，但是成效甚微。④

第六，印尼在南中国海问题上发挥调停作用。作为东盟非正式领导人以及在南中国海的领土争端中的非声索国，印尼能够发挥建设性的调停作用。

---

① 海洋统筹部长是佐科此次组阁新设的部长职位，负责统筹交通部、旅游部、能源部和渔业部的工作。参见《佐科谋划3.5万亿基建蓝图 印尼欲加入亚投行》，2014年11月9日，21世纪网，《21世纪经济报道》，转引自搜狐财经，http://business.sohu.com/20141109/n405896341.shtml。

② "The Ministry of Foreign Affairs Republic of Indonesia", *Annual Press Statement Minister For Foreign Affairs Republic of Indonesia*, Unofficial Translation, 2015, p.6.

③ "Indonesia's foreign policy, A thousand jilted friends", May 2, 2015, http://www.economist.com/news/asia/21650173-new-president-charts-markedly-different-course-thousand-jilted-friends.

④ Prashanth Parameswaran, "Explaining Indonesia's 'Sink The Vessels' Policy Under Jokowi", January 13, 2015, http://thediplomat.com/2015/01/explaining-indonesias-sink-the-vessels-policy-under-jokowi/.

佐科不止一次提及印尼要在地区争端中作一个"调停人"（honest broker）。①

第七，成立新的海洋安全机构——印尼海岸警卫队（BAKAMLA）。印尼是世界上最大的群岛国家，拥有18000多个岛屿，海域几乎达到800万平方公里。为了管理这些不规则伸展的群岛，印尼设立12个专门机构负责海洋安全事务（包括海军、国家警察，交通部和海洋事务与渔业部）。理论上，它们的责任根据职能与地理位置进行划分，以避免重叠。然而现实中，这是一大难题，不同的机构为了权力和资源相互竞争，不仅效率低下，而且相当浪费。尽管长期以来，这一问题大家都已认识到，但是之前的解决办法收效甚微。2005年，印尼设立海洋安全协调理事会（BAKORKAMLA），目的是提高各机构维护海洋安全的效率。虽然它竭尽所能，但是由于权力有限以及既得利益阻碍，最后被解散。2008年，印尼试图成立一支海上与海岸自卫队，但是由于存在着激烈的地盘之争，这一想法并未真正实施。2014年12月13日，佐科选择在群岛日这一天实施了一个重要措施，在政治、法律和安全事务统筹部成立一个新的海洋安全机构——BAKAMLA，以取代BAKORKAMLA。除了名称变化之外，赋予BAKAMLA更大的指挥权，以便协调和部署印尼各政府机构的职能，而不仅仅是像之前机构一样只是信息分享。BAKAMLA安排大量的职员与战舰，相当于一支海岸警卫队，同时被授权禁止非法捕捞。②

自苏哈托以来，还没有哪个总统像佐科一样如此大胆地宣称外交政策主张。"佐科主义"（强调印尼的海洋贸易、基础设施和安全）意在极力扩大印尼的海洋权力。但是印尼是否有足够的资源和政治意愿能将佐科的宏伟愿

---

① Adelle Neary, "Indonesia under Jokowi: A Foreign Policy Driven by a 'Global Maritime Nexus'", October 23, 2014, http://cogitasia.com/indonesia-under-jokowi-a-foreign-policy-driven-by-a-global-maritime-nexus/.
② Prashanth Parameswaran, "Indonesia's Maritime Ambition: Can Jokowi Realise It?", March 4, 2015, https://www.rsis.edu.sg/rsis-publication/rsis/co15044-indonesias-maritime-ambition-can-jokowi-realise-it/.

景变成现实仍是一个严峻问题。①

第一,关于"BAKAMLA"。BAKAMLA 的成立是一个令人鼓舞的开始,但是 BAKAMLA 的成功需要几个前提:首先,必须赋予其稳固而清晰的权威。佐科 2014 年已发布总统令创建这一实体,12 月份建立非法捕鱼特别小组,但是全面提升需要佐科政府发布一个更正式的法规,这样做将赋予该组织更加具体而清晰的角色,对于提高海事安全效率至关重要。其次,要确保 BAKAMLA 有充足的资源以履行其任务,包括进行演习和巡逻,这意味着增加资金投入,装备更多的船只和安排更多的人员。BAKAMLA 最初只有 3 艘巡逻船,每年的预算只有 5200 亿印尼盾(4000 万美元),考虑到其职责,这点预算根本不够。2015 年 2 月 13 日,印尼众议院同意 2015 年为 BAKAMLA 增加预算 7263 亿印尼盾(5600 万美元)。第三,佐科及其顾问们必须加强协调,BAKAMLA 的最终目标不仅是实施行动,还要成为综合指挥信息、通信系统以及海洋调查过程的中心。在创立之时,内阁大臣安迪·韦迪加简图说:"海洋安全协同运营新时期"需要一个早期预警系统以及一个综合的执法单位。这一"新时期"正在发展中,BAKAMLA 首席运营官乌苏普(Wuspo)公开承认与其他海洋利益相关者的协调是一场斗争,要想改变其他机构的"自利思维"(silo mentality)尚需时日。在就职演讲中,佐科引用了梵文标语"我们在海洋中胜利"(Jalesveva Jayamah),为实现这一胜利,佐科必须首先赢得解决印尼海洋协调困境的关键斗争。②

第二,关于"沉船政策"。自任命印尼新的海洋渔业部长苏西·普吉亚司杜蒂(Susi Pudjiastuti)以来,印尼决定执行对抗非法捕鱼的沉船政策成为一个至关重要却饱受争议的话题。这一政策本身并不新鲜,海洋渔业部海

---

① Joshua Kurlantzick, "Jokowi's Maritime Doctrine and What It Means", November 29, 2014, http://thediplomat.com/2014/11/jokowis-maritime-doctrine-and-what-it-means/.

② Prashanth Parameswaran, "Indonesia's Maritime Ambition: Can Jokowi Realise It?", March 4, 2015, https://www.rsis.edu.sg/rsis-publication/rsis/co15044-indonesias-maritime-ambition-can-jokowi-realise-it/.

洋资源监管局局长阿斯普·布哈努丁（Asep Burhanudin）指出，2007～2012年，共有33艘非法外国船只被击沉，其中32艘来自越南。首先，沉船政策是否有法律依据？从国内法来看，根据印尼《渔业法》（No.45/2009）第4条第69款规定，如果有足够证据证明外国渔船在印尼渔业管理区从事非法捕鱼，印尼当局可以将之焚毁或击沉。《渔业法》（No.31/2004）修正案规定，印尼渔业管理区包括印尼水域（内水和领海）以及专属经济区。由此可以判断击沉外国船只符合印尼国内法。从国际法来看，主要是《联合国海洋法公约》，尽管该法没有具体规定击沉船只是否合法，但是它的确提及在哪些区域（领海、专属经济区或者公海）可以对非法捕鱼采取某些执法措施。……但是印尼外交官艾哈迈德·阿尔穆杜德·阿姆利（Ahmad Almaududy Amri）研究发现，印尼在领海和专属经济区沉船政策并不符合国际法。[①] 其次，印尼是否有足够的实力实施沉船政策？在普拉什纳思·帕拉梅斯瓦兰看来，印尼的实力尽管有所提升，但仍然很有限。众所周知，印尼官方多次公开声明尚没有足够的船只管辖所属水域，何谈持续实施沉船政策？这也可以解释为什么印尼只敢击沉小国（如越南）而不是像中国这样更强大国家的船只。[②] 尽管存在这些担忧和限制，有迹象表明这一政策可能会继续。[③] 再次，沉船政策引发东盟国家的警觉。沉船政策与坚决维护领土完整是印尼外交部的头等大事，但是越来越具侵略性的印尼引起东盟一些国家的警觉。印尼人口占东南亚国家的一半，经济总量占40%，因此，即便是（印尼）很小的事情对周围较小邻国而言也都是大事。有学者警告说，不要忘记，非法捕鱼是一个普遍问题，整个地区都存在而不只是在印尼。因

---

① Ahmad Almaududy Amri, "Is Indonesia's 'Sink the Vessels' Policy Legal?", January 17, 2015, http://thediplomat.com/2015/01/is-indonesias-sink-the-vessels-policy-legal/.
② 笔者评论发表时，印尼还没有对中国实施沉船政策。印尼击沉中国船只是在2015年4月29日，而笔者的评论发表时间是在2015年1月13日。
③ Prashanth Parameswaran, "Explaining Indonesia's 'Sink The Vessels' Policy Under Jokowi", January 13, 2015, http://thediplomat.com/2015/01/explaining-indonesias-sink-the-vessels-policy-under-jokowi/.

此,其他东盟国家可能不会做长久的旁观者,也可能采取同样的办法。① 即便在印尼内部也存在不同观点,一份印尼外交政策手册称沉船政策是"权力不稳定的表现",即沉船政策是为了取悦国内民众。②

第三,关于"IORA"。印尼外交官相信,IORA 是"印度洋的 APEC",但是若将其转变成一个有价值的组织还将面临诸多障碍,尤其是该地区成员的多变以及紧迫任务的缺乏。③

第四,关于印尼现状。"全球海洋支点"构想的实现需要印尼现状有一个脱胎换骨的变化。印尼的现状:主要港口效率很低;海军规模较小,装备不良,表现欠佳;就连普通轮渡都并非十分安全。④ 印尼总统佐科意识到这一问题,承诺在今后 5 年将国防预算提升至占 GDP 的 1.5%。但若要实现这一点谈何容易!另外,正如印尼交通协会的海上运输论坛主席阿齐发·拉兹夫万·安瓦尔(Ajiph Razifwan Anwar)所警告,仅仅建设 24 个港口就将花费 240 亿美元,仅靠地方投资者不可能成功融资,寻求外资是合乎逻辑的选择,但是这需要国家监管环境的大胆变革,包括简化流程、协调法规以及治理腐败。做到这一点显然难如登天。⑤

三 打击毒品犯罪,执行毒犯死刑

在印尼,与毒品相关的犯罪对印尼人民,尤其是年轻人造成极大的负

---

① Prashanth Parameswaran, "Explaining Indonesia's 'Sink The Vessels' Policy Under Jokowi", January 13, 2015, http://thediplomat.com/2015/01/explaining-indonesias-sink-the-vessels-policy-under-jokowi/.
② "Indonesia's foreign policy, A thousand jilted friends", May 2, 2015, http://www.economist.com/news/asia/21650173-new-president-charts-markedly-different-course-thousand-jilted-friends.
③ Aaron L. Connelly, "Indonesian Foreign Policy Under President Jokowi", October 16, 2014, http://www.lowyinstitute.org/publications/indonesian-foreign-policy-under-president-jokowi.
④ Brian Harding, "Jokowi's Big Maritime Plans for Indonesia Need International Support", September 2, 2014, https://www.americanprogress.org/issues/ext/2014/09/02/96346/jokowis-big-maritime-plans-for-indonesia-need-international-support/.
⑤ Prashanth Parameswaran, "The Trouble With Indonesia's Foreign Policy Priorities Under Jokowi", January 9, 2015, http://thediplomat.com/2015/01/the-trouble-with-indonesias-foreign-policy-priorities-under-jokowi/.

面影响。每天至少有40~50人死于吸毒。目前有450万人处于毒瘾复发期，另有120万人仍陷于毒瘾。① 为此，佐科指出，和贩毒集团宣战不能三心二意、敷衍以对，因为毒品能摧毁吸毒者及其家人的美好生活。佐科说："滥用毒品不会有幸福生活，国家现在就必须和贩毒集团对抗。没有毒品的印尼，才是健康的印尼。"印尼学者哈尼夫称，毒品在印尼猖獗多年，贩毒行业发展得滴水不漏，毒贩甚至在监狱里控制毒品交易，他说："年轻人是毒品的最大受害者，如果不采取强硬手段，毒品会毁掉印尼的未来。"②

2005年1月18日，印尼政府枪决6名毒贩，其中包括5名外国人。印尼政府禁毒的坚定决心在国内获得肯定，却在国际上引起轩然风波。巴西与荷兰为此召回驻雅加达大使，并谴责印尼的做法"残忍和不人道"。佐科对来自国外的批评不以为然，他在接受CNN采访时说："我们尊重别国司法主权，我们也希望别国尊重印尼的司法主权。"印尼司法人权部长亚索纳·劳利称印尼正面临"反毒品战争"，需要从毒品的威胁中拯救国家。"我们不是与别国为敌，我们只是要打击毒品犯罪"。印尼外交部长蕾特诺·马尔苏迪说，针对外国召回驻印尼大使，印尼不准备对等回击，"到目前为止这还是个司法事件，而不是政治事件"。③ 印尼总检察长帕拉史蒂奥指出，死刑并非儿戏，并坚持印尼是根据国家法律执行死刑的。"我希望大家能明白，印尼必须力抗毒品……这是违反人道的罪行，（毒品）摧毁年轻一代。"④

四　强化经济外交

自佐科就任总统以来，他本人和外交部长在许多场合发表了关于经济外

---

① "The Ministry of Foreign Affairs Republic of Indonesia"，*Annual Press Statement Minister For Foreign Affairs Republic of Indonesia*，Unofficial Translation，2015，p. 2.
② 《印尼枪决外籍毒贩引发外交风波　巴西荷兰召回大使》，中新网2015年1月19日，http://www.chinadaily.com.cn/hqcj/xfly/2015-01-19/content_13069591.html。
③ 《澳群众抗议毒贩被杀　佐科：印尼司法主权必须得到尊重》，2015年4月30日，http://dingyuan88.cn/a/ceca6292/2015/0430/92931.html。
④ 《印尼枪决外籍毒贩引发外交风波　巴西荷兰召回大使》，中新网2015年1月19日，http://www.chinadaily.com.cn/hqcj/xfly/2015-01-19/content_13069591.html。

交的重要讲话，尤其是强调外交官在其中的重要作用，这一点与其他国家的经济外交略有不同。2015年2月初，佐科总统在印尼驻外使节会议上的讲话中要求驻外使节重视开展经济外交。佐科在讲话中指出，印尼外交有三大优先重点：一是坚决维护国家主权；二是加强保护国民利益；三是大力拓展经济外交。他强调，驻外使节在保持印尼外贸平衡方面有时能发挥关键作用，有必要在推广印尼产品、游说外国政府和商家采购印尼产品、招商引资等领域做出应有的贡献。① 2015年2月12日，印尼外交部长蕾特诺·马尔苏迪出席国会听证会时阐述了印尼未来5年外交优先发展的四个方向：维护印尼主权与领土完整；保护印尼公民和海外机构的权益；积极开展经济外交，提升印尼经济自立水平；在地区与国际事务中扮演积极角色。其中特别强调经济外交是印尼外交的重中之重。②

印尼的经济外交包括以下主要内容：第一，致力于加速基础设施发展和互联互通，与他国合作建设深海港口并开发发电厂。第二，贸易领域，印尼将努力增加对非传统和未开发市场产品的出口。印尼不能再容忍他国给予本国商品的歧视待遇，印尼商品（比如天然棕榈油）通常遭到虚假指控等不公正对待。第三，继续吸引外国投资，政府承诺简化许可制度，为外国投资创建"一站式"服务，提高外国投资者的兴趣。政府起草《双边投资条约》，为印尼与其他国家达成投资协议创建一个新机制。第四，印尼外交官要做印尼经济的"营销商"，更好地了解派驻国家的市场。为了便利经济外交的跟进，外交部将专门成立一个"经济外交工作小组"，③ 由外交部副部长负责，与相关部门和机构进行协调，以确保商业机会、与其他国家的发展

---

① 《印尼召开驻外使节会议 佐科维要求拓展经济外交》，中国经济网2015年2月9日，http://intl.ce.cn/specials/zxgjzh/201502/09/t20150209_4548626.shtml。
② 《印尼总统佐科展开实用外交，访华签署基础设施建设等8项合作》，2015年3月27日，http://news.163.com/15/0327/12/ALNDJQIL00014SEH.html。
③ 佐科明确表明印尼大使要在经济磋商中发挥积极作用，为此需要恢复外交部"经济外交总管"的职责。Ben Perkasa Drajat, "Foreign policy reforms under Jokowi", *the Jakarta Post*, September 9, 2014, http://www.thejakartapost.com/news/2014/09/09/foreign-policy-reforms-under-jokowi.html。

合作等有效跟进。①

2014年12月，外交部声称，"南美和加勒比地区是2015年印尼企业的重要商业合作地区之一"。佐科总统重申推行经济外交的重要性，印尼海外代表团外交活动的80%~90%与商业有关。② 佐科利用几次出访机会大力邀请国外公司来印尼投资，与此同时号召外来投资的"项目化"。投资项目化有其合理性，却使许多外国投资者担心印尼政府将对投资进行过度审查，实际上印尼的繁文缛节已经大大降低了国外投资的热情。此外，佐科决定支持众多落后的国有企业参与基础设施建设。③ 绝大多数人同意经济外交应该是印尼（或其他任何国家）外交政策的优先选择。印尼外交部下一个副部长领导的"工作小组"的成立表明佐科政府将经济外交提高到了一个新地位。考虑到印尼的现状，强调经济外交是有意义的，然而要落实到实处并不容易，因为存在一个明显的困境，吸引外资取决于佐科能否实现国内改革，但是国内改革首先需要外资。④

第四节　佐科外交的总体表现

佐科刚一上任便陆续参加了一连串国际多边会议，包括北京的APEC峰会、缅甸内比都的东盟峰会和澳大利亚布里斯班的G20高峰会议。限于篇幅，本节重点探讨印尼与东盟、印尼与日本、印尼与美国、印尼与澳大利亚、印尼与中国的双边关系。

---

① "The Ministry of Foreign Affairs Republic of Indonesia", *Annual Press Statement Minister For Foreign Affairs Republic of Indonesia*, Unofficial Translation, 2015, pp. 4 - 5.
② Sulthon Sjahril Sabaruddin, "Blueprint needed for foreign policy on Latin America", January 25, 2015, http：//www.thejakartapost.com/news/2015/01/25/blueprint-needed-foreign-policy-latin-america.html.
③ Joshua Kurlantzick, "Time for a Reset in US-Indonesia Relations?", May 14, 2015, http：//thediplomat.com/2015/05/time-for-a-reset-in-us-indonesia-relations/.
④ Prashanth Parameswaran, "The Trouble With Indonesia's Foreign Policy Priorities Under Jokowi", January 9, 2015, http：//thediplomat.com/2015/01/the-trouble-with-indonesias-foreign-policy-priorities-under-jokowi/.

一 印尼与东盟的关系

印尼是东南亚最强大的国家,在调停冲突、促进民主、打击恐怖主义和处理复杂的东盟与中国的关系等问题上发挥重要的地区大国作用。[①] 实际上,自苏哈托总统执政后期以来,东盟一直是印尼外交政策的基石。东南亚已成为发展速度最快的地区之一,东盟也在很大程度上受到印尼积极作用的影响。苏西洛总统时代标志着印尼对东盟外交的重大成功。印尼对缅甸实施"民主运动",最终影响到该国的民主进程;印尼在帮助缓解泰国和柬埔寨冲突中发挥了重要外交作用;东盟几个国家保持经济高速增长与该地区的和平有莫大关系;菲律宾总统阿基诺将印尼视为真正的朋友;缅甸的吴登盛总统承认印尼在维护该地区民主和稳定进程中的作用。作为该地区最大的国家或者说"老大哥",人们期待印尼继续活跃于东盟,从而确保其地区和国际公信力。没有印尼的积极贡献,东盟的价值将大打折扣。[②]

然而,自佐科就任总统以来,人们担心印尼的外交政策不再将东盟看作重点,这一担心并非无中生有。作为东盟传统的一部分,新当选的领导人在访问非东盟国家之前,首先要对地区内国家进行访问。这一惯例被佐科打破,他把中国作为首次出访的国家。2014年11月,佐科参加了在北京举行的APEC领导人会议、在缅甸举行的东盟峰会和在澳大利亚布里斯班举行的G20峰会。而在他的出访日程中却没有按惯例安排对马来西亚、泰国、菲律宾或新加坡的"友好访问"。[③]

从佐科及其顾问的声明以及佐科执政以来的外事活动来看,相对于其前任苏西洛而言,佐科更倾向于双边、以国内为导向的外交政策,尽管其依然强调东盟的重要作用,但程度明显减弱。佐科的外事顾问苏克马指出:"我

[①] Joshua Kurlantzick, "Grading Jokowi's First Month", November 15, 2014, http://thediplomat.com/2014/11/grading-jokowis-first-month/.

[②] Tantowi Yahya, "Has Jokowi put ASEAN on the sidelines?", June 1, 2015, http://www.thejakartapost.com/news/2015/06/01/has-jokowi-put-asean-sidelines.html.

[③] Tantowi Yahya, "Has Jokowi put ASEAN on the sidelines?", June 1, 2015, http://www.thejakartapost.com/news/2015/06/01/has-jokowi-put-asean-sidelines.html.

们过去将东盟作为印尼外交政策的基石,现在则只将东盟视为印尼外交政策的基石之一。"苏克马说,尽管佐科政府依然维持印尼传统的"自由积极的"政策,但是其外交政策与其前任不同,因为他更关注于发展双边关系,包括同那些非亚太国家,其指导原则是印尼人民的利益最重要。苏克马说,佐科将印尼视作印太地区"全球海洋支点"的新观念比苏西洛及其外交部长马蒂(Marty Natalegawa)的印太观念地理范围更广。①

东南亚有些国家担心印尼民族主义的兴起。在2014年11月实施东盟经济共同体的讨论中,佐科对其他东盟国家领导人直言:"必须确保东盟经济共同体不会损害印尼国家利益。"佐科关注"国家利益"被解读为印尼对保护主义的担心,这不利于到2015年末在东盟经济共同体下形成一个单一市场和生产基地。②

在安全领域,各国对佐科在印尼水域极力镇压非法捕鱼船只感到愤恨。马来西亚政治学家法里希·努尔(Farish Noor)警告,尽管这一民粹行动可能会提升佐科在国内的声誉,却具有破坏东盟团结的风险。法里希·努尔指出:"东盟一体化即将来临,……印尼的举动与该联盟的精神相违背……如果东盟的每个国家为迎合民粹主义,都实施同样的办法,即击沉邻国的船只,东盟的发展方向在哪儿?"该政策在印尼国内也引发辩论,尽管有人认为击沉船只既合法也有必要,但是也有人警告说这将给印尼在海外的声誉造成负面影响。法律专家法兰斯·享德拉·温那塔(Frans Hendra Winarta)认为,这一举动在东盟寻求更紧密的共同体的时候会引发印尼与邻国关系的紧张。③

佐科除了给人留下东盟被置于印尼外交政策一边的印象外,还有靠近中国的倾向。在第60届亚非纪念会议上,许多媒体报道中国大包大揽印尼的

---

① Prashanth Parameswaran, "Is Indonesia Turning Away From ASEAN Under Jokowi?", December 18, 2014, http://thediplomat.com/2014/12/is-indonesia-turning-away-from-asean-under-jokowi/.
② Prashanth Parameswaran, "Is Indonesia Turning Away From ASEAN Under Jokowi?", December 18, 2014, http://thediplomat.com/2014/12/is-indonesia-turning-away-from-asean-under-jokowi/.
③ Prashanth Parameswaran, "Is Indonesia Turning Away From ASEAN Under Jokowi?", December 18, 2014, http://thediplomat.com/2014/12/is-indonesia-turning-away-from-asean-under-jokowi/.

基础设施项目,这似乎表明印尼外交重心转向中国。佐科在总统竞选时声称,如果印尼不介入东盟国家关于南中国海的问题可能会更好。"这是其他国家的问题,如果我们能够发挥作用,当然是好事,但是如果我们没有正确的解决办法,外交努力不会产生任何结果,我们为什么非要这样做呢?"这说明相对于东盟,中国对印尼更为重要。①

客观地讲,尽管上述担心(印尼不再将东盟看作重中之重)不无道理,但是没有必要过头,佐科政府仍会继续致力于促进东盟合作,乐于在东南亚地区发挥"老大哥"作用。在公开的印尼高级军事领导人会议上,国民军司令穆尔多科在讲话中指出,他在各种不同的地区论坛上,如在东盟防御力量首长非正式会议(ACDFIM)上,利用印尼日益崛起的力量,促进印尼军事目标的达成,使印尼成为东南亚的"老大哥"。穆尔多科在东雅加达军事总部发表评论:"作为三军总司令,我给印尼部队提出了一个重要任务——成为东盟地区的'老大哥',我们现在正在这样做,东盟的每个人都认识到印尼军事日益增长的实力。"穆尔多科说,随着印尼日益增长的实力与地位得到东盟内部的认可,印尼军事正在寻求在更广泛亚太地区获得承认。穆尔多科专注于扩大印尼在亚太地区的作用与其之前关于这一主题的评论两相呼应。2014年3月,穆尔多科在接受新加坡《海峡日报》的访谈时,提议将ACDFIM扩大为"ACDFIM+",将美国和中国等重要国家纳入其中,以便更好地缓解亚太地区紧张局势。②

地区安全对于印尼不可或缺,出于此目的,印尼将通过东盟继续积极、全面且有效地践行各方在南中国海的"行为宣言"(DoC),以期早日达成"行为准则"(CoC)。为了维持地区安全,印尼呼吁所有国家限制使用武力或以武力相威胁。印尼坚持通过和平方式解决争端,尊重包括1982年《联

---

① Tantowi Yahya, "Has Jokowi put ASEAN on the sidelines?", June 1, 2015, http://www.thejakartapost.com/news/2015/06/01/has-jokowi-put-asean-sidelines.html.
② Prashanth Parameswaran, "Indonesia Keen On 'Big Brother' Role in ASEAN and Beyond", December 23, 2014, http://thediplomat.com/2014/12/indonesia-keen-on-big-brother-role-in-asean-and-beyond-official/.

合国海洋法公约》在内的国际法准则。为成功实现东盟共同体，印尼将继续发挥积极作用，并制订2015年后东盟共同体发展远景规划。在印尼看来，东盟有几个优先事项需要立即进行，比如《东南亚无核区协议》和《东盟政府间人权委员会》（AICHR）。①

2016年1月1日，印尼和东盟其他国家将实现东盟共同体，东盟国家的远景是建设一个繁荣、公正和民主的东盟共同体，在这一共同体内，"国内"与"国际"政策将日益模糊。印尼作为东盟的实际领导者，有必要引领东盟国家达成一个东盟共识，即强化东盟在地区建构中发挥的中心作用，在南中国海问题上采取"东盟第一"的立场。这一努力要求印尼战略文化建设与东盟战略文化建设一同进行。东盟的战略文化所强调的原则规范体现在《东南亚友好合作条约》和东盟宪章中，强调成员间的友好与合作。只有通过东盟峰会才能树立起东盟自信的坚定立场，"东盟最高决策机构"（《东盟宪章》）可以增加印尼和其他东盟国家的重要性，强调相互间的联系与团结，以实现一个更加稳固与和谐的地区架构。印尼和其他东盟国家应共同促进东盟发展，使之发挥核心作用，同时实现其他一些外交政策目标，例如在亚太地区维护更加平衡的地缘政治动态，通过东亚峰会平衡中、印、日、美、俄关系，加强东盟对南中国海问题的管理。东盟的战略文化还要求逐步将东盟转变为独立变量而不是因变量，以增强其竞争力。在印尼看来，为了更好地完成这些政策路线，需要任命一个"东盟事务部长"，由他来具体掌控东盟事务，同时负责创建东盟战略文化。②

二 印尼与澳大利亚的关系

自2013年监听事件泄露后，澳大利亚与印尼关系矛盾不断，2013年11月，苏西洛总统将驻澳大利亚大使那吉布·李菲特·凯索马（Nadjib Riphat

---

① "The Ministry of Foreign Affairs Republic of Indonesia", *Annual Press Statement Minister For Foreign Affairs Republic of Indonesia*, Unofficial Translation, 2015, p. 5.
② C. P. F. Luhulima, "An Indonesian foreign policy design post-2014", May 26, 2014, http://www.thejakartapost.com/news/2014/05/26/an-indonesian-foreign-policy-design-post-2014.html.

Kesoema）召回，而澳大利亚总理阿博特拒绝就此事件道歉，印尼停止与澳大利亚所有的情报与军事合作，致使两国关系严重受挫。尽管6个月后，印尼驻澳大利亚大使重返堪培拉，但在印尼总统府发言人费扎亚（Teuku Faizasyah）看来，这"只是双边关系正常化中的一个步骤"。2014年5月，澳大利亚采取单边行动，将载有3名避难者的船只遣返回印尼，引起印尼的不满。①

2014年6月4日，澳大利亚总理阿博特拜会印尼总统苏西洛，意在改善两国关系。苏西洛对间谍事件表现乐观："我们已同意解决这一扰乱双边关系的问题。"阿博特表达了同样的看法："在过去几个月内双方出现了很多问题，但是我相信这些问题会得到妥善解决。"这一解决办法指的是就信息共享和间谍活动的行为准则达成协议。关于澳大利亚与印尼的关系，2014年罗伊研究院民意调查显示，超过一半受访者（57%）认为印尼与澳大利亚的关系是"友好的"，但是也有40%的人认为双边关系在"恶化"。②

苏西洛的离任标志着澳大利亚与印尼关系重要时代的结束。在2014年6月22日的外交政策辩论中，总统候选人佐科指出，由于两国之间缺乏相互信任，澳大利亚并不总是尊重印尼的尊严，……为增强相互间的信任，他建议两国应该加强经济和人文交流。关于佐科当选印尼总统对两国关系的影响，有人持悲观看法，有人持乐观看法。在悲观者看来，由于更多地关注国内改革，并且受困于国内政治反对派的干扰，相较于苏西洛，佐科政府更难以处理与澳大利亚的双边关系，尤其是当涉及印尼主权或尊严而激发国内民族主义情绪时。③ 在乐观者看来，由于佐科与前任性格不同，澳大利亚与印尼的关系将进入一个新的和更加成熟的阶段。他们的理由是澳大利亚在地区利益上与印尼一致，两国都想搭乘中国经济增长的便车，而不愿意看到中国

---

① Jarni Blakkarly, "Indonesia's Ambassador Returns to Canberra", May 28, 2014, http://thediplomat.com/2014/05/indonesias-ambassador-returns-to-canberra/.

② Kevin Placek, "Australia: Mending Ties With Indonesia", June 9, 2014, http://thediplomat.com/2014/06/australia-mending-ties-with-indonesia/.

③ Aaron L. Connelly, "Indonesian Foreign Policy Under President Jokowi", October 16, 2014, http://www.lowyinstitute.org/publications/indonesian-foreign-policy-under-president-jokowi.

利用武力或威胁使用武力（有形或无形）去影响国家间的关系与贸易。两国都要求维持国家边界的主权，并且承认，相互间的合作对于维持共同安全至关重要。佐科表示要充分利用好印尼的海洋天赋（交通和资源开发），以及禁止国内外未经许可的开采，这需要改进监控和勘测水平，阻止可疑入侵者并加强对海洋自然资源进行基础研究的能力。而澳大利亚在上述所有领域都具有很强的实力，这对于促进两国关系十分有利。同样，在航空航天领域，印尼对航空运输和通信空间、绘图和监控等的需求急剧增加，澳大利亚亦能满足此类需求，从而推进双边关系。① 澳大利亚总理阿博特是最先祝贺佐科当选总统的他国领导人之一，他希望在佐科的领导下，印尼与澳大利亚的关系有一个好的起点。②

这个"起点"着实有些糟糕，从一开始，两国便就是否处死两名澳大利亚籍毒贩③进行博弈。佐科执政以来，坚决要求对毒品犯执行死刑，遭到澳大利亚、联合国、NGO 等国家和国际组织的谴责与反对。澳大利亚从政府到民众纷纷行动起来，在政府层面，澳大利亚总理阿博特、外交部长毕晓普等多次向印尼政府求情，甚至以抵制去巴厘岛旅游④、召回澳驻印尼大使等手段相胁迫。反对他国对其公民执行死刑是澳大利亚政府的一贯政策。《悉尼先驱时报》援引毕晓普的话说，自"巴厘9人组"被判刑以来，澳大利亚已与印尼举行了"几十次"会谈，并让其外交官在印尼游说印尼政府。

---

① Bob Lowry, "Jokowi and Australia-Indonesia Relations", October 19, 2014, http://thediplomat.com/2014/10/jokowi-and-australia-indonesia-relations/.

② Kevin Placek, "Is Jokowi's Victory Good for Australia?" July 30, 2014, http://thediplomat.com/2014/07/is-jokowis-victory-good-for-australia/.

③ 这两名澳大利亚籍毒品犯是苏库马兰和安德鲁·陈，他们是"巴厘九人组"的元凶，10年前，因涉嫌走私8公斤海洛因到澳大利亚而印尼警方被捕。

④ 澳大利亚发起"抵制巴厘"运动，以对印尼执行两名澳大利亚人死刑表示抗议。澳大利亚国内对该抵制行动反应不一。前外交部长鲍勃卡尔（曾任驻印尼大使）公然反对这一行动。他认为，公开抵制只会引发印尼的"民族主义反应。"然而，"抵制巴厘"运动得到外交部长毕晓普的支持，"澳大利亚人进行示威表明对这一行为不满，包括决定去哪里度假"。如果说之前澳大利亚政府的求情采用了比较温和的方式，承认印尼的根本主权。那么现在，澳大利亚政府强调这有可能损害两国关系。Helen Clark, "Australians Attempt Bali Boycott", February 19, 2015, http://thediplomat.com/2015/02/australians-attempt-bali-boycott/.

阿博特说："我个人已多次向印尼总统提出这一问题，澳大利亚反对死刑，国内外都是如此，仁慈应该是包括印尼在内的任何国家司法系统的一部分。"他说，有证据表明两人都已改过自新，希望能够给予宽大处理。① 在民众层面，澳大利亚15万人提交签名请愿书，递交印尼政府和本国政府。②

在澳大利亚媒体看来，佐科之所以坚决执行死刑，是因为其执政100天来支持率有所下降，而执行死刑是提升支持率的重要手段之一。③ 尤其令印尼恼怒的是，澳大利亚总理阿博特认为，印尼应对澳大利亚在印尼2004年海啸时提供的10亿美元援助给予"回报"。印尼方面不甘示弱，印尼政治法律安全统筹部长特佐（Tedjo Edhy Purdijatno）警告："如果澳大利亚继续就两名澳大利亚人执行死刑向印尼施压，印尼将允许非法移民到澳大利亚，印尼现有1万多名寻求避难者，如果他们被允许前往澳大利亚，无疑犹如一次人员海啸"，"如果执行死刑后，澳大利亚停止与印尼的贸易，这没什么大不了，因为在两国贸易中澳大利亚是顺差"，"如果停止禽类出口到印尼，澳大利亚将面临来自国内的压力，因为印尼是澳大利亚的主要市场"。④

面对来自国际社会的压力，印尼不为所动，仍然坚持对毒犯实施死刑的决定。印尼司法部长普拉塞托说："我们从未迟疑，从未改变想法，将继续对毒品犯执行死刑。"即便即将举行的、来自世界各国的领导人和代表与会的、举世瞩目的亚非峰会也不会影响到死刑的执行。内阁大臣安迪·韦迪加简图说，"总统关于执行死刑的指令没有变，即便是在亚非峰会召开前。"⑤

---

① Helen Clark, "Australian Pair Facing Execution in Indonesia", January 22, 2015, http://thediplomat.com/2015/01/australian-duo-facing-execution-in-indonesia/.
② 《印尼总统佐科展开实用外交，访华签署基础设施建设等8项合作》，2015年3月27日，http://news.163.com/15/0327/12/ALNDJQIL00014SEH.html。
③ Elliot Brennan, "Death Sentences & Diplomacy: Australia's Strained Indonesia Ties", February 05, 2015, http://thediplomat.com/2015/02/death-sentences-diplomacy-australias-strained-indonesia-ties/.
④ Prashanth Parameswaran, "Indonesia Threatens Australia With 'Human Tsunami'", March 11, 2015, http://thediplomat.com/2015/03/indonesia-threatens-australia-with-human-tsunami/.
⑤ Ina Parlina, "Australian ambassador meets VP, discusses executions", *The Jakarta Post*, April 01 2015, http://www.thejakartapost.com/news/2015/04/01/australian-ambassador-meets-vp-discusses-executions.html.

2015年4月29日，澳大利亚籍两名毒犯与其他六名毒犯被执行死刑，这对两国时而友好但更多时间闹别扭的关系产生了严重的负面影响。"我可怜你，佐科"，在两名澳大利亚籍毒贩被处决后，有人把这条标语贴在了印尼驻悉尼总领馆的大门上。① 澳大利亚部分民众十分愤怒，使用"谋杀"而不是"执行死刑"来描述印尼的行为。但是也有许多澳大利亚人谴责这两位试图携带海洛因到澳大利亚的毒贩的行为，这些人应该知道在印尼贩卖毒品的后果。② 鉴于国内民众情绪激愤，澳大利亚总理阿博特明确声称双边关系不可能"照常"，外交部长毕晓普也认为执行死刑会带来严重"后果"。在执行死刑后的一次备受瞩目的新闻发布会上，阿博特和毕晓普宣布召回驻印尼大使保罗·格里格森（Paul Grigson），其他国家在印尼执行死刑后已采取同样措施，但召回大使在澳大利亚却是第一次，由此可见事态的严重性。澳大利亚政府决定对印尼的援助预算减少40%，不过澳大利亚政府解释说，（援助减少）并不是因为印尼对两名澳大利亚人执行死刑，"（援助减少）根本不针对任何特定国家，完全是按照程序办事"。③

尽管大使召回事件的严重性不容低估，但是没有迹象表明两国将长久维持冰冻关系。事实上，就在上述言论和措施公开后不久，印尼司法部长普拉塞托称召回只是"临时反应"。④ 印尼外交部长蕾特诺·马尔苏迪希望继续维持两国友好，"对印尼而言，澳大利亚是一个重要的伙伴，对于澳大利亚而言，印尼也是一个重要的伙伴"。⑤ 澳大利亚总理阿博特说："愤怒不能成

---

① 《澳群众抗议毒贩被杀 佐科：印尼司法主权必须得到尊重》，2015年4月30日，http：//dingyuan88. cn/a/ceca6292/2015/0430/92931. html。
② Helen Clark, "Indonesia Executions Strain Ties With Australia", April 29, 2015, http：//thediplomat. com/2015/04/indonesia-executions-strain-ties-with-australia/.
③ Bridie Jabour, "Australia cuts aid to Indonesia by 40%, federal budget reveals", *the Guardian*, May 12, 2015, http：//www.theguardian. com/australia-news/2015/may/12/australia-cuts-aid-to-indonesia-by-40-federal-budget-reveals.
④ Jarrad Harvey, "Australia-Indonesia Relations After the Executions", May 07, 2015, http：//thediplomat. com/2015/05/australia-indonesia-relations-after-the-executions/.
⑤ Helen Clark, "Indonesia Executions Strain Ties With Australia", April 29, 2015, http：//thediplomat. com/2015/04/indonesia-executions-strain-ties-with-australia/.

为影响一国政策的决定性因素。……作为一个国家和社会，我们要尊重人的生命，但是也要记住与印尼保持良好关系对澳大利亚很重要……必须维持与印尼的关系，并尽可能使之逐步壮大。"①

正如记者兼社论撰稿人亨利·克拉克（Helen Clark）所言，尽管短期内两国关系不能照常，但是执行死刑事件不太可能影响两国的中期和长期关系。② 印尼是澳大利亚最紧密的邻国之一，两国的政治、安全、经济、援助和人员交流关系密切，尽管死刑后两国恢复正常的亲密关系会引发许多澳大利亚人的不满，但是长期的僵局不利于澳大利亚的利益。政治上，印尼对澳大利亚很重要，因为印尼在东盟发挥重要作用，发展与印尼的稳定关系是澳大利亚与东盟开展有成效合作关系的保障。印尼是该地区人口最多的国家，在东南亚是军事实力最强大的国家之一。毫无疑问，印尼已主导并将继续增加其对东盟（总部在雅加达）的影响。澳大利亚越来越认识到，东盟对于保障地区稳定乃至澳大利亚国内安全至关重要（主要是通过东盟领导的安全机构，例如东亚峰会和东盟地区论坛）。近年来，通过发展与东亚峰会的紧密联系，澳大利亚积极地维护其安全、进行对外援助和发展利益。最重要的体现是在澳大利亚的引导下，东亚峰会将如下主题纳入政策议程之中：朝鲜半岛、海洋安全以及与教育、卫生、灾害管理和水资源相关的发展问题。东亚峰会不仅保障地区安全，而且为成员国间的合作创造便利条件。例如，2013年9月和2014年6月，澳大利亚与印尼联合主办了东盟峰会成员国灾害快速反应研讨会。澳大利亚与东盟地区论坛形成了效率极高的工作关系，以及时回应该地区出现的不可预知的破坏行动。澳大利亚为东盟地区论坛安全议程做出了切实贡献，例如2014年5月，澳大利亚与菲律宾联合主持了第二届东盟地区论坛联合国海洋法公约研讨会。这些努力有助于遏制可能会对澳大利亚造成一定负面影响的地区威胁，例如非法武器流动、毒品非法交

---

① Helen Clark, "Indonesia Executions Strain Ties With Australia", April 29, 2015, http://thediplomat.com/2015/04/indonesia-executions-strain-ties-with-australia/.
② Helen Clark, "Indonesia Executions Strain Ties With Australia", April 29, 2015, http://thediplomat.com/2015/04/indonesia-executions-strain-ties-with-australia/.

易以及人口走私。考虑到澳大利亚与东盟间政治与安全关系的程度,澳大利亚与印尼及东盟的长期不良关系将对澳大利亚在该地区的政治与安全利益产生不利影响。因为与印尼的关系事关澳大利亚与东盟的关系,在双边政治层面,与印尼的亲密关系是澳大利亚政府获取国内安全目标的关键。①

在澳大利亚与印尼合作的所有关键问题中,人口走私是最具挑战性的。澳大利亚外交官长期以来呼吁印尼给予支持,阻止从印尼进行海上非法到澳大利亚寻求避难的人的流动,因为印尼是海上线路的中转站。两国在这一问题上的合作值得考虑。另外,澳大利亚与印尼共同主持了"巴厘岛进程",这是一个寻求国家间更好合作,阻止人口走私、人口贩卖和跨国犯罪的国际论坛。澳大利亚还可以利用其在巴厘进程的地位促进成员国(例如印尼)在刑事定罪、侦查、逮捕和侦破人口走私犯罪等方面的能力建设。印尼知道这是一个重要的讨价还价的筹码,因为澳大利亚非常看重人口走私问题。……印尼政治法律安全统筹部长特佐说,如果澳大利亚令其北方邻居"不悦"的话,印尼将创造"人口海啸",允许非法海上寻求避难者到达澳大利亚。②

出于经济利益考虑,澳大利亚也不太可能中断与印尼的关系。印尼是澳大利亚第十二大贸易伙伴,2013年,双边贸易额达到119亿美元。近年来,双方共同努力扩大贸易关系,许多高层部长级访问旨在促进双边的商业与投资。澳大利亚也清楚,如停止与印尼的贸易联系,将给澳方造成严重的经济损失。2011年,鉴于印尼屠宰场残忍对待动物,澳大利亚禁止向印尼出口牲畜,然而,时长1个月的禁令使澳大利亚养牛业损失超过6亿澳元。③

尽管从长期来看,澳大利亚不太可能中断与印尼的关系,但是判处两名

---

① Jarrad Harvey, "Australia-Indonesia Relations After the Executions", May 07, 2015, http://thediplomat.com/2015/05/australia-indonesia-relations-after-the-executions/.
② Jarrad Harvey, "Australia-Indonesia Relations After the Executions", May 07, 2015, http://thediplomat.com/2015/05/australia-indonesia-relations-after-the-executions/.
③ Jarrad Harvey, "Australia-Indonesia Relations After the Executions", May 07, 2015, http://thediplomat.com/2015/05/australia-indonesia-relations-after-the-executions/.

澳大利亚公民死刑这一事件在澳大利亚引发的公民愤怒将使澳大利亚人对印尼人产生长期的阴影。除2005年巴厘爆炸案外,澳大利亚还没有如此一致地对被执行死刑的安德鲁·陈与苏库马兰表示集体同情与哀悼。[1] 那么,如何修复因对两名澳大利亚人被执行死刑而受损的两国关系?有分析家指出,若想使两国关系摆脱这一僵化模式,应该清楚什么是真正的、平等的战略伙伴关系。就澳大利亚而言,应该放弃过时的对印尼的看法,不要让"文化差异"影响两国的正常关系,更多地考虑两国关系的制度化。就印尼而言,一方面,需要致力于改进自身治理机构,争取从惩治腐败到提高教育水平方面都有极大的改善;另一方面,印尼应该更积极地推进伙伴关系的议程,印尼的被动立场源于其过于把自己看作拥有"地缘政治优势",误以为自己是一个崛起的全球性大国,印尼需要摒弃这一观念,大国崛起意味着承担更多的责任,首要责任是维持一个稳定的地区环境,维持与澳大利亚的关系很重要。简言之,如果印尼想要被视为平等的伙伴,首先要像平等的伙伴一样行事。[2]

澳大利亚国防部国际政策与战略部前主任艾伦·比姆(Allan Behm)指出,为了使澳—印尼关系保持连贯性,首先,要清楚澳大利亚希望从印尼得到什么。一个稳定、民主、繁荣和自信的印尼符合澳大利亚长期的经济、外交和安全利益,并且有益于基于规则的国际体系的发展。其次,澳大利亚应该清楚印尼想从澳方得到什么。印尼想从澳大利亚获得尊重、理解、支持以及拥护其在地区和全球发挥日益重要的作用。第三,双方必须清楚维持两国关系连贯性的方法。双边外交关系史表明,高级政治层面的持久关系是很脆弱的,极易受到突发事件的干扰。但是在制度、功能和官僚层面,印尼和澳大利亚长久以来能够维持有效的关系,即便是在政治紧张时期。为此,首先,需要加强印尼的制度建设,澳大利亚在这方面要强于印尼;其次,通过援助,改善印尼的治理模式,使部门、机构和国有企业减少并最终根除腐

---

[1] Jarrad Harvey, "Australia-Indonesia Relations After the Executions", May 07, 2015, http://thediplomat.com/2015/05/australia-indonesia-relations-after-the-executions/.

[2] "A way forward for Indonesia-Australia relations", May 28, 2015, http://www.lowyinterpreter.org/post/2015/05/28/A-way-forward-for-Indonesia-Australia-relations.aspx.

败；第三，政治关系从关注政治执行机构到民主制度；第四，在敏感性问题，如气候变化、难民、农业贸易、教育服务、毒品走私和安全合作尤其是反恐上，澳大利亚应采取更"柔和"的办法（softly softly approach），允许相关机构发挥重要作用，而政治领导人只给予鼓励政策即可。①

三 印尼与日本的关系

日本历来重视东南亚地区的安全问题，近年来该地区安全局势的变化，主要是中国更加强势以及美国的作用逐步下降，促使日本首相安倍提议日本在该地区发挥更加积极的作用。与此同时，日本将南中国海看作其经济命脉，因此，日本的防务政策是发展与东盟国家的安全合作，从而确保该区域的海洋航线安全。上述举措受到包括印尼在内的东盟国家的欢迎。②

2015年2月3日，印尼驻日本大使尤斯伦·伊萨·玛亨德拉（Yusron Ihza Mahendra）说，印尼将与日本签署防务合作谅解备忘录，主要内容是印尼购买日本装备，两国在国防产业进行"联合研究与生产"。防务合作符合两国所需：印尼希望发展防务产业，提升军事实力，与其他国家合作是获得相关技术的一种必要途径。日本愿意扩大与东南亚国家的防务关系，尤其是自2014年4月解除武器出口限制以来。③

2015年3月22~25日，佐科访问日本并与日本首相安倍晋三举行会谈。④安倍指出："两国将进一步发展战略合作伙伴关系，希望从根本上与同为亚洲海洋国家和民主国家的印尼加强互惠伙伴关系。"双方一致同意为加强海

---

① Allan Behm, "Time to Rethink the Australia-Indonesia Relationship", July 04, 2015, http://thediplomat.com/2015/07/time-to-rethink-the-australia-indonesia-relationship/.
② Ferry Akbar Pasaribu, "Revisiting Indonesian foreign policy", *the Jakarta Post*, June 13, 2014, http://www.thejakartapost.com/news/2014/06/13/revisiting-indonesian-foreign-policy.html.
③ Prashanth Parameswaran, "Japan, Indonesia To Sign Defense Partnership", February 05, 2015, http://thediplomat.com/2015/02/japan-indonesia-to-sign-defense-partnership/.
④ Prashanth Parameswaran, "Japan and Indonesia: A New Maritime Forum?", March 24, 2015, http://thediplomat.com/2015/03/japan-and-indonesia-a-new-maritime-forum/; Kyodo, RI, Japan to launch high-level forum on maritime security, the Jakarta Post, March 24, 2015, http://www.thejakartapost.com/news/2015/03/24/ri-japan-launch-high-level-forum-maritime-security.html.

洋安保领域合作而举行外长和防长级磋商（2+2）。谈及中国的海洋活动，安倍和佐科称不能接受在南海以武力改变现状。两国政府签署了有关防务合作的备忘录。① 在会后双方发表的联合声明中，佐科和安倍称："自由、开放和稳定的海洋对于地区和国际社会和平、稳定与繁荣至关重要。"为实现这一目标，两国将建立"日本印尼海洋论坛"。声明指出："两国同意尽快建立日本印尼海洋论坛以进一步深化和加快开展海洋合作，尤其是海洋安全，促进海洋产业发展，进而促进双边合作关系。"佐科在峰会后的讲话中指出："日本和印尼同意发起论坛，目的是提升海岸自卫队和基础设施建设能力，以及促进海洋产业发展。"根据共同社消息，双边还没有就具体细节达成一致，比如第一次论坛什么时候举行，哪些人员参加等，不过毋庸置疑的是，论坛层次比较高。建立论坛是印尼力图实现其新的海洋主义（poros maritim dunia），即"全球海洋支点"的努力之一，而日本则愿意继续加强其与东南亚国家包括安全等领域在内的关系。除了同意建立论坛外，联合声明中还包括如下的海洋合作：加强海洋安全的能力建设，促进渔业、造船业和海运业发展，以及加强海上交通安全措施，包括技术合作（派遣专家）、提供装备和金融援助等。考虑到两国均介入南中国海和东海争端，尽管印尼是非声索国，联合声明中仍然提到"自由航行、自由飞越公海、畅通无阻地合法商业以及通过和平方式解决海洋争端的重要性"，这符合包括1982年《联合国海洋法公约》在内的国际法准则。为了确保地区和平与稳定，安倍和佐科呼吁中国和东盟加快磋商，以尽早达成有法律约束力的行为准则，意在减少在南中国海的领土和海洋冲突。两位领导人促请中国和与中国在南中海有领土争端的国家（如越南和菲律宾）保持克制，根据国际法

---

① 《印尼总统访日 佐科邀请安倍出席万隆会议》，2015年4月23日，澎湃新闻网，http://finance.591hx.com/article/2015-04-23/0000456512s.shtml；《印尼总统佐科展开实用外交，访华签署基础设施建设等8项合作》，2015年3月27日，http://news.163.com/15/0327/12/ALNDJQIL00014SEH.html。

来解决问题。①

据日本共同社报道,印尼国防部长里亚米扎尔德·里亚库杜说,印尼打算从日本新明工业株式会社购买 US-2 两栖飞机。这并不令人奇怪,因为印尼早就计划提高其海洋及航空水平,以便有能力执行海洋巡逻和搜救作业,而日本是印尼在这一领域寻求援助的理想国家之一。US-2 两栖飞机非常适合侦察和搜救活动,这正是印尼所需要的,US-2 不需要陆地基础设施,因为它可以在海上着陆与起飞。鉴于印尼是一个群岛国家,这种类型的飞机非常适合。另外 US-2 还以长距离的运行而知名,一旦需要,它能够快速地到达距离较远的岛屿。共同社援引外交人士消息称,当两国最终举行外长与防长级安全对话时,购买 US-2 飞机将被提上议事日程。②

日本是仅次于新加坡的印尼第二大投资国,印尼数据来源显示,2013 年,在印尼有 1440 家日本公司。日本是印尼最大的出口市场,中国第二,新加坡第三;进口方面,中国第一,新加坡第二,日本第三。在访问日本和中国之前的一次新闻发布会上,佐科说:"我们要加速基础设施发展和振兴,增加投资和促进海洋产业发展。印尼经济现正处于根本的转型过程中,从主要依赖初级产品出口到创造附加值高的产品,从消耗经济到生产和投资导向经济。"在印尼领导人看来,日本和中国是东南亚国家的最大投资者,它们愿意对印尼进行大规模投资。佐科总统指出:"过去 10 年,许多大企业已将工厂从日本、韩国和中国转移至东南亚,这一趋势仍将继续。"③ 2015 年 3 月 22~25 日,佐科对日本进行正式访问,访问期间,他乘坐新干

---

① Prashanth Parameswaran, "Japan and Indonesia: A New Maritime Forum?", March 24, 2015, http://thediplomat.com/2015/03/japan-and-indonesia-a-new-maritime-forum/; Kyodo, RI, "Japan to launch high-level forum on maritime security", the Jakarta Post, March 24, 2015, http://www.thejakartapost.com/news/2015/03/24/ri-japan-launch-high-level-forum-maritime-security.html.

② Prashanth Parameswaran, "Indonesia May Buy Amphibious Aircraft From Japan", April 07, 2015, http://thediplomat.com/2015/04/indonesia-may-buy-amphibious-aircraft-from-japan/.

③ Kyodo, "Jokowi starts Japan tour for talks with Abe, defense pact", March 23, 2015, http://www.thejakartapost.com/news/2015/03/23/jokowi-starts-japan-tour-talks-with-abe-defense-pact.html.

线到丰田公司总部名古屋参观,因为新干线是印尼雅加达到泗水高速铁路项目的一个备选项。在会后双方发表的联合声明中,表示要加强两国在经济领域的合作力度、促进日本企业对印尼投资、扩大两国贸易合作;开展与基础设施建设等经济、产业合作有关的部长级对话和培育产业人才;在提高印尼海防能力、完善港口设施、振兴水产品行业等海洋领域开展合作;同时,日本将向印尼提供约1400亿日元的贷款。这笔贷款将被用于印尼首都雅加达的城市高速铁路、爪哇岛和苏门答腊岛的送电网建设。此前日本也通过提供巨额日元贷款来推进印尼的城市铁路和火力发电站等项目的建设。佐科表示,对于发电、港湾、高速公路和工业区的建设等充满期待,并呼吁日本将印尼作为日本制造业的出口基地。[①]

四 印尼与美国的关系

美国愿意与东盟成员国开展更密切的合作,尤其是印尼,加快其基础设施发展、向其提供资金援助以及促进相互间的民间关系。美国负责东亚和太平洋地区事务的副助理国务卿斯考特·马歇尔(Scot Marciel,前美国驻印尼大使,2010~2013年)在雅加达的一次讲座中说:"美国外交政策的目标是支持东盟顺利发展,向东盟提供技术援助,为东盟国家提供大规模援助,帮助其扶贫和改善落后教育现状,这些国家的成功符合美国的国家利益。"他认为,民间关系也是美国发展与东盟关系的组成部分。在缅甸举行的东盟峰会上,美国总统奥巴马承诺加强与印尼的关系,并邀请佐科在方便的时候访问美国。关于佐科提出的"全球海洋支点"构想,斯考特·马歇尔说,两国在许多领域,尤其是在基础设施发展方面,有合作机会。"高效运输、港口发展、电力生产以及更好地保护海洋环境都是可以开展合作的领域,这些领域可以与美国私企进行合作。"斯考特·马歇尔说,尽管佐科采取的外交

---

① 《印尼总统访日 佐科邀请安倍出席万隆会议》,2015年4月23日,澎湃新闻网,http://finance.591hx.com/article/2015-04-23/0000456512s.shtml;《印尼总统佐科展开实用外交,访华签署基础设施建设等8项合作》,2015年3月27日,http://news.163.com/15/0327/12/ALNDJQIL00014SEH.html。

政策与苏西洛的"千友零敌"政策不同,但是美国不会根本改变其与印尼政府打交道的方法。①

据越南新闻报道,2015年1月7日,印尼与美国就2015~2019年扩大防务关系签署了一个谅解备忘录,根据此谅解备忘录,美国防务改革研究院(DIRI)为印尼国防部、印尼三军司令部提供有价值的信息。关于2015年的行动计划,双方旨在进行实质性的制度改革,包括防务战略指挥部、防务规划指挥部以及潜在防务指挥部等。2014年,印尼与美国进行了500多次联合军事演习和其他军事演练,预计2015年的联合行动将继续增加。在苏西洛总统时期,印尼与美国的防务合作有了大幅增加,美国同意向印尼销售新式和过时的军事装备。②

2015年5月14日,美国国会参议院武装力量委员会以22票赞成、4票反对的结果通过《2016财年国防授权法》,该授权法案批准向国防部以及能源部的国家安全项目资助6120亿美元。在参议员约翰·麦凯恩(John McCain)看来:"这是一个改革法案,主要关于采购改革、军人退役改革、人员改革、司令部及管理改革等。"该授权法案涉及亚太地区的内容有三项:全面评估位于西太平洋地区岛链之上美国地面部队的作用,提升"反介入/区域封锁"(A2/AD)能力,与所在地区东道国合作阻止和击退侵略行为;为东盟国家提供5000万美元,用于购买武器装备、相关物资及培训,以增强这些国家的海洋认知能力,应对其在南中国海面临的日益增长的"海洋主权挑战";敦促国防部利用一切机会扩大与印尼防务关系的广度与深度。③

---

① Dylan Amirio, "US views Indonesia and ASEAN as major foreign policy focus", *The Jakarta Post*, December 03, 2014, http://www.thejakartapost.com/news/2014/12/03/us-views-indonesia-and-asean-major-foreign-policy-focus.html.

② "'Indonesia, US expand defence ties'", *Vietnam Breaking News*, January 09, 2015, http://www.vietnambreakingnews.com/2015/01/indonesia-us-expand-defence-ties/.

③ "Senate Armed Services Committee Completes Markup of National Defense Authorization Act for Fiscal Year 2016", May 14, 2015, http://www.armed-services.senate.gov/press-releases/senate-armed-services-committee-completes-markup-of-national-defense-authorization-act-for-fiscal-year-2016.

截止到目前，尽管印尼与美国的双边关系总体上好于20世纪90年代和21世纪初，但是两国的战略、经济和文化关系仍然远远落后于美国与其他东盟国家的关系。考虑到印尼的规模以及规划的美国与印尼新型关系——已达5年的美国印尼全面伙伴关系——两国不温不火的经济和战略联系令人失望。①

五 印尼与中国的关系

2015年是中国与印尼建交65周年，在双方的共同努力下，两国成为关系融洽、彼此信任的好邻居、好朋友，中印尼关系进入历史最好时期，面临前所未有的发展机遇（习近平语）。② 这一判断是有事实依据的，习近平在就任主席的一年半时间里两次访问印尼，而佐科总统更是在就职5个月内两次到访中国，两国元首还在APEC、G20峰会等多边场合多次会晤。由此可见两国都很重视彼此间的全面战略伙伴关系。下面简述自2014年以来，中印尼两国在政治、经济、科教文及国际事务等领域的合作以及面临的挑战与问题。

1. 政治合作

2014～2015年，两国元首实现互访，达成若干重要共识，将两国关系推上一个新台阶。

2014年11月9日，中国国家主席习近平会见来访的印尼总统佐科。习近平强调，应该从战略高度和长远角度看待两国关系。习近平指出，印尼提出的建设海洋强国理念和中国提出的建设21世纪海上丝绸之路倡议高度契合，双方可以对接发展战略，推进基础设施建设、农业、金融、核能等领域合作。佐科表示，双方要以海上和基础设施建设等领域为重点，带动两国整体合作。印尼支持成立亚洲基础设施投资银行，希望早日加入。③

---

① Joshua Kurlantzick, "Time for a Reset in US-Indonesia Relations?", May 14, 2015, http://thediplomat.com/2015/05/time-for-a-reset-in-us-indonesia-relations/.
② 《习近平祝贺佐科当选印尼总统》，新华网2014年7月25日，http://news.china.com.cn/2014-07/25/content_33057115.htm；《习近平同印度尼西亚总统佐科通电话》，人民网2014年10月25日，http://cpc.people.com.cn/n/2014/1025/c64094-25906585.html。
③ 《习近平会见印度尼西亚总统佐科》，新华社2014年11月9日，http://world.people.com.cn/n/2014/1109/c1002-25999454.html。

2015年3月26日，印尼总统佐科再次访问中国，双方就加强对印尼的基础设施投资达成共识。双方签署了有关在基础设施建设、航空航天开发、海上搜救等方面开展合作的共8项协议。关于南海问题，双方重申全面落实《南海各方行为宣言》，并尽早达成"南海行为准则"。双方强调通过磋商和谈判以和平方式解决南海分歧和争议的迫切需要。①

2015年3月27日，中国—印尼经济合作论坛在京举行。中国国务院总理李克强、印尼总统佐科出席论坛并发表主旨演讲。论坛以"深化互利合作共享发展机遇"为主题，共同探讨"贸易投资便利化"、"基础设施合作"、"中印尼企业共同开拓东盟市场"等中印尼经贸合作的热点问题。该论坛旨在推动中印两国的经贸合作，为促进两国工商界互利共赢合作、提升双边经贸合作水平做出更大贡献。②

2015年4月22日，习近平主席访问印尼并会见佐科总统。习近平指出，要保持各层级密切沟通的良好势头，加紧落实两国业已达成的协议。两国要加强在联合国、APEC、G20等多边组织中的合作，加强在气候变化、能源粮食安全等全球性议题上的协调。中方将继续支持东盟共同体建设，支持东盟在本地区合作中发挥主导作用。佐科希望扩大同中国各领域的合作，欢迎中方加大对印尼基础设施的投资。会见后，双方发表了《中华人民共和国与印度尼西亚共和国联合新闻公报》。两国元首一致认为，深化中印尼全面战略伙伴关系符合双方共同利益。双方同意加快制定《全面战略伙伴关系未来五年行动计划》，推动两国关系继续向更广领域和更深层次发展。③

2. 防务与安全合作

一年来，除了国家元首互访之外，两国军事领导人也实现了多次互访：

---

① 《印尼总统佐科展开实用外交，访华签署基础设施建设等8项合作》，2015年3月27日，http：//news.163.com/15/0327/12/ALNDJQIL00014SEH.html。
② 《三生出席中国—印度尼西亚经济合作论坛》，人民网2015年4月1日，http：//shipin.people.com.cn/n/2015/0401/c85914-26783687.html。
③ 《习近平会见印度尼西亚总统佐科》，新华网2015年4月22日，http：//news.xinhuanet.com/politics/2015-04/22/c_1115057759.htm；《中华人民共和国与印度尼西亚共和国联合新闻公报》，人民网2015年4月23日，http：//sd.people.com.cn/n/2015/0423/c172824-24602789.html。

2014年2月26日，印尼国民军司令穆尔多科访问北京；2014年7月24~25日，中国国家军委副主席范长龙访问雅加达；2014年8月22日，印尼国家反恐局局长姆拜访问中国；2014年8月26日，印尼国防部副部长沙夫里访问北京；2014年9月22~23日，印尼国防部长普尔诺莫访问中国。上述访问进一步丰富了两国在防务与安全领域的合作，就许多合作领域达成一致，具体内容如下。①

进一步加强司法、执法领域合作，加强在打击跨国犯罪、禁毒、反贪、追逃追赃、网络安全、出入境管理以及执法能力建设领域的务实合作，在情报信息交流、案件协查、缉捕和遣返犯罪嫌疑人等方面相互支持；

双方同意尽快签署中国公安部和印尼警察总部关于打击跨国犯罪的有关合作文本。在力所能及的范围内继续在执法培训和技术装备等方面相互支持；

加强在情报交流、联合侦讯、网络反恐、去极端化等领域的合作，共同应对恐怖主义威胁；

加强军事高层交往，利用防务安全磋商、国防科技工业合作联委会、海军对话等机制，提升联演联训、军工军贸、军舰互访、人员培训、多边安全等领域合作水平。

2015年5月26日，中国政府发表国防白皮书——《中国的军事战略》，白皮书一经发表便引发海内外各界关注。印尼东盟南洋基金会主席班邦·苏尔约诺说，中国发布国防白皮书，主动让世界了解中国的军事战略，显示了中国提高国防政策的透明度以及维护世界和平的决心。中国此举有利于带动本地区的军事和防务透明化，对于地区和世界的和平有积极影响。②

3. 科、教、文合作

近年来，中国与印尼在科技、教育和文化方面的交流与互动十分频繁，

---

① 《中华人民共和国与印度尼西亚共和国联合新闻公报》，人民网2015年4月23日，http://sd.people.com.cn/n/2015/0423/c172824-24602789.html。

② 《海外各界评中国国防白皮书：有利于世界和平》，新华网2015年5月28日，http://news.xinhuanet.com/mil/2015-05/28/c_127850836.htm。

进入 2014 年以来更是如此。

2014 年 4 月 4 日，中国科学院院长白春礼一行访问印度尼西亚科学院，双方签署《科技合作谅解备忘录》，以推动两院间开展互惠互利型科技合作。①

2014 年 5 月 22 日，全国妇联副主席宋秀岩会见印尼妇女与儿童部长琳达·古默拉尔。双方均希望加强相互合作，促进两国妇女的友好交流。②

2014 年 9 月 13 日，中国国家旅游局长邵琪伟会见印尼旅游与创意经济部长冯慧兰。双方就推动旅游业实现可持续和包容性增长、务实推出促进旅游业发展措施等问题交换了意见。③

2014 年 10 月 28 日，由印尼穆斯林学者委员会、印尼穆罕默迪亚协会和印尼宗教文化交流协会组成的代表团拜会陕西省伊斯兰教协会，双方就穆斯林青年人才的培养进行了交流。④

2014 年 12 月 8 日，中国驻印尼登巴萨总领事馆开馆，这是两国促进人员往来、深化各领域交流合作的最新成果之一，不仅能够服务巴厘岛旅游的中国游客，还能便利巴厘省、东努沙登加拉省和西努沙登加拉省人民了解和前往中国，更能促进中国与领区三省在经贸、投资、基础设施建设等领域的合作。⑤

2015 年两国在该领域合作的重头戏是于 5 月 27 日在雅加达举行的中印尼副总理级人文交流机制会议。国务院副总理刘延东和印尼人类发展与文化统筹部长普安共同主持会议，双方就副总理级人文交流机制的定位、目标、

---

① 《中国科学院与印度尼西亚科学院签署〈科技合作谅解备忘录〉》，人民网 2014 年 4 月 4 日，http://scitech.people.com.cn/n/2014/0404/c1007-24831287.html。
② 《宋秀岩会见印度尼西亚妇女作用和保护儿童部部长》，中国妇女报 2014 年 5 月 23 日，http://acwf.people.com.cn/n/2014/0523/c99013-25054986.html。
③ 《邵琪伟会见印度尼西亚旅游与创意经济部部长》，国家旅游局信息中心 2014 年 9 月 15 日，http://travel.people.com.cn/n/2014/0915/c41570-25659966.html。
④ 《印度尼西亚伊斯兰代表团访华 首站访西安》，中国新闻网 2014 年 10 月 30 日，http://wz.people.com.cn/n/2014/1030/c184581-22758044.html。
⑤ 《中国驻印度尼西亚登巴萨总领事馆开馆》，人民网 2014 年 12 月 9 日，http://world.people.com.cn/n/2014/1209/c1002-26175611.html。

运行机制、下阶段交流与合作计划达成一致。会后双方签署了教育、科技、文化等领域7项合作文件。①

4. 经济合作

2014年1月17日,中国国家开发银行(国开行)与印尼苏拉威西矿业公司签订贷款合同,融资3.81亿美元支持青山钢铁集团与印尼八星集团合资在印尼投资建设年产30万吨镍铁的冶炼项目。截至2014年11月底,国开行累计向印尼37个项目承诺贷款逾80亿美元和11亿元人民币,涉及电力、通信、矿产、造纸、棕榈、钢铁等重点领域。②

2014年11月3日,印尼总统佐科会见中国外交部长王毅。佐科表示,双方可以积极开展合作,印尼将拓展港口、铁路、高速公路、发电站等基础设施建设,希望得到中国的大力支持。③

2014年12月18日,中国—印尼投资贸易洽谈会在北京驻华大使馆举办,目的是进一步推介在印尼的投资经贸商机。会议双方认为两国可以在基础设施建设方面协同合作。④

2015年1月20日,印尼中国商会与普华永道会计师事务所联合举办"印度尼西亚—中国及环太平洋国家关系走向:印度尼西亚经济、营商环境及外商投资前瞻"座谈会,印尼投资统筹机构主任希马万·哈里尤戈(Himawan Hariyoga)说,从2010年到2014年第3季度,印尼接受的FDI总额达342.7兆印尼盾,较2013年增长16.8%,他表示欢迎更多的中资企业到印尼投资。⑤

---

① 《中国—印度尼西亚副总理级 人文交流机制首次会议举行》,《中国教育报》2015年5月29日,http://edu.people.com.cn/n/2015/0529/c1053-27075224.html。
② 《印度尼西亚:高访成果惠及人民》,人民网2014年12月27日,http://sx.people.com.cn/n/2014/1227/c352664-23360191.html。
③ 《印尼总统佐科会见中国外交部部长王毅》,中国新闻网2014年11月3日,http://world.people.com.cn/n/2014/1103/c157278-25966604.html。
④ 《中方企业家提议在印尼建立中国事务部》,2014年12月19日,印尼驻华大使馆,http://www.kemlu.go.id/beijing/Pages/default.aspx?l=lc。
⑤ 《印度尼西亚中国商会办经济座谈会 探讨投资合作》,中国新闻网2015年1月22日,http://gd.people.com.cn/n/2015/0122/c123932-23649845.html。

2015年1月26日，中印尼第一次高层经济对话在北京举行，与会双方的负责人分别是中国国务委员杨洁篪和印尼经济统筹部长索菲安·贾里尔，这标志着印尼与中国的双边关系迈过新的里程碑。① 在此次会议上，双方同意扩大双边贸易，加强在重要基础设施上的合作。②

2015年3月26日，习近平在与佐科的会见中指出，中方愿充分利用亚洲基础设施投资银行、丝路基金等，支持印尼发展"海上高速公路"，积极参与印尼港口、高铁、机场、造船、沿海经济特区建设。佐科表示，印尼欢迎中国企业参与印尼港口、机场、水坝等基础设施建设和经济特区建设。希望双方扩大货币互换规模，争取使两国贸易2020年达到1500亿美元。③

2015年4月26~28日，佐科对中国进行国事访问，佐科在行前称，基础设施落后已成为印尼经济发展的巨大瓶颈，推动中国对印尼投资、加强两国基建合作是他此次访华的主要目的。他说，印尼希望中国能对印尼提供帮助，加大在公路、铁路、电力、港口等基建领域的投资。佐科表示，许多国家在基建融资方面存在缺口，仅印尼就需要3000万亿印尼盾（2305亿美元）基建资金，单靠现有的世界银行、亚洲开发银行、国际货币基金组织等国际金融机构难以满足如此庞大的需求，因此，"亚投行的成立和运行必将推动世界经济进一步发展"。④

5. 国际事务合作

中印尼双方元首、部长级及军方领导人会见时均就地区及全球的国际事务交换了意见，在很多方面达成共识，并强调两国要在国际事务中加强合

---

① 《中印尼高层经济对话第一次会议》，2015年1月27日，印尼驻华大使馆，http://www.kemlu.go.id/beijing/Pages/default.aspx?l=lc。
② Prashanth Parameswaran, "China and Indonesia Under Jokowi: Show Me The Money", January 28, 2015, http://thediplomat.com/2015/01/china-and-indonesia-under-jokowi-show-me-the-money/.
③ 《习近平同印度尼西亚总统佐科举行会谈》，新华网2015年3月26日，http://news.xinhuanet.com/politics/2015-03/26/c_1114778101.htm。
④ 《期待中国助力印尼基础设施建设——访印度尼西亚总统佐科》，新华网2015年3月23日，http://world.people.com.cn/n/2015/0324/c157278-26737787.html。

作，具体内容如下。①

加强在地区和国际事务中的协调与配合，就地区热点和全球性议题保持密切沟通，促进亚洲及世界和平发展，建立互利共赢的新型国际关系，共同维护广大发展中国家的利益。

重申联合国在维护全球和平稳定和促进共同发展方面发挥的重要作用，支持对安理会进行全方位和多层面的改革，强调改革应增强发展中国家的代表性和发言权，协商寻求兼顾各方利益和关切的全面解决方案，推动改革朝有利于维护联合国整体利益和会员国团结的方向发展。

中国和印尼欢迎各自扩大参与联合国维和行动的努力。中方欢迎印尼方提出的"维和愿景4000"。双方同意推进在维和方面的合作。

中国和印尼愿与亚非各国一道，传承和弘扬万隆精神，共同开创亚非合作、南南合作及南北对话与合作新局面，更好造福亚非人民和世界人民。

中方重申支持东盟共同体建设，支持东盟在东亚合作中的主导地位，支持东盟为地区和平、稳定与繁荣做出更大贡献。中方将继续为东盟一体化建设进程提供力所能及的支持和帮助，愿同包括印尼在内的东盟国家加强在中国—东盟、东盟与中日韩（10＋3）、东亚峰会、东盟地区论坛及其他由东盟主导的区域机制内的合作，共同维护东亚和平、发展与繁荣。

中国与印尼双方一致同意在G20、亚欧会议等多边组织中加强合作，积极考虑相互支持各自候选人竞选国际组织职位，加强在气候变化、多哈回合谈判、能源和粮食安全、国际金融机构改革和全球经济治理等重大全球性问题上的沟通协调。

6. 存在的问题

尽管中印尼关系处于历史最好时期（这是中方观点，印尼是否持同样

---

① 《中华人民共和国和印度尼西亚共和国关于加强两国全面战略伙伴关系的联合声明》，人民网2015年3月26日，http：//politics.people.com.cn/n/2015/0327/c1001－26756829.html；《中华人民共和国与印度尼西亚共和国联合新闻公报》，人民网2015年4月23日，http：//sd.people.com.cn/n/2015/0423/c172824－24602789.html。

看法不清楚），但是仍然存在一些显性或隐性的问题，这些问题处理不当，将潜移默化地影响中印尼未来关系的发展。

（1）南中国海问题

首先，印尼与中国在南中国海问题上存在紧张关系。尽管印尼不是南中国海的声索国，但是印尼越来越关心九段线与纳土纳岛的重叠。中国没有明说拥有纳土纳岛，但是明确声称纳土纳岛周围水域属于中国，而印尼将此看作自己的专属经济区。2014年前几个月，印尼国民军宣布计划在纳土纳岛部署战斗机和攻击直升机，印尼一位空军准将坦承这一部署是专门针对中国的。佐科的"愿景与规划"承诺确保印尼海洋主权完整以及专属经济区的海洋资源，暗示不再容忍中国对印尼专属经济区的侵犯。① 中国在南中国海的日益强势使得印尼的政策主张也日益强硬。中国的九段线水域问题已引发印尼军方的鹰派主张。② 国民军司令穆尔多科指出，在与中国领导人的会见中，他告诉中国军方领导人，尽管他和东盟其他领导人理解中国正在进行的军事现代化，但是不能接受中国日益增长的实力导致东南亚的不稳定。尽管穆尔多科强调他只是转达东盟军事领导人的意见，但是毫无疑问，他个人亦对中国持强硬看法。2015年2月，《雅加达邮报》援引印尼军事领导人穆尔多科将军的话说，印尼军事未来将重点关注国家西部地区，比如苏门答腊岛和加里曼丹岛，以应对包括南中国海问题在内的外来威胁。该报道称印尼计划在未来10年重组军事指挥部。穆尔多科指出："印尼预计南中国海将成为一个热点问题，因此有必要成立一个特别小组，比如联合地区指挥部（Kogabwilhan）。"Kogabwilhan是一个囊括陆海空三军在内的多功能的地区

---

① Aaron L. Connelly, "Indonesian Foreign Policy Under President Jokowi", October 16, 2014, http：//www.lowyinstitute.org/publications/indonesian-foreign-policy-under-president-jokowi；印尼试图在这些水域执行渔业法遭到中国的反对。近几年，为迫使印尼释放在其专属经济区捕鱼的中国渔民，中国渔政执法船（FLEC）威胁使用武力对抗印尼执法船。Aaron L. Connelly, "Indonesian Foreign Policy Under President Jokowi", October 16, 2014, http：//www.lowyinstitute.org/publications/indonesian-foreign-policy-under-president-jokowi。

② Prashanth Parameswaran, "No, Indonesia's South China Sea Approach Has Not Changed", March 26, 2015, http：//thediplomat.com/2015/03/no-indonesias-south-china-sea-approach-has-not-changed/.

指挥部，要求能够对热点问题做出迅速回应。穆尔多科提议成立3个Kogabwilhan 小组，分管国家的中部、西部和东部，其中分别位于苏拉威西、巴布亚和国家西部地区。① 2015年5月20日，印尼选择在"民族复兴日"这一天击沉41艘船只，其中包括1艘中国船只。这也许可以看作对之前东盟有些国家（尤其是菲律宾、越南和马来西亚）批评印尼有选择沉船政策（即为何只击沉东盟国家船只而不击沉中国船只）的回应，表明佐科政府执行"沉船"政策的坚定性，为了维持其主权和领土完整不惜一切代价，即便是与中国这样比较重要的贸易伙伴也将如此。②

其次，作为东盟实力最强大的国家，印尼在南中国海的作用通常被看作印尼在地区事务发挥领导作用的例证。在包括印尼在内的东盟国家看来，中国在南中国海的行动越来越强势（assertive），中国决定在西沙群岛水域搭建深水石油平台，这表明中国主动挑战该地区的现状。《各方行为宣言》和《行为准则》并没有制止中国采取单边行动，这有可能疏远中国与东盟的关系。③ 印尼作为东盟的实际领导者，维护该地区的稳定符合所有东盟国家的利益。为此作为南中国海的非声索国，印尼力图发挥"调停人"角色（不支持冲突任何一方），极力促成声索国家和地区（中国、中国台湾、越南、菲律宾、文莱和马来西亚）间的对话。④

不过，尽管印尼政界和军方声称要不惜一切代价维护印尼主权，但是包括总统以及鹰派人物在内的印尼高层均同时强调要寻求与中国的合作而不是

---

① Prashanth Parameswaran, "Indonesia's New Military Commands: A South China Sea Focus?", February 28, 2015, http://thediplomat.com/2015/02/indonesias-new-military-commands-a-south-china-sea-focus/.
② Prashanth Parameswaran, "Indonesia Sinks First Vessel From China Under Jokowi", May 21, 2015, http://thediplomat.com/2015/05/indonesia-sinks-first-vessel-from-china-under-jokowi/.
③ Ferry Akbar Pasaribu, "Revisiting Indonesian foreign policy", *the Jakarta Post*, June 13, 2014, http://www.thejakartapost.com/news/2014/06/13/revisiting-indonesian-foreign-policy.html.
④ Aaron L. Connelly, "Indonesian Foreign Policy Under President Jokowi", October 16, 2014. http://www.lowyinstitute.org/publications/indonesian-foreign-policy-under-president-jokowi; Prashanth Parameswaran, "No, Indonesia's South China Sea Approach Has Not Changed", March 26, 2015, http://thediplomat.com/2015/03/no-indonesias-south-china-sea-approach-has-not-changed/.

对抗。据日本《读卖新闻》(2015年3月22日)报道,佐科在接受该报采访时称"中国主张的九段线在国际法中没有任何依据"。① 可能是担心该言论会引起中国的怀疑,佐科随后亲自澄清他在日本新闻发布会上说的只是九段线;佐科外事顾问苏克马告诉路透社,佐科的言论只涉及中国的九段线而不是整个南中国海。他还补充说印尼的南中国海政策与印尼之前的官方立场没有什么变化。在苏克马看来,截至目前,佐科并没有背离印尼对南中国海的传统做法,印尼愿意发挥"调停人"的角色。佐科及其顾问意识到需要在保护印尼在南中国海问题上的利益与加强和中国的关系之间做出平衡。② 国民军司令穆尔多科也重申,印尼将继续寻求与中国的合作,强调佐科提出的"全球海洋支点"构想与中国提出的海上丝绸之路理念之间有契合点。③ 另外,印尼在击沉中国船只的选择上相当谨慎。第一,与对其他东盟国家立即实施沉船行动不同,印尼对中国的立场是逐步演进的。2014年12月没收几艘中国船,在击沉中国船只之前撤销2015年初签署的渔业合作协议。第二,击沉中国船只并不是单独执行,中国船只只是41艘被击沉船只中的1艘,而印尼对其他国家则经常采取单独沉船行动。第三,印尼海洋渔业部长苏西·普吉亚司杜蒂强调,沉船不是显示武力,只是在执行印尼法律。④ 显然,中国也不愿意看到事态扩大,希望通过外交手段解决这一问题,以防这一极端事件妨碍双边关系的进一步发展。⑤ 一方面,中方对有关报道表示严

---

① 转引自《印尼总统佐科展开实用外交,访华签署基础设施建设等8项合作》,2015年3月27日, http://news.163.com/15/0327/12/ALNDJQIL00014SEH.html。
② Prashanth Parameswaran, "No, Indonesia's South China Sea Approach Has Not Changed", March 26, 2015, http://thediplomat.com/2015/03/no-indonesias-south-china-sea-approach-has-not-changed/.
③ Prashanth Parameswaran, "Indonesia Keen On 'Big Brother' Role in ASEAN and Beyond", December 23, 2014, http://thediplomat.com/2014/12/indonesia-keen-on-big-brother-role-in-asean-and-beyond-official/.
④ Prashanth Parameswaran, "Indonesia Sinks First Vessel From China Under Jokowi", May 21, 2015, http://thediplomat.com/2015/05/indonesia-sinks-first-vessel-from-china-under-jokowi/.
⑤ Prashanth Parameswaran, "How Will China React to Indonesia's Sinking of a Chinese Vessel?", May 22, 2015, http://thediplomat.com/2015/05/how-will-china-react-to-indonesias-sinking-of-a-chinese-vessel/.

重关切,要求印尼就此做出澄清。另一方面,中方希望印尼以建设性态度推进两国渔业合作,切实维护中国企业的合法权益。

(2) 中印尼投资问题

2015年4月28日,印尼投资协调理事会(BKPM)公布了第一季度的投资数据,其中最大的亮点是中国首次跻身十大对印尼投资方之列。之前中国位列第十三位,低于毛里求斯和中国台湾。有人甚至将这一新数据看作中国在东南亚日益重要的标志。另外,两国已经签订《中印尼经贸合作五年发展规划》,中国国家发改委正在同印尼经济统筹部就产能优先项目清单进行对接,争取尽早签署优先项目清单。① 但是有两点需要说明:其一,中国在印尼投资的实际兑现率只有6%,表明承诺的投资与实现的投资之间有巨大的差距。其二,中国在印尼的投资依然相当低,从排名来看,中国位列第十,其投资额低于新加坡、日本、韩国、英国、美国、马来西亚、荷兰、英国维京群岛和中国香港,即便中国和中国香港的累加,仍位列维京之后。据《雅加达邮报》报道,中国在印尼有200个项目,但是总投资额只有7500万美元,新加坡投资最多,投资金额达12亿美元,美国位列第五,投资金额达2.92亿美元。②

---

① 《共建海上丝绸之路:投资印尼的机遇与风险清单》,《21世纪财经报道》2015年5月29日,http://www.2258.com/news/zjyw/1420016_2.html。
② Prashanth Parameswaran, "China Is Now One of Indonesia's Top Ten Investors", April 29, 2015, http://thediplomat.com/2015/04/china-is-now-one-of-indonesias-top-ten-investors/.

第四章 2014~2015年印度尼西亚社会发展

第一节 旅游

一 印尼旅游资源概况

印尼地处热带地区，是世界上旅游资源最丰富的国家之一，它以茂盛迷人的热带雨林、旖旎秀丽的海滩风光、辉煌灿烂的历史文化及多姿多彩的民俗风情而闻名于世。

（一）自然风景旅游资源

印尼自然资源景观复杂多样，旅游资源极其丰富，浓郁的热带风光和数以万计的岛屿造就了无数迷人的自然景观。

印尼是世界上岛屿最多的国家，被誉为"千岛之国"，但据1997年印尼国家测绘局统计，印尼全国实际上共有大小岛屿17508个，其中已命名的有5700个，尚未被命名的有11808个。这数以万计的岛屿分布在赤道两侧，构成了一幅瑰丽壮阔的画面，故印尼有"镶在赤道上的一串翡翠"的美誉。最令人神往的是有"诗之岛"、"天堂岛"等美称的巴厘岛，岛上自然风光引人入胜，是天然的度假胜地，而且岛上火山众多，有多座完整的火山，如时而喷发的巴都尔火山。印尼东部班达海上的班达群岛，由于孤处深海，自然风光旖旎，被联合国教科文组织列入世界自然遗产名录。印尼各岛以山地和丘陵为主，沿海地带有平原。位于万隆北部的覆舟山，神奇的传说与壮观的景色相得益彰。西伊里安的查业维查亚山，矗立云表，雄伟壮丽，虽地处赤道，但山顶积雪终年不化。神奇奥妙的婆罗摩火山集自然风光和独特民族风情于一身。印尼河湖众多，水量充沛。北苏门答腊境内的东南亚第一大淡水湖——多巴湖及其湖心岛风景宜人。三色湖因其湖水颜色各异，并随晴雨天气变色而著称。印尼生物资源丰富，动、植物园众多。乌绒库伦国家公园作为印尼最大的野生动物自然保护区被联合国教科文组织列入世界自然遗产名录。列入世界自然遗产的还有科莫多国家公园、洛伦茨国家公园。茂物植物园是亚洲最大、品种最全的热带植物园之一。

印尼位于赤道两侧，气候炎热，常年高温多雨，年均温27℃，是典型的热带雨林气候。每年的5～10月，降水相对较少，是旅游的黄金季节。

（二）人文景观旅游资源

印尼拥有100多个民族，而其国民信仰伊斯兰教最多，是世界上穆斯林人口最多的国家，其他宗教还有基督教新教、天主教、印度教和佛教等。众多的民族和多元化的宗教在印尼结合，造就了丰富多彩的文化艺术和令人别开生面的风土人情。

"旅游天堂"巴厘岛除了有迷人的海滩等自然风景外，还有气势恢宏的柏沙基庙，王室居所乌布王宫，有世界上最贵、最具特色的"麝香猫咖啡"，同时巴厘岛还是名副其实的"艺术之岛"，这里有石刻艺术中心巴都婆兰，金银首饰制作中心芝碌，木雕艺术中心玛斯。首都雅加达是印尼全国三大旅游中心之一，拥有众多的名胜景点，其中有美丽的印度尼西亚缩影公园，它是印尼各民族文化的概括和缩影，是外国游客必游之地。雅加达市区有为数众多的博物馆，如东南亚最大的中央博物馆，此外还有雄伟庄严的民族纪念碑广场、东南亚最大的伊斯蒂格拉尔清真寺。中爪哇的千年古塔婆罗浮屠佛塔，精美绝伦，是古代东方"四大奇迹"之一，甫兰班南印度教陵庙群宏伟壮丽，堪称世界建筑、雕刻和绘画艺术史上的璀璨明珠，两者均被联合国教科文组织首批列入世界文化遗产名录。日惹市内的日惹王宫，建筑精美，宫内收藏丰富的珍品。日惹还有一座与中国明代航海家郑和有关的历史名城三宝垄。避暑胜地茂物，被称为"雷都"，一年间雷雨日有300多天。

印尼有众多的节假日和纪念日，其中有国庆节、建军节、青年誓言节、英雄节，各种宗教节日如伊斯兰教新年、登霄节、开斋节、宰牲节，巴厘印度教的静居日等节日。另外巴厘岛老少钟爱的斗鸡、马都拉热闹非凡的斗牛、西爪哇饶有兴趣的斗羊，都令人别开生面。

二　印尼政府促进旅游业发展的措施

旅游业在印尼国民经济中所占的比重逐年提高，为有效促进国民经济发展，印尼政府采取了一系列推进旅游业发展的措施，包括积极简化入境手续、发展和开发旅游热点、兴建饭店等基础设施、发展航空业、加强国际交流和对外宣传等，使旅游业在一定时期内取得了较快发展。

（一）简化或取消签证手续

至 2014 年，印尼已给予 15 个国家或地区免签待遇，包括东盟其他九个成员国以及中国香港、中国澳门、智利、秘鲁、摩洛哥、厄瓜多尔等。另外还给 60 多个国家或地区提供落地签证的便利措施。为了吸引人数增长迅速的中国游客，除了给中国游客提供落地签证的便利待遇外，2014 年印尼鹰航还给上海至雅加达的直飞航线上提供"机上签证"服务，游客下飞机后可快速通关。印尼政府计划从 2015 年开始，给予来自中国、韩国、日本和俄罗斯的入境者免办签证的待遇。印尼政府还准备为经由新加坡、马来西亚和泰国入境的外国游客开放免签通道①。

（二）重点发展主要旅游区，同时开发新的旅游热点

在印尼的旅游区中，巴厘岛、雅加达、巴淡岛吸引的游客占入境游客的绝大多数，因此印尼旅游与创意经济部重点发展这三个地方的旅游业，同时印尼设立了包括北苏门答腊省的多巴湖、东努沙登加拉省的英德在内的 16

---

① 《为增加旅游收益，印尼五主要客源国游客明年 1 月免签证》，2014 年 11 月 7 日，http://www.zaobao.com/sea/politic/story20141107-409105。

个国家级战略旅游区作为重点发展旅游地区[①]，相关优惠政策都会向这些旅游区倾斜。此外印尼还积极开发新的旅游热点，结合本国实际创新旅游形式，如邮轮游、高尔夫游、会议旅游、海洋旅游、美食旅游等。在邮轮游方面，印尼旅游与创意经济部和相关部门合作推动开发了10个港口以适应大型邮轮和私人游艇的需求。这些港口可以辐射到爪哇、南加里曼丹、巴拉望地区的巴厘岛、龙目岛、佛罗勒斯岛、三宝垄等旅游地。为了吸引小型游艇，时任总统苏西洛还签署了游艇免交港口建设税的总统令。[②] 在会议旅游方面，印尼积极承办一些国际会议吸引游客。2014年8月在印尼巴厘岛召开全球媒体论坛，11月在印尼首都雅加达举办第5届世界和平论坛。印尼还通过一些大型的活动来增加入境游客的数量，如巴厘国际合唱节和巴厘Dream fields音乐节、泗水的亚洲时装周、雅加达马拉松等创意活动。

（三）积极改善旅游设施，兴建旅游宾馆

在基础设施方面，印尼旅游与创意经济部积极与地方政府和其他部门如交通部和卫生部开展合作，为偏远地区的景点增建基础设施，在较成熟的著名景区对基础设施进行翻新，如被列为重点发展旅游业地区的基础设施，包括首都雅加达的旧殖民区哥打图阿、巴厘岛和巴淡岛，苏拉威西岛岸外的潜水地点、婆罗浮屠的佛寺和科莫多岛。以巴厘岛为例，岛上唯一的国际机场经过2013年翻新，每年的容客量增加至2500万人次；岛上有2260家星级酒店和非星级酒店，共有56971间客房。[③] 作为巴厘岛近邻的龙目岛为了吸引游客，大力提升酒店接待能力，该地区开办的中餐馆数量也在增加。雅加达主要的酒店包括万豪（Marriot）、希尔顿（Hilton）、香格里拉（Shangri-La）、婆罗浮屠（Borobudur）、慕莉亚（Mulia）、Grand Melia等五星级酒店

[①] 《2014年印尼吸引国外游客人数有望再创新高》，2014年2月13日，http://www.chinanews.com/gj/2014/02-13/5835368.shtml。

[②] 《印度尼西亚制定新策略吸引国外游客》，2013年8月19日，http://sottoc.com/news/news_info1.aspx?id=1841。

[③] 《印尼巴厘岛酒店入住率上升》，2014年3月24日，http://travel.sina.com.cn/world/2014-03-24/1154254345.shtml。

以及巴达维亚（Batavia）、Century Park 等四星级酒店。由表 4-1 也可以看出近 3 年印尼星级酒店及其房间、床位数量以超过 10% 的年均速度在增长，从而满足了不断增长的游客需求，这其中还不包括增长速度同样迅速的非星级酒店。印尼还通过改善电信与信息技术基础设施，完善宽带网络，使游客更为方便地和外界联系。

表 4-1　2012~2014 年印尼星级酒店住处、房间、床位数据

单位：个

年份 \ 类别	酒店	房间	床位
2012 年	1623	155740	238485
2013 年	1778	171432	263774
2014 年	1996	195886	295426

资料来源：*Statistical Yearbook of Indonesia 2015*，印度尼西亚中央统计局，第 348~349 页。

（四）积极发展国际航空，增加航班并开辟新航线

由于印尼是岛屿国家，有 70% 以上的外国游客是搭乘飞机入境的，其主要的航空公司有鹰记（Garuda）、鸽记（Merpati）、狮航（Lion）、曼达拉（Mandala）、亚旦姆（Adam）等。为了促进旅游业的发展，2014 年印尼新增了 274 万个外国直航座位，使印尼国际直航容量达到 2160 万个，增强了印尼旅游承载力。[①] 2014 年 4 月印尼交通部副部长班邦·苏山多诺表示，今后 5 年印尼将建立 62 座新机场，使国内拥有的机场数扩大到 299 个[②]。印度尼西亚还签署了有关取消航班限制的协议，由此东盟国家各家航空公司飞往印尼首都雅加达的航班将不受限制。这一举措不仅使飞机票价格下降，还为

[①] 《2014 年印尼吸引国外游客人数有望再创新高》，2014 年 2 月 13 日，http://www.chinanews.com/gj/2014/02-13/5835368.shtml。

[②] 《印度尼西亚将建 62 座新机场》，2014 年 4 月 11 日，http://www.caacnews.com.cn/newsshow.aspx?idnews=248505。

本地区游客提供了更多选择。以鹰记为例，2014 年印尼鹰记新增 20 余架飞机，为旅客提供飞往 178 个国家及地区、1064 个目的地的超过 15000 个航班①，并于 2014 年 10 月又订购了 50 架中型飞机。此外印尼不断增加与主要入境旅游国之间往来的航班，并开辟新航线。目前中国北京、上海、广州、厦门等城市每周都有直飞印尼雅加达的航班，未来会在更多的中国城市开辟直达雅加达航班。随着中国游客到印尼巴厘岛旅游人数的迅速增长，印尼还开辟了巴厘岛与中国的直接航班。

（五）积极开展国际旅游合作

旅游业是比较敏感的产业，容易受到多种因素的影响。为了发展旅游业，近年来印尼同东盟其他国家以及其他主要旅游市场展开合作，签署旅游合作协定，为旅游合作提供行为规范。2013 年 10 月，印尼旅游与创意经济部和中国国家旅游局签署了旅游合作谅解备忘录，希望 2015 年将实现中国和印尼两国游客互访 200 万人次。为了吸引更多的中国人到印尼旅游，2014 年 8 月底，印尼旅游与创意经济部长冯慧兰率团参加广东旅游博览会，并举办印尼旅游新闻发布会，向中国介绍印尼丰富的旅游资源。广东也在印尼成立了驻海外旅游合作推广中心。2014 年 12 月，印度尼西亚旅游部及全球办公室总经理会议在雅加达召开，新任印尼旅游部长阿里耶夫和来自中国、日本、韩国、澳大利亚等全球十多个国家办公室的总经理及印尼旅游部各部门负责人共聚一堂，商讨印尼旅游业的未来 5 年发展大计②。

（六）制定营销推广策略，加强国际宣传

为了更好地宣传印尼丰富的旅游资源，方便外国游客了解印尼旅游业，吸引更多的外国游客，印尼政府积极向主要旅游市场施展各种营销和推广策

---

① 《印尼鹰航：做连接印尼与中国的桥梁》，2014 年 9 月 3 日，http://finance.ifeng.com/a/20140903/13052999_0.shtml。
② 《印度尼西亚旅游部全球办公室会议在雅加达召开》，2014 年 12 月 11 日，http://www.cn-asean.org/Item/17085.aspx。

略，通过各种渠道和形式来推广印尼旅游资源。印尼充分利用一些在印尼召开的国际会议来宣传其旅游业资源。2013年，第21届亚太经合组织领导人非正式会议召开期间，印尼政府在巴厘岛努沙杜阿会议中心为代表和媒体精心准备了印尼文化展，闭幕时还准备了有当地特色的离别礼物，不失时机地为印尼旅游业做宣传。印尼还通过流行的手机应用如Facebook、Twitter等热门社交网络软件推广旅游项目，并精心打造了"精彩印度尼西亚"和"魅力印度尼西亚"等主题国家形象宣传纪录片。[1] 由于中国已成为世界出境旅游人次最多的国家，为了吸引更多的中国游客，印尼旅游与创意经济部还创立了印尼中文旅游官网，并且及时更新旅游信息。2014年3月印尼在山东济南举行印尼经贸旅游投资推介会，6月旅游与创意经济部首次参加第28届香港国际旅游展及第9届商务会奖旅游展，8月印尼鹰航公司在广州开展以"搭乘印尼鹰航，探索奇幻印尼"为主题的旅游推广活动，12月印尼雅加达市在中国香港举行旅游推介会。

三 印尼旅游业发展现状以及存在的问题

（一）印尼旅游业发展现状

相对于同属东盟地区的马来西亚和泰国而言，印尼旅游业起步比较晚，但发展速度快，入境游客人次和旅游外汇收入逐年递增（表4-2），旅游业已成为印尼一个新的经济增长点，并且正成长为印尼的支柱产业之一。2014年旅游业对印尼国内生产总值的贡献率为4.2%。在全球近200个国家和地区中，印尼的旅游竞争力2014年排名第70位[2]。经济复苏的前景乐观、中产阶层的日益壮大、民众享受生活意识的逐渐提高、外国游客对印尼旅游资源的认可和兴趣的日渐浓厚，尤其是印尼政府为促进旅游业发展所采取的一系列

---

[1] 杨晓强、杨君楚：《印度尼西亚：2014年回顾与2015年展望》，《东南亚纵横》2015第2期，第14页。
[2] 《印尼旅游业尚未做好迎接东盟经济共同体准备》，2014年12月15日，http://id.mofcom.gov.cn/article/sqfb/201412/20141200839059.shtml。

有效措施的执行,造就了近年来印尼旅游业的快速发展。旅游业的快速发展,不仅为印尼的经济建设带来了大量的外汇收入,促进了相关产业的发展,尤其是为商业、酒店业以及旅游纪念品的生产带来了利好,而且提供了大量的就业岗位。2014年印尼旅游业全年创汇达106.9亿美元,吸纳了共1030万个劳动力。[①] 印尼旅游部认为,印尼旅游产品中依托自然资源的约占60%,其中探险旅游、生态旅游、海洋旅游发展潜力巨大;依托文化资源的约占35%,可大力打造文化宗教游、美食旅游等;依托人造资源的有5%,可加大基础设施建设。[②] 据统计,2014年外国游客进入印尼人数最多的国家是新加坡,其次为马来西亚、澳大利亚、中国和日本等国家。

表4-2 2010~2014年印尼旅游入境人次情况

年份	2010年	2011年	2012年	2013年	2014年
入境旅游人次（万人）	700	764	804	880	943

资料来源:*Statistical Yearbook of Indonesia* 2015。

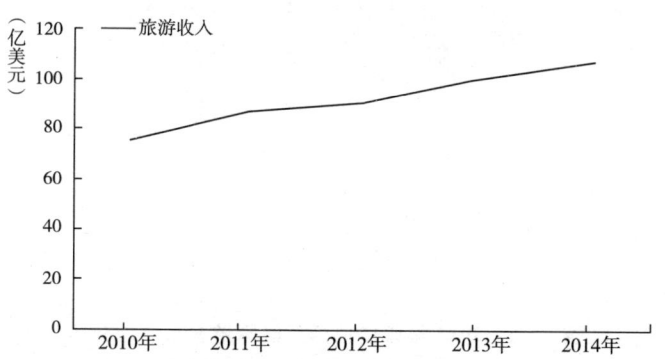

图4-1 2010~2014年印尼旅游外汇收入情况

资料来源:*Statistical Yearbook of Indonesia* 2015。

---

① 杨晓强、杨君楚:《印度尼西亚:2014年回顾与2015年展望》,《东南亚纵横》2015第2期,第14页。
② 杨晓强、杨君楚:《印度尼西亚:2014年回顾与2015年展望》,《东南亚纵横》2015第2期,第14页。

据印尼中央统计局数据公布的 Statistical Yearbook of Indonesia 2015 中可看出，2014 年赴印尼的外国游客数为 943 万人次，同比增长 7.16%。其中乘飞机赴巴厘岛的外国游客共 373 万人次，同比增长 15.1%；赴雅加达的共 224 万人次，同比增长 0.26%；赴巴淡岛的共 145 万人次，同比增长 8.81%；赴龙目岛的共 6.99 万人次，增长 73.06%，①主要的旅游热点仍是雅加达、巴厘岛和巴淡岛。在所有入境游客中，亚太地区（印尼周边地区国家）共 748 万人次，同比增长 7.65%；美洲地区共 36 万人次，同比增长 5.14%；欧洲地区共 134 万人次，同比增长 4.08%。② 2014 年亚太地区的游客占印尼所有入境游客的 79.32%（图 4-2），比 2013 年的 78.88% 有所提高，由此可以看出，亚太地区仍然是印尼最主要的旅游客源地，是印尼需要大力维持和巩固的重点旅游市场，同时也反映了印尼丰富的旅游资源在欧美地区的认可度有待提高。

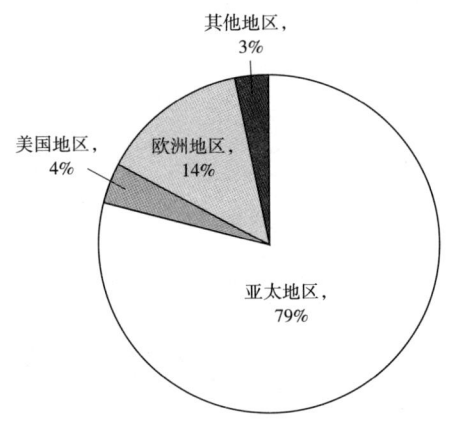

图 4-2　2014 年印度尼西亚国际游客来源地分布

资料来源：Statistical Yearbook of Indonesia 2015，第 342 页。

---

① Statistical Yearbook of Indonesia 2015，印度尼西亚中央统计局，第 341 页，http://www.bps.go.id/index.php/publikasi/1045。

② Statistical Yearbook of Indonesia 2015，印度尼西亚中央统计局，第 342 页，http://www.bps.go.id/index.php/publikasi/1045。

自2005年底中国游客到印尼可实行落地签证以来，中国赴印尼游客增长迅速。中国作为印尼旅游的主要客源地也日益受到重视。但中国游客对印尼旅游资源的认识较为不足且稍显狭隘，80%的中国游客只是以巴厘岛和雅加达为旅行目的地，对印尼丰富的旅游资源了解较少。在中国国家主席习近平2013年10月出访印尼期间，印尼旅游与创意经济部与随访的中国旅游局签署了合作备忘录。随着两国关系在各个领域的不断发展，中国游客到印尼旅游观光持续升温。中国国家旅游局数据显示，2014年到访印尼的中国游客达1052705人次，比2013年的858140人次增长了22.67%，[1] 成为印尼第四大旅游客源地。中国是世界第一大出境游客客源市场，每年有近1亿人次出境旅游，然而来印尼旅游的人数还不到总量的1%，未来上升潜力巨大。

由于世界经济复苏乏力，近年来印尼经济增速也随之放缓，为了缩减财政赤字和挽救印尼盾颓势，印尼政府将在未来几年内继续加大对旅游业支持力度，争取在接待国内外游客、旅游业投资和酒店建设等方面取得更大的进步。印尼制定了2015年国际市场的整体目标，即吸引外国游客数达到1000万或者增长7%~8%，国内游客访问量达到2.5亿人次，外汇收入达到120.05亿美元，旅游带动的直接的、间接的以及持续的就业人数达到1130万人次。其中，力争在2015年实现吸引200万人次中国游客的目标。印尼还规划了旅游业未来5年发展目标，即到2019年使旅游业对国内生产总值的贡献率提高到8%，提供1300万个就业岗位，同时吸引超过2000万人次外国游客，国内旅游人数达到2.75亿人次，在国际上的旅游竞争力指数排名上升到第30位。[2]

（二）印尼旅游业目前存在的问题

虽然近几年印尼旅游业发展迅速，入境游客逐年增长，但与周边其他国

---

[1] *Statistical Yearbook of Indonesia 2015*，印度尼西亚中央统计局，第342页，http://www.bps.go.id/index.php/publikasi/1045.
[2] 《印尼旅游部长访华：2015年目标吸引200万中国游客》，2015年1月21日，http://www.takefoto.cn/viewnews-289735.html。

家相比，印尼旅游业仍面临如下问题。

1. 对外宣传力度不足

入境印尼的外国游客大多来自该地区的邻国，如新加坡、马来西亚、澳大利亚、中国、日本等，对比该地区马来西亚和泰国每年2000万以上旅游人次，印尼的旅游业发展的窘境显而易见。造成这一状况的其中一个原因是印尼对外宣传力度的不足。除了巴厘岛和首都雅加达外，印尼的其他旅游资源在国际上认可度不高。尽管印尼在对外宣传方面也做出了努力并取得了一定的成效，如东盟和中国等较低收入地区旅游人数的增加，但相比具有高消费特征的欧洲和北美地区的游客，这些地区游客的行程通常更短、消费更少。如何巩固和壮大亚太地区的游客市场、吸引更多富裕的欧美地区游客到印尼旅游，且让他们在印尼停留的时间比现在更长，消费比现在更多，是印尼发展旅游业应该努力的方向。

2. 旅游业从业人才增长缓慢

在印尼现有37.5万名旅游业从业人员中，仅有约30%经过正规的旅游培训并拥有正式的旅游业从业证书，[①] 这一比例远低于该地区的新加坡、马来西亚、泰国。2014年巴厘岛共接待中国游客58.5万人次，[②] 由于较2013年有大幅增加，巴厘岛旅游当局始料未及，为接待越来越多的中国游客，当局不得不从其他地区抽调会说中国普通话的导游。印尼新任旅游部长希望印尼每年至少培训2.5万名旅游从业人员，以期到2019年印尼持有证书的旅游从业者能达25万名左右，占旅游从业人员的50%以上，[③] 以增强印尼旅游业的整体竞争力，如此才能在与其他东盟国家的竞争中占有一定的优势。

3. 旅游设施不完善

在景点设施方面，印尼的旅游热点集中在巴厘岛、雅加达和巴淡岛这三

---

① 《印尼旅游业尚未做好迎接东盟经济共同体准备》，2014年12月15日，http：//id.mofcom.gov.cn/article/sqfb/201412/20141200839059.shtml。
② 《印尼媒体：巴厘岛正因中国游客而面临导游荒》，2015年2月16日，http：//news.ifeng.com/a/20150217/43196757_0.shtml。
③ 《印尼旅游业尚未做好迎接东盟经济共同体准备》，2014年12月15日，http：//id.mofcom.gov.cn/article/sqfb/201412/20141200839059.shtml。

个景点。尽管其他地点旅游资源丰富，但由于配套设施不健全，治安欠佳，难以吸引大批游客。即使是被列为重点发展地区的首都雅加达，也缺乏许多旅游基础设施，如酒店和餐馆。由于贫困和失业情况严重，在雅加达一些老旧街区治安问题仍较为突出，安全令人担忧。在旅馆设施方面，印尼的酒店高度集中，且相对于近年来不断增长的游客而言，酒店增速比较缓慢。另外，印尼的机场、公路、港口、发电等设施建设与人数逐年增长的游客相比还是有些差距。

4. 安全环境欠佳

2002年巴厘岛爆炸案及随后在2005年和2009年发生的雅加达爆炸事件，以及较频繁的火山、地震、海啸等自然灾害，使许多西方国家仍然对印尼设置旅游警告，也让不少的国际游客顾虑重重。在全球宗教极端势力兴起以及有印尼人远赴中东加入极端组织ISIS参加圣战的背景下，许多游客对印尼的安全形势持谨慎态度。对中国游客而言，印尼在20世纪的排华阴影依旧存在。虽然这几年中国游客增长迅速，但大多还是到治安较好的巴厘岛和雅加达地区旅游，对到印尼其他地区旅游仍有一定的顾虑。

第二节 医疗卫生

一 印度尼西亚医疗卫生服务体系概况

印度尼西亚是东南亚人口最多的国家，同时也是各种疾病高发的地区。其中，癌症和心血管疾病是发病率最高的两种疾病。根据世界卫生组织南亚地区办事处的统计，癌症占据了印尼总死亡率的6.6%，高于世界其他地区。宫颈癌是印尼妇女中最常见的癌症种类；印尼的产妇死亡率也高于发达国家平均水平45倍；吸烟导致的肺癌也是高发病率疾病；糖尿病患者人数也在日益增长。由于印尼大部地区属热带雨林气候，具有温度高、降雨多、风力小、湿度大的特征，年平均气温在25℃~27℃，各月气温变化很小，没有寒暑季节之分，因此印尼也是传染病发生率较高的国家。登革热、伤寒、疟疾、痢疾等热带传染病、流行病在印尼较为常见。据世界卫生组织统计，每天约有1500名儿童死于肺结核、疟疾和肺炎。[①]

尽管疾病流行，但印度尼西亚的卫生支出只占GDP的2.59%，低于全球和地区标准水平。而且印尼医疗服务分配不均，农村地区和偏远岛屿医疗条件严重落后。无论是在卫生服务中心、医生、医疗设施等硬件条件，还是在疾病预防控制、医疗保险、医药行业发展等问题上，印尼都亟须加大投入力度。

（一）医疗设施配置

印尼基础医疗设施由公立卫生服务中心、私人诊所和独立创业的医生构成。印尼政府规定每3万居民建立一个卫生服务中心，每1万居民建立一个卫生服务站；一个公立卫生服务中心至少有一名全科医生，若干名护士、助产士和管理人员；一个卫生服务站至少有一名护士或助产士以及管理人员。据2015年印度尼西亚统计年鉴显示，2012~2013年，印度尼西亚的综合医院、专科医院及公立卫生服务中心数量均有所增长，其中公共卫生服务中心在新增数和总数上均位居首位。不难看出，印度尼西亚的医院设置已形成一张以公立卫生服务中心为基础，综合和专科医院相配合并由此全面铺开的医疗服务网。目前，印尼约有9655所公立卫生服务中心，1725所综合医院以及503所专科医院。[②] 公立卫生服务中心的建立和低廉的价格运行机制为印尼民众所接受，但公立卫生服务中心的医疗技术水平较低，对于一些重大疾病仍束手无策，需要"求助"就诊成本相对高昂的综合医院和专科医院。因此提高公立卫生服务中心硬件水平和公立卫生服务中心从业者技术水平迫在眉睫。

（二）医疗保险制度

1. 医疗保险分类

当前，印度尼西亚的主流保险制度涵盖国民医疗保险、区域医疗保险、

---

① 《印尼市场医改新机遇，生物探索》，http://www.biodiscover.com/news/industry/34297.html。
② *Statistical Yearbook of Indonesia 2015*，印度尼西亚中央统计局，第156页，http://www.bps.go.id/index.php/publikasi/1045。

生育保险、就业医疗保险以及针对公务员、退伍军人和养老金领取者提供的医疗保险。① 相关数据显示，近年来，民众对保险的重视程度逐渐增强，家庭成员各项保险参保率也相应提高。

2. 全国健康保险

印度尼西亚首都雅加达从 2012 年 11 月开始实行市民健康卡制度。② 据不完全统计，至少有 960 万市民将获得健康卡并享受初步的免费医疗服务。在此之前，雅加达只有 270 万的穷人凭贫穷市民制度证可享受有限制的免费医疗服务，相关的预算 2011 年为 6500 亿印尼盾（约合 6842 万美元），2012 年是 8000 亿印尼盾。

为使数百万民众获得更好的医疗服务，印度尼西亚政府于 2014 年 1 月迈出了全国健康保险覆盖项目第一步。这一保险被称为"全国健康保险"③（Jaminan Kesehatan Nasional），将取代先前所有全国及地方的保健项目，初步计划覆盖曾是先前向贫困人民提供的公众健康保险的受益群体或月收入低于 23.3 万印尼盾（约合 24 美元）的群众。预计到 2019 年将覆盖印尼全部 2.4 亿人口。

3. 垃圾医疗保险④

印度尼西亚贫富差距严重，不少穷人因没钱看医生而病死，于是有社会企业发起了"垃圾医疗保险"计划，居民通过上缴可回收垃圾，换取接受免费保健的待遇。年仅 24 岁的项目创办人阿里宾赛德，早前也因此获颁"青年可持续企业家奖"。阿里宾赛德的这一想法缘于他听说有拾荒者女儿因腹泻死去，于是他于 2010 年在玛琅开办了首间"垃圾换医疗"诊所。据介绍，加入这一计划的条件很简单，只需每月收集价值 1 万印尼盾（约 5.3

---

① *Statistical Yearbook of Indonesia 2015*，印度尼西亚中央统计局，第 155 页，http://www.bps.go.id/index.php/publikasi/1045.

② 刘维靖：《雅加达将实行市民健康卡 至少 960 万居民将获免费医疗》，国际在线，http://gb.cri.cn/27824/2012/10/30/6651s3905602.htm。

③ 《印尼开展全国健康保险项目》，世界牙科网，http://www.dentistx.com/a-1917-1.html。

④ 《印尼首推医疗垃圾保险计划》，中国—印尼经贸合作网，http://www.cic.mofcom.gov.cn/ciweb/cic/info/Article.jsp?a_no=352064&col_no=458&dir=201406。

元人民币）的垃圾，即可享受每月两次免费医疗。① 阿里宾赛德的病人，多是月入50万~100万印尼盾（约262~524元人民币）的农民。阿里宾赛德将收集到的垃圾分类，把可转化成肥料的有机废物卖给农民，塑料、金属等卖给拾荒者，这一计划将为城市可持续发展做出贡献。

（三）医药行业发展

印尼医疗改革为医药行业创造了大量新的市场机会。据英国国际商业监测机构BMI数据显示，2013年，印尼医药市场达到397490亿印尼盾（约合46亿美元），而2008年为263930亿印尼盾（约合27.9亿美元）。以当地货币计算，上述数字代表了8.53%的年均增长率。②

印尼大部分原料药都从国外进口，由于其软弱的货币政策以及原料药成本的增加都将转嫁给消费者，印尼药品市场容量易受到货币波动和地方购买力的影响。但是自2011年全面实施东盟自由贸易协定后，出口到印尼的药品关税从10%减为零，从而使一些跨国药企从印尼的制药行业增长中获利。③

二 印尼医疗卫生系统存在的主要问题

（一）印尼政府卫生筹资份额较低

印尼公立部门的卫生筹资来源于卫生部、省级、地区卫生预算、军队的卫生服务、其他部门的卫生支出、医疗保险公司以及国外的援助和贷款。印尼中央政府分权以后，地区卫生配置成为最大的卫生筹资来源。私立部门的

---

① 刘维靖：《雅加达将实行市民健康卡 至少960万居民将获免费医疗》，国际在线，http://gb.cri.cn/27824/2012/10/30/6651s3905602.htm。
② 郭晓丹：《印尼医改带来新的市场机遇》，生物谷2015年8月10日，http://www.bioon.com/industry/internation/413283.shtml。
③ 郭晓丹：《印尼医改带来新的市场机遇》，中国食品药品网，http://www.cnpharm.cn/yaopin/cjyw/20140906/27036.html。

卫生筹资来源于个人、家庭、雇主以及保险公司的自负支出。印尼政府卫生投入较低。根据世界卫生组织统计数据，印尼政府卫生支出占卫生总费用的比例为36%，明显低于世界均值的58.14%。印尼卫生筹资市场中占主导地位的是私立部门，卫生总支出的60%~70%来源于私立部门。如此低的公共卫生支出导致公立卫生服务机构的医疗服务水平较差，大部分高收入者寻求私立部门的医疗卫生服务，而低收入人群只能被迫接受较差的服务。20世纪70年代，印尼引进了针对以贫困和低收入家庭的社区医疗卫生筹资计划。然而，由于医疗待遇较低、覆盖面狭窄，该计划没有很好地解决贫困人群就医问题。如何满足贫困边缘线者的医疗卫生需求，如自雇者、季节工和农民等人群，印尼仍面临着筹资困境。

（二）城乡医疗卫生服务资源分配不均衡

与其他国家相比，印尼医疗卫生服务资源分配不均衡的问题比较突出，农村地区和偏远岛屿医疗条件严重落后。尽管印尼政府在一些地区建立了小型的医院（通常设有50张病床，并配有内科医生、儿科医生、外科医生和妇产科医生），但是这些医院多设置在离农村地区较远的市中心，影响了农村居民住院服务的可及性。如何改善城乡间资源分配的公平性已成为印尼卫生系统当前面临的一项挑战。随着非传染性疾病流行的转变，非传染性疾病已成为印尼卫生系统的又一项挑战。诸如癌症、心血管疾病、代谢障碍和烟草依赖等疾病不仅影响了人群健康状况和寿命，其巨额卫生费用支出更成为印尼卫生系统目前的沉重负担。目前精神卫生问题的逐步增加也是影响人们健康的一个突出因素。尤其是印尼此前发生的海啸更体现了精神卫生问题对人群健康的危害。

（三）慢性病已成为危害人民健康的严重疾病

近年来，印尼慢性疾病和艾滋病发病率日趋上升。2008年，慢性非传染性疾病死亡案例占总死亡案例的64%。其中，癌症和心血管疾病是发病率最高的两种疾病。从1992年起，心血管疾病便成为致死率排在第一位的疾病；癌症占据了印尼总死亡案例的 6.6%，高于世界他地区。2013 年印度尼西亚艾滋病新增病例为 5608 起，政府加大预防艾滋病宣传迫在眉睫。

三　印尼医疗卫生系统改革方向

近年来，印尼政府进行了一系列的医疗卫生改革和社会医疗保险制度的探索。根据英国国际商业监测机构 BMI 数据显示，实施医疗改革后，印尼的卫生支出从 2008 年的 126.5 亿美元增加到 2013 年的 269.3 亿美元，年均增长率达到 16.31%。为了提高医疗水平，佐科总统增加了用于医院、医生、护士、医疗服务和药品支出的政府预算。他还在疾病预防方面增加支出，以解决高负担的传染性疾病，如登革热、疟疾和艾滋病等。为医疗保健人员提供更好的培训也是印尼政府预算的一个优先选择。政府承诺要实现联合国提出的千年发展目标，将减贫纳入国家计划中。印尼卫生部为此制订了一个"卫生发展策略计划"，其中提出了卫生社区的公平和自治目标。其愿景是在良好的政府治理下，通过社区和私立部门以及公民社会的参与，通过综合性、公平的卫生服务和卫生资源的可得性，预防和攻克社区面临的健康问题，增强人群健康。上述计划的实施策略包括：改善人群健康和营养状况，减少传染病疾病的发病率，实施非传染性疾病控制规划，增加公共卫生预算以减少卫生问题导致的经济风险，特别是要降低一些贫困者和贫困地区由此产生的经济负担。并且要在所有的地区实施卫生服务的最低限标准，注重满足边远地区或岛屿等不发达地区卫生人力资源的需要。为了增强卫生体系建设，确保基本医疗卫生服务的可及性，印尼政府已制定了平均每 3 万人口设置一个公共卫生中心的政策。其卫生改革策略还包括：通过权力下放政策的实施，增强卫生体系；通过社会动员和社区参与提高卫生服务质量，改善社区卫生保健的可及性；改善医务人员的能力和分配；改善基本药物的可得性和可供性。同时，印尼政府致力于构建社会安全网计划，努力为贫困人群进行医疗卫生筹资。

四 中国和印尼在医疗卫生领域的合作

中国、印尼自 1994 年首次签署卫生合作的谅解备忘录以来①，在卫生领域一直保持着良好的交流合作关系。两国高度重视疾病预防控制，在《国际卫生条例》框架下保持及时、密切、畅通联系，开展病毒检测、病人治疗、公共卫生师资培训等工作，积极共享病毒株，公开、透明、有效应对 SARS、人感染 H7N9 禽流感、埃博拉等传染病疫情。在国际援助领域，双方互派国际救援队，积极参与印尼海啸、中国汶川地震等国际救援工作。

中国和印尼医药产业方面合作空间无限。中国在 2010 年就完全享受东盟自由贸易区的待遇，因此中国药企早于其他国家和地区在印尼获得市场机会。双边医药贸易正在以年均超过 20% 的速度稳步增长，中国印尼两国医药健康产业迸发出巨大的活力。2011 年，中国对印度尼西亚的医药类产品出口总额为 7.17 亿美元，金额呈现快速上涨态势，同比上涨幅度高达 49%。② 这几年，除了传统的医药原料继续占大部分贸易量外，植物提取的天然有机产品，尤其是保健品和保健康复用品的贸易增量更是在 130% 以上。但相比于两国国内巨大的市场需求，目前双边的贸易规模总体还比较小。目前中国的医药产业结构不断优化，多元化需求刺激了技术发展和品种研发，激烈的市场竞争演变为质量和信誉的竞争，丰富的产品亟待拓宽国际市场渠道。在印尼医药市场，中国的化学药、中医药产品具有较强竞争优势，中印双边的贸易潜力巨大。越来越多的中国医药及保健品企业正加快步伐，积极开拓印尼市场。

---

① 《崔丽副主任参加中国—印尼副总理级人文交流机制首次会议》，中华人民共和国卫生和计划生育委员会，http://www.moh.gov.cn/gjhzs/s3582/201505/88271b03939440ec99620409b980ce8f.shtml。
② 《中国去年出口印尼医药产品 7.17 亿美元》，中国新闻网，http://www.chinanews.com/cj/2012/02-16/3675439.shtml。

第三节　环境

一　印度尼西亚的自然环境

（一）地理环境

印度尼西亚位于亚洲东南部太平洋和印度洋之间，横跨赤道，南北跨度1888公里，东西跨度5110公里，陆地面积1904443平方公里，海洋面积3166163平方公里（不包括专属经济区），与巴布亚新几内亚、马来西亚、东帝汶接壤，与泰国、新加坡、澳大利亚、菲律宾等国隔海相望。印度尼西亚由17508个大小岛屿组成，是世界上最大的群岛国家，素有"赤道翡翠"之美誉。由于地处亚欧大陆、印度洋板块、太平洋板块的交界处，地质活动剧烈，火山地震频发。印度尼西亚境内共有火山400余座，其中活火山120多座，约占世界活火山总数的1/6，其中爪哇岛火山最多，地震也最为频繁。[①]

（二）自然资源

印度尼西亚自然资源丰富，一直以来都有"热带宝岛"之称，盛产棕榈油、橡胶等农林产品，其中棕榈油产量居世界第一，天然橡胶产量居世界第二。在矿产资源方面，煤、石油、天然气、锡、铀、镍、铜、铬、铝矾土、锰、金刚石等储量均非常丰富。[②] 根据印尼能源矿产部的统计，印尼煤炭资源储量约为580亿吨，2014年已经探明的储量约为280亿吨（若加上

[①] 资料参考自中华人民共和国外交部、中华人民共和国驻印度尼西亚共和国大使馆、中华人民共和国驻印度尼西亚共和国大使馆经济商务参赞处等权威机构的网站2014年更新的最新数据。

[②] 商务部国际贸易经济合作研究局、商务部投资促进事务局、中国驻印度尼西亚共和国大使馆经济商务参赞处：《对外投资合作国别（地区）指南——印度尼西亚》，商务出版社，2013年，第2~3页。

未探明储量,印尼煤炭储量将达到 900 亿吨),储量占世界第四,主要分布在加里曼丹岛。印尼煤炭资源 2010~2014 年的产量依次为:325326 万吨、415765 万吨、452318 万吨、458463 万吨、444879 万吨,2014 年年产量略有下降,其产量的 70% 基本上用于出口,主要出口到印度、中国、日本等亚洲国家。① 印尼有 60 个油气盆地,石油储量约为 1200 亿桶,天然气储量约为 123589 兆亿立方米,主要分布在中苏门答腊岛和东加里曼丹岛,西部盆地主要应用于油气资源的勘探与开发,东部地区大部分处于未开发状态。苏门答腊岛是印尼主要的石油产地,米纳斯油田(印尼最大)、贝卡萨普油田以及杜里油田都位于苏门答腊岛上。② 据印尼中央统计局统计,2014 年印尼的油气资源产量分别为:289878 万桶,2713072 百万立方英尺,油气资源呈逐年下降趋势。印尼的锡矿储量约为 80 万吨,主要分布于邦加、勿里洞、新格岛等地。此外镍、金刚石的产量也居亚洲前列。

在森林资源方面,印尼全国的森林面积有 1.2 亿平方千米,其中永久林区 1.12 亿平方千米,可转换林 810 万平方千米,森林覆盖率为 67.8%,在世界上仅次于亚马逊地区。印尼盛产各种名贵木材,加里曼丹和苏门答腊的铁木、努沙登加拉的檀木、苏拉威西的乌木以及爪哇的柚木等均驰名世界。在生物资源方面,印尼是世界上生物资源最丰富的国家之一,约有 40000 多种植物,其中药用植物最为丰富,宜人的气候为许多珍奇鸟兽和各种花卉提供了优异的生长环境。③

在水资源方面,印尼河流众多,共计 809 条,水量充沛但都比较小。印尼湖泊众多,景色秀丽,其中苏门答腊岛的多巴湖(TOBA)、伊里安查亚的帕尼艾湖(PANIAI)和森达尼湖(SENTANI)等众多湖泊均为印尼重要旅游胜地。在渔业资源方面,印尼海域广阔,而且有一个适合各种鱼类生长的热带气候,因此印尼的渔业资源极为丰富,苏门答腊岛东岸的巴干西亚比

---

① *Statistical Yearbook of Indonesia 2015*,印度尼西亚中央统计局,第 273、284 页。
② 金亚杰:《印尼石油业现状及投资机遇分析》,《石油观察》2014 年第 3 期,第 83~87 页。
③ 《印度尼西亚自然资源分布概况》,2014 年 7 月 15 日,http://www.asean168.com/a/20140715/7265.html。

亚是世界著名的大渔场。

（三）气候条件

印尼气候主要是典型的热带雨林气候（努沙登加拉群岛上的平原、谷地由于特殊的地形，是特殊的局部气候，属热带草原气候），终年高温多雨，湿度大（湿度为70%~90%），年平均气温25℃~27℃，温差很小，没有明显的寒暑季节变化。印尼年降水量常年维持在2000毫米以上，分旱、雨两季，一般4~9月为旱季，10月至次年3月为雨季，但各地不完全一致，其中爪哇岛是世界上雷雨最多的地区，有"雷都"之称。

二 印度尼西亚的环境现状及问题

印尼目前的自然环境以及社会生存环境已到值得警戒的程度，并且处于不断恶化的状态之中。[①] 首先，印度尼西亚正好处于欧亚大陆南亚边缘与澳洲大陆板块及太平洋大洋板块三大巨型地壳板块的结合部，这个位置地壳运动频繁剧烈，形成了现在印尼苏门答腊西南部—爪哇—鲁沙登格拉火山岛弧带及环太平洋地震带，因此印尼每年发生的大小地震不下数千场，有时地震还会引发海啸，再加上印尼常年雨水丰富，工业的过度开发对环境造成了一定程度的破坏，乱砍滥挖现象又屡禁不止，致使地灾频频，生存环境恶化。同时由于大面积的烧荒、森林采伐以及相关矿产资源的开发使用不当造成了严重的环境污染问题，使印度尼西亚的生活环境质量大大下降。

（一）原生环境问题

印度尼西亚由于地处板块交界处，独特的地理位置造就了印尼自然灾害频发的状况。在全世界范围内的265个国家中，印尼发生地震、海啸、滑

---

① 《印尼环境保护政策》，2014年7月7日，http://www.asean168.com/a/20140707/1686.html。

坡、泥石流、火山喷发、森林火灾等自然灾害的频率最高，受损害程度最大。印尼发生的海啸、地震等自然灾害对印度洋沿岸国家造成了巨大的生命财产损失。联合国国际减灾战略报告指出，印尼排名在第一位的自然灾害主要有三种：海啸、地震以及滑坡泥石流，其受影响人数分别超过了500万、19万、1100万，每年遭受自然灾害的资金损失超过3.46万亿盾以上，每年应用于救灾以及灾后重建的资金达到8万亿盾。① 就2014年而言，1月份是印尼雨季高峰期，全国发生了许多自然灾害，特别是洪水和泥石流灾害。印尼2014年1月份遭受洪水、山体滑坡、火山喷发、涝沥灾害等自然灾害就有203场之多，致使178人死亡和120万人被迫疏散。② 在1~3月份，印尼共发生洪水、龙卷风、火山爆发、山体滑坡、干旱、森林火灾、大海浪等各种自然灾害共计372起，死亡245人，受伤1523人，上百万人颠沛流离，被迫离开家园。③ 这些灾难不仅要归因于其独特的地理位置，地处地中海—喜马拉雅山地震带以及环太平洋火山地震带上，地质条件复杂，再加上四面临海、国内多山的岛国地理，更加容易引发海啸、滑坡、泥石流，同时由于地处热带，属热带雨林气候，常年雨水较多，加大了滑坡、泥石流等自然灾害的频度以及破坏力，还有就是不合理的人类行为，破坏了生态系统平衡，以上的种种因素导致印尼原生环境问题日益突出。灾后人员财物损失巨大，重建要耗费很大的政府财力且难度较大，同时预算不足、各部门协调性不够以及政府的官僚主义等因素也导致了灾后重建工作的效果并不显著。

（二）次生环境问题

20世纪90年代初，印度尼西亚的工业化进程进一步加快，经济发展迅速，但是其经济发展很大程度上建立在消耗自然资源的基础上，尤其是

---

① 顾时宏：《印尼被列全球最易受海啸地震火山自然灾害国家》，2011年8月27日，http://www.chinanews.com/gj/2011/08/27/3287955.shtml。
② 《2014年1月印度尼西亚遭受200多场自然灾害》，http://www.asean168.com/a/20140714/5321.html。
③ 顾时宏：《印尼今年自然灾害损失严重 已共致245人死亡》，2014年3月6日，http://www.chinanews.com/gj/2014/03-06/5918434.shtml。

在经济发展最初的 25 年中，耗费了大量的自然资源（包括可再生资源和不可再生资源）。在这一阶段，农业的发展、自然资源的开发是印尼经济发展的主要动力，但是长期的传统农业耕作方式（焚林开荒）以及大面积、无节制的开采自然资源等行为给印尼环境的发展带来了严重恶果。大面积的天然林区遭到破坏，原始森林被辟为农田、种植园、大型跨国纸浆公司（如亚洲纸浆公司），或改建为城市、风景区。到 20 世纪末，印尼的森林资源由 20 世纪初的 1.7 亿公顷下降到不足 1 亿公顷。农民为了降低土地成本，进行大面积的"烧蕉"作业，这不仅破坏了大量的森林植被，而且严重污染了空气。近些年来较为严重的烟霾灾害发生在 2013 年，一场因印尼苏门答腊地区烧荒产生的烟霾不仅严重威胁到本国民众的正常生活，而且也使邻国变得"暗无天日"。印度尼西亚、新加坡、马来西亚等国空气污染指数急剧上升，新加坡空气污染指数更是飙至 401 点，新加坡环境及水源部长维文表示，"这是迄今为止新加坡经历的最严重的烟霾"。① 据统计，截止到 2012 年，印尼毁林面积达到峰值，森林破坏面积约为 84 万公顷，印尼的森林砍伐量约为巴西的 2 倍（巴西同年毁林面积约为 46 万公顷），至此，印尼砍伐森林的速度已经超过巴西，并成为世界上砍伐森林速度最快的国家。②

此外，印尼的环境问题还包括：快速的经济发展造成空气污染、水资源污染、交通堵塞、垃圾及废水处理等问题；大面积的森林砍伐以及泥炭地破坏使印度尼西亚成为世界上温室气体排放第三大国；栖息地破坏威胁到原生及特有物种生存与繁衍，主要包括长冠八哥、苏门答腊猩猩、爪哇犀牛等；气候变化、海洋变暖、过度捕捞、破坏性捕捞方式、沿海居民区和工业区的污染等因素正在威胁着印尼的海洋生态系统。

---

① 《印尼烧荒令邻国窒息 三国"对骂"不断升级》，2013 年 6 月 22 日，http://news.xinhuanet.com/world/2013-06/22/c_124895390.htm。
② 魏国金："Indonesia overtakes Brazil in forest losses despite moratorium"，*TAIPEI TIMES*，13 August，2014。

三 印度尼西亚政府环境治理举措

（一）应灾举措

1. 完善应灾机制

印度尼西亚是世界上著名的火山地震国，在这种自然条件下，印尼逐渐形成了相对健全的灾害应对机制，其实施主体主要分为三级：第一级是国家政府建立的部委级灾害应对常设机构，主要负责各方面应灾工作的统筹协调；第二级是在出现重大自然灾害时，由政府出面临时成立的应灾紧急委员会；第三级是国际社会、国际组织的支持与帮助。此外，印尼政府还设立了国家灾害应对署，它是在印尼政府颁布《灾害应对法》之后成立的一个比较健全的灾害应对常设机构，主要为应灾提供政策建议，贯彻实施防灾减灾政策。在应灾机制中，印尼各级政府、机构能够分工明确，各司其职，以应对突如其来的自然灾害。除这些常设机构外，印尼政府还设立了一些非常设机构，如紧急灾害应对委员会，委员会主席可以直接向总统汇报情况，减少了工作的拖拉，提高了工作效率。此外国际组织也作为非常设机构，对印尼的灾害救援和灾后重建具有重要作用。

2. 建立灾害预警系统和灾害避难场所

鉴于海啸等自然灾害频繁发生的现状，印尼政府效仿日本建立了灾害预警和灾害避难所项目预算，积极筹建灾害信息中心，该中心与国际卫星预警信息中心联网，可以将当地数据和国际数据进行交换，发出预警。同时印尼政府还运用ICT技术和社会媒体进行灾难管理，建立起公民与政府间的信息沟通，运用电视、互联网等进行减灾防灾的宣传，尽最大努力减小灾害的破坏力。① 在2014年11月，印尼东部海域发生了7.3级的地震，触发了美国太平洋海啸预警中心，印尼、菲律宾、马来西亚、泰国等国灾害预警机构的

---

① 汤婧：《网络信息技术在防灾减灾领域的应用》，2014年9月9日，http：//tech.china.com.cn/news/special/dmwllt/20140919/142327.shtml。

海啸预警，印尼国家抗灾署能够及时发布消息，疏散民众，未造成人员伤亡和重大财产损失，这就验证了印尼的灾害预警系统正在逐步走向完善。① 此外，印尼政府在容易遭受地震海啸的临海人口密集区建立避难所，特别是在亚齐特区，共建立了7个海啸避难所，基本能够满足附近海域居民在接到海啸预警信号时躲灾避祸的需要，为印尼重特大灾害的防治工作奠定了基础。② 这些举措无疑可以最大限度地减小灾害的破坏力，尽量减少损失。

3. 致力于灾后重建，争取国际合作

灾后的重建是一项耗时耗力的工作，既体现一国的综合国力，也需要国际社会以及其他国际组织的支援与帮助。印度尼西亚国家灾害管理首席督察官宾唐·萨斯曼特曾呼吁：全世界各个国家都要在应急管理方面相互学习，通力合作，保证世界人民免受灾害的侵袭。21世纪以来，印尼遭受的最大自然灾害当属亚齐特区9.1级地震过后引发的印度洋大海啸，此次灾难波及众多东南亚以及非洲东部国家，人员、物资损失巨大。2014年恰逢印度洋海啸十周年，多国驻印尼使节参与了纪念仪式，印尼副总统卡拉在致辞中着重提到国际社会以及相关国际组织对亚齐特区救灾以及灾后重建的支援与帮助，并表示这是一种团结互助的精神。③ 在此期间，印尼政府为了实现亚齐特区的灾后重建，预计投入700亿印尼盾（约70亿美元）的重建资金，而在实际筹集到的72亿美元中，31%来自中央政府等国内资金，36%来自国际非政府组织，33%来自国际援助。④ 由此可见国际社会合作互助力量的强大，正是依靠这些资金的帮助，印尼政府得以安置流离失所的难民，恢复农业生产，重建中小企业，修复公共设施，使灾后的印尼得以重建，人民的生

---

① 李良勇：《印尼地震触发海啸预警》，2014年11月16日，http://news.xinhuanet.com/world/2014-11/16/c_127215018.htm。
② 姜雅：《万岛之国如何应对灾害频频——印度尼西亚地灾与防治概况》，《资源导刊》2015年第4期，第50~51页。
③ 周檬：《印尼举行印度洋海啸十周年纪念仪式》，2014年12月26日，http://news.xinhuanet.com/world/2014-12/26/c_1113793127.htm。
④ 刘瑞：《印尼日本灾后重建考察》，2010年12月25日，http://www.cibeicn.com/a/201012/20101225191454.html。

活重新安定下来。

（二）森林保护举措

1. 林业政策法规

印度尼西亚是热带木材生产大国，是最大的热带木材胶合板出口国，林业作为其经济发展的支柱性产业，在国民经济发展中占有极其重要的地位。早在1945年，印尼政府就把"合理利用自然资源"明确写入了国家宪法，从国家法律层面确立了林业的地位。1967年颁布了《林业基本法》，成为主要的林业立法。① 此外，印尼政府还制定有一系列林业法规和条例，如1975年的《森林经营权法》、1982年的《环保基本法》、1985年的《森林保护法》以及1991年颁布的第28号总统令——关于绿化资金令等一系列政策的法规，同时从20世纪70年代初就开始实施森林保护政策和限制性措施，划定更多的天然林保护区，以保护森林的自然状态以及生物多样性；实行林业经营许可证制度，即森林经营权（Hak Pengusaha Hutan，HPH），以保持森林的持续性发展；颁布禁止原木出口法令以保护国内木材加工业（为解决印尼国内原木价格偏低和销售渠道受限等问题，近些年印尼环境与林业部拟取消原木出口禁令）；完善森林施业法，规定采伐口径以及采伐强度，印尼政府还规定对采伐后的林地应及时进行森林再造，实施绿化工程等。② 印尼政府通过林业政策法规的设立与完善，进一步明确了森林资源的重要性，并根据国家经济发展的不同阶段和国际形势的变化制定和调整了林业发展政策。③

2. 人工造林

印尼林业长期以来以森林采伐、原木出口为支柱产业，对森林更新和人

---

① 《印度尼西亚林业政策》，2011年11月17日，http://www.caexpo.org/gb/zhuanti/2011lmz/fzbj/t20111117_98208.html。

② 《印尼林业政策的变化》，2013年7月2日，http://indonesia.forestry.Gov.cn/article/662/665/682/2013-06/20130625-200516.html。

③ 《印尼林业灵活政策方针和可持续发展的规划》，2014年4月28日，http://indonesia.Forestry.gov.cn/article/662/665/683/2014-04/20140428-101243.html。

工造林工作缺乏重视,因此为减少天然林采伐、弥补天然林木材短缺、保证工业原材料供应、缓解林业发展压力,印尼政府鼓励采育结合、人工造林。自1978年起,印度尼西亚政府把人工造林纳入国家发展5年规划,1983年印度尼西亚开始推行工程造林(即营造工业用材林,以纸浆和胶合板用材林为主),1992年将林区移民问题与工程造林结合起来,开展移民林工程,同时也开展重点林种造林工程,到1995年底,印尼政府共营造工业用材林175万公顷,2005年恢复造林60万公顷。近年来,印尼造林从民众基础抓起,规定"要结婚,先种树",为印尼森林面积减少出份力。到2014年5月,在联合国环境规划署"10亿绿树行动"中,印尼政府完成了植树7900万棵的目标。此外,印尼环境与林业部长祖尔基夫里·哈桑表示:为完成到2020年削减26%温室气体排放量的减排目标,印尼政府计划于2020年之前完成新造林2115万公顷,并且消除非法采伐和毁林开垦。在这期间,印尼政府每年将投资2.69亿美元,完成新增造林面积50万公顷,并在澳大利亚、挪威和韩国等国资助的 REDD(Reducing greenhouse gas Emissions from Deforestation and forest Degradation in developing countries)项目下,每年恢复退化林地30万公顷。①

印尼政府在造林的同时也鼓励私人和公司企业进行人工造林,并实行了一些造林优惠政策。如果私人造林,政府补助32.5%,林木所有权归个人所有。如果公司企业租地造林,印尼林业部门无偿补助40%的资金,剩余60%公司可自筹或贷款。为扩大投资、多造林,印尼政府把全国森林采伐税转为造林基金,同时提高采伐税,税金由林业部统一管理并确保应用于造林活动。印尼政府的这些造林政策取得了一定的成就,2011年造林37.4425万公顷,2012年造林39.9744万公顷,完成了国家环境与林业部总体规划目标的68%和80%,到2013年2月底,已经营造了570万公顷的人工林。②

---

① 《印尼制定造林规划实现减排目标》,2013年8月25日,http://indonesia.forestry.gov.cn/article/662/668/689/2013 – 06/20130616 – 082523.html。
② 周吉仲:《印尼准备重新开放原木出口市场》,2013年4月30日,http://www.gnly.gov.cn/bencandy.php? fid = 72&id = 142011。

3. 森林采伐与保护

近年来，面对林业面积不断减少、环境问题日益恶化的现状，印尼政府开始结合本国国情采取森林采伐与保护政策，主要有：转变林业经济发展模式，压缩木材采伐量，将林业发展的重点由原木产业转向木材加工工业；划定采伐区，由林业部统一规划管理，与采伐公司签订采伐合同，签发采伐许可证，严格限制采伐量，不得超额采伐；2013年印尼政府规定按照《修正择伐施业法》、《皆伐·天然更新施业法》和《皆伐·人工更新施业法》这三项施业法进行森林采伐，不允许皆伐，只允许择伐，并规定择伐木胸径不得小于50厘米，采伐强度不得大于15～16立方米/公顷；[①] 同时为解决无节制采伐和游耕所带来的严重森林破坏问题，印尼政府采取建立保护区、规划防护林和水土保持林、妥善安置游民、发展社会林业等措施来加强森林资源的保护；为防止森林火灾的发生，印度尼西亚政府加强了森林防火的管理措施，主要有：成立护林队，负责森林的管理以及林火的预防；制订全国防火计划，划分消防单元，分区分块进行林火的预防与防治；建立全国森林火灾协调管理机制，加强林火的管理，提高林火防范及救援效率等。2014年，印尼政府开始认识到森林社区的重要性，针对悬而未决的林地所有权问题做出承诺，表示要承认、尊重和保护包括原住民在内的森林传统用户的权利，这将有利于减缓毁林。

（三）环境污染治理举措

1. 环境政策法规

在印度尼西亚，与环境相关的行政机构及立法体系已基本建立，印尼的基本环境法规是1997年的《环境保护法》。《环境保护法》主要规定了环境保护目标、公民权利与义务、环境保护机构、环境功能维持、环境管理、环

---

① 《印尼森林采伐政策》，2013年9月23日，http://indonesia.forestry.gov.cn/article/662/668/690/2013－06/20130616－082815.html。

境纠纷、调查及惩罚违反该法的行为。① 印尼政府的主要环保部门是环境与林业部,其根据《环境基本法》履行环保业务,制定环保政策与法规,惩罚违反环保的行为。在环境政策方面,印尼政府遵守环境保护七项基本原则,在中央设立环境管理厅,建立有效的协调机制,以制定和实施可持续发展战略;在地方上,建立可持续发展机制,鼓励地方可持续发展的积极性,各级环境保护部门分工明确,相互协调,从而实现了环境管理行政一体化。② 印尼政府在制定环保法规政策之外,积极寻求国际社会的支持与合作,签署了一部分全球性的环境保护公约,如《京都议定书》、《生物多样性公约》(CBD)、《联合国气候变化框架公约》(UNFCCC)等,与国际社会携手为全球环境的保护事业做出贡献。

2. 发展新能源和清洁生产

印尼虽然资源丰富,能源储量巨大,但随着经济的发展以及工业化进程的加快,印尼的石油等传统能源已经不能满足其日益增长的消费需求,发展包括生物燃料在内的新能源,替代化石燃料成为印尼政府国家能源战略重要一环。当前印尼发电仍然以燃煤为主要方式,约占57.2%,其次分别为燃气(22.0%)、燃油(9.7%)和水力(6.1%),由此可见,印尼的能源消费结构仍然是以传统化石能源为主,天然气、地热、太阳能等可再生清洁能源的利用率不足。截至目前,印尼地热资源虽然占全球的40%,但印尼的地热发电站只有7家,地热资源利用率不到全国能源总量的4%,水电实际装机能力为43亿瓦,利用率不足5.6%,全国太阳能供应的电力只有1.3万千瓦。为此,2007年印尼颁布了《国家能源法》,旨在改变传统能源发展模式,推广天然气、生物燃油、地热、太阳能和风能等替代能源,降低国民经济对进口能源的依赖程度,2014年正式通过新能源政策,计划到2025年将传统能源的使用比例由49%减低到23%,将可再生能源的使用比例由目

---

① 格威特:《印尼环境保护——主要环境保护法律法规》,2013年5月17日,http://www.qtbclub.com。
② 《印尼的环境保护政策》,2014年7月7日,http://www.asean168.com/a/20140707/1686.html。

前的6%提高到23%,并逐步制定完善《国家能源总体规划》。① 此外,印尼政府采取增加新能源和可再生能源发展预算、建立太阳能地方促进机构和制定地热发展区域投资规划、大力吸引外部资金与技术等措施来改变传统能源发展模式,其中在西巴布亚岛的东固(Tangguh)LNG厂已粗具规模,位于印度尼西亚廖内群岛的纳土纳(Natuna)气田D-Alpha区块预计2017年开始商业开采,生产天然气主要供应国内市场。② 这些目标如果实现,对于印尼未来经济的可持续发展将具有里程碑的意义。

同时,为了实现可持续发展,印度尼西亚政府致力于清洁生产研究,印尼环境影响管理局在20世纪末期提出必须从清洁生产概念开始,旨在从源头上消减或消除污染物,并在LCL印度尼西亚油漆公司、P. T. Tifieo公司、P. T. Unilever印度尼西亚公司(ULI)等公司进行实地研究,效果明显。

3. 加强环境基础设施建设

2010年,印尼计划部在联合国计划发展署的帮助下设立气候变化信托基金,信托基金致力于知识管理、制度发展、检测与评估等工作,为了尽量减少温室气体排放量,信托基金计划投入1.02亿美元给印尼政府用于实施可持续发展城市交通计划项目,2013年,印尼政府批准了一些低价、低排量汽车的免税政策,以期实现减排目标,改善环境质量。2014年,印尼政府公布了2015~2019年中期建设计划,强调加强12个领域大型基础设施项目建设,其中包括新建49个大型水坝(水库),建设33座水电站,在227个市县区建设污水处理系统;在城镇建设净水供应系统,惠及2140万个家庭;建设5个浮式天然气接收终端,为100万户普通家庭供应天然气,建设78个天然气供应站,为60万渔民家庭供应天然气,增加3500万千瓦电力供应。③ 通过环保基础设施方面的投资与建设,可以逐步改变能源的消费结

---

① 商务部新闻办公室:《印尼国会通过国家新能源政策》,2014年2月6日,http://medan.mofcom.gov.cn/article/jmxw/201402/20140200479381.shtml。
② 吴崇伯:《论中国与印尼的能源合作》,《人民论坛·学术前沿》,2014(下),第86~93页。
③ 《印尼政府将重点加强12领域基础设施建设》,2014年12月20日,http://www.mofcom.Gov.cn/article/i/jyjl/j/201412/20141200833587.shtml。

构,逐步缓解原始能源所带来的环境问题,实现可持续发展。

四 印度尼西亚环境治理存在的问题

(一)法制上存在缺陷

目前印尼各项立法与政策之间有所冲突,而且环境立法照抄西方发达国家,没有立足自身国情,法律(包括法院)有时不能有效地发挥作用,及时处理相关问题,而且在执法过程中存在着腐败现象。① 同时,法律系统律师资源短缺,印尼政府每年需要 250 名法官,但是没有一个新法官可以任职超过 4 年,据报道,印尼共有 8300 名律师,但是每年还是需要额外的 1000 名律师完成积压的工作。② 这些从一定程度上说明印尼法律体系还不够完善。

(二)对环境问题重视不足

到目前为止,印尼政府依然没有把环境问题放在足够重视的地位,国家的发展目标依然是经济的快速发展。从 2009 年开始,减少温室气体排放就被列入印尼政府的议程,但是总统候选人几乎没有对此问题做出任何承诺。任何一个候选人都没有对改善环境表现出兴趣,他们都仍在强调把采掘业当作国家收入的支柱。2014 年佐科上台之后,提出了建设世界海洋轴心的理论,并以海洋为中心发展海洋经济。其重点依然是经济,对国内严重的环境问题没有给予足够的重视。在 2014 年这个厄尔尼诺年,大面积的森林极易起火,毁林、采伐导致的森林退化,泥炭地破坏以及火灾所造成的温室气体排放占印尼温室气体排放总量的 3/4 以上,这些严重的环境问题依然没有引起政府的足够重视。

---

① Josua Gantan, " 'Rule of Law Seen as Indonesia's Achilles Heel' ", *The Jakarta Globe*, 17 April, 2014.
② Tony Budidjaja, " 'The future of Indonesia's legal profession: A lawyer's perspective' ", *The Jakarta Post*, 11 April, 2013.

（三）环保意识不强

印尼的环境治理存在的另一个问题是当地人民的环保意识不强，当地的农业种植方式依然采用低成本的烧荒，造成了极大的环境污染，而且棕榈园主为了经济利益，不计环境成本，棕榈种植面积不断扩大，极大地挤占了森林、动植物的生存空间，损害了生态平衡，导致了大自然自我调节与恢复能力的弱化。总之，印尼的环境治理任重道远。

第五章 2014~2015年印度尼西亚人文发展

印度尼西亚共和国是全世界最大的群岛国家,号称"千岛之国",但实际上全国有大大小小的岛屿17500个,远不止"千岛"。由于特殊的历史及地理位置等因素,东南亚区域国家普遍呈现出民族、宗教、文化等多样化的特点,而印尼是多样性最突出的国家。全国有300多个民族,700多种民族地方语言,六大宗教共存。在对待民族、宗教、文化多样性问题上,后苏哈托时代的历届印尼政府都采取比较宽容的民族宗教政策,尊重多样性,实现了各民族间以及各民族与政府间的和解。

第一节 印度尼西亚民族

一 印度尼西亚民族概况

爪哇族是印尼的主体民族,此外还有巽他族、马都拉族、马来族等,民族种类之多、构成之复杂堪称东南亚之首。具体情况如下。

(1) 爪哇族

爪哇族,占印度尼西亚全国人口总数的47%,约1亿人。绝大多数居住在爪哇岛的中爪哇和东爪哇。居住在农村和沿海的爪哇人主要从事农业、种植业和捕鱼业。居住在城镇的爪哇人,主要在政府机关和企业、事业部门工作,其余为商人和手工业者。爪哇人对王族、身居高位的官绅及长辈非常敬重,在上司面前毕恭毕敬,在父母生日或者结婚纪念日,儿女要向父母跪拜。爪哇人的王公后裔至今在其名前保留着贵族称号,并受到人们的尊敬。

爪哇人在梵文的基础上于公元9世纪创造了自己的文字，爪哇语词汇丰富，有雅语、中等语和平民语之分，雅语又分为宫廷用语和长者用语，就连男性和女性使用的语言亦有区别。老人以逢八的倍数年龄为祝寿日，如七十二、八十大寿等。爪哇文学融合了外来文学的精髓，对印尼文学产生了重大影响。公元8世纪，印度两大史诗《摩诃婆罗多》和《罗摩衍那》传入爪哇，丰富了爪哇文学。随着印度文化一起传入的皮影戏，多以两大史诗中的故事为体裁，至今深受爪哇人的喜爱。

爪哇人的宗教信仰是多元的，他们最早信仰拜物教，认为自然界的万物都有灵魂。他们还崇拜祖先灵魂及祖传圣物，王宫的器物、格利斯短剑、皮影戏傀儡和木偶等也成为顶礼膜拜的对象。爪哇人把最初信仰的万物有灵论等原始宗教与后来传入的印度教、佛教糅合在一起，成为爪哇印度教，至今在爪哇各地人们还能看到许多遗留的湿婆雕像。

（2）巽他族

巽他族占全国人口的14%，总人口约有3100万，主要居住在西爪哇，属蒙古人种马来类型，为新马来人和后至移民的混血后裔。巽他人中大部分是穆斯林。起先巽他人主要聚居在西爪哇省、万丹省、雅加达和中爪哇省西部。其文化受到爪哇人的影响，但伊斯兰文化的特点更明显，社会等级制度则较弱。

（3）马都拉族

马都拉族人口占全国人口的7%，有近千万的人口，主要分布在爪哇岛东北方的马都拉岛，以及东爪哇地区，大多数信奉伊斯兰教。马都拉人以务农、经商为主，以勤劳勇敢著称。马都拉族有着独特的民族文化——斗牛和赛牛。

（4）米南加保族

米南加保族占全国人口的3.4%，分布于苏门答腊岛的西南部，集中居住在巴东高原地区。"米南加保"的词义是"牛的胜利"。米南加保人仍保留母系氏族社会的特点。在婚姻上实行男嫁女娶，母亲是一家之主，支配着家庭的劳动、财产归属、儿女婚事等各方面的主宰权。不过，随着社会的发展,米南加保人也已逐渐转向父系氏族社会。米南加保人主要从事农业,种植水稻、旱稻和杂粮。他们也善于经商。足迹遍布于印尼各地,他们生产的花裙布在印尼各地很受欢迎。在宗教信仰方面,他们绝大多数信仰伊斯兰教,少数人信仰原始宗教。

(5) 巴达克族

巴达克族占全国人口的2.4%,集中居住在苏门答腊北部多巴湖周围地区,主要以农耕、捕鱼为生。该族1500年前就开始了自己的文明史,有自己的语言文字、历法和习俗。实行典型的父系制社会,有完整的父系家谱和族谱,延续至今。在巴达克人的生活中,榕木拐杖与爪哇格利斯短剑一样具有特殊的意义,它是权威和荣誉的象征,被认为是具有超凡能力的魔物。在交往中,如果得到对方馈赠的榕木拐杖,则是一件荣幸的事。巴达克人能歌善舞,多巴湖地区是印尼民歌发源地之一,当地民歌的曲调深沉委婉,深受人们的喜爱。20世纪50年代传入我国的《宝贝》、《星星索》就是巴达克民歌。巴达克族妇女喜欢穿黑色长衫,用黑布裹头,平时喜欢佩戴金银首饰;男人喜欢边听音乐边下棋。巴达克人以性格豪爽、勇敢著称。

(6) 马来族

马来族占全国人口的1.6%,分布于苏门答腊、加里曼丹等沿海地带。马来族属蒙古人种马来类型,体质特征是身材矮小,皮肤颜色深,体毛发达,鼻宽低,嘴唇厚,眼窝深。大多信奉伊斯兰教,语言属南岛语系印度尼西亚语族。马来人主要从事渔业和农业,普遍种植水稻、旱稻,捕捞鱼虾等。居住在城里的马来人主要从事商业活动或应聘为企业员工。

(7) 亚齐族

亚齐族占全国人口的1.4%,集中居住在苏门答腊岛北端,以务农、经商和放牧为生。亚齐是伊斯兰教传入印尼的门户,绝大多数亚齐人信奉伊斯兰教。他们的一切生活都以古兰经和穆罕默德言行录为准则,社会生活的各个方面无不充满了浓厚的伊斯兰教色彩,就连大饭店房间里的装饰物都是古兰经的节录,并提示麦加方向。他们严格地履行伊斯兰教五功,按时做礼拜。亚齐族婚丧仪式及财产继承等,均按伊斯兰教规举行和分配。违法行为亦按伊斯兰教规裁决和处罚，民事纠纷由伊斯兰教法庭审理。村村都有伊斯兰教小学，城镇有伊斯兰教中学，省会有一所伊斯兰教学院。2001年经国会讨论决定，成立了亚齐特区。中央政府同意在该特区实行伊斯兰教法，伊斯兰教法在亚齐特区具有了国家法律地位。

亚齐族男人平时很少待在家里，要么在工作，要么聚集在清真寺里。子女的家庭教育主要由母亲承担。由于与子女接触少，父亲与子女的关系较疏远。亚齐族讲究男女平等，妇女与男人享有同等的权利和地位。亚齐人善于交际，但不讲究排场，平时喜欢穿黑色衣服，男子外出佩戴格利斯短剑。在亚齐，来访者要在台阶下用伊斯兰教用语问候，待主人回答后方可入屋。进屋前要洗脚。主人面对门而坐，客人则背朝门坐，一般是盘腿席地而坐。赶上吃饭时，如主人发出邀请，客人不能回绝，否则主人会猜疑客人担心饭里有毒而产生误解。他们习惯存金条，不习惯存现款。勤劳、勇敢、聪慧、懂礼节、好学习和善经商是亚齐人的特点。

（8）巴厘族

巴厘族现有人口约200万人，集中居住在5560平方千米的巴厘岛，部分居住在龙目岛。巴厘人属蒙古人种马来类型，为新马来人的后裔。巴厘人使用巴厘语，属南岛语系印度尼西亚语族。有用古印度字母书写的巴厘文，现通用印度尼西亚文。巴厘族信印度教，每村至少有两三座印度教寺院，全岛共有4600余座。此外还保存着祖先崇拜和巫术信仰。相信灵魂转世，认为火葬是解放灵魂的最神圣的安葬方式。1343年被东爪哇麻喏巴歇王国征服。16世纪麻喏巴歇王国被伊斯兰教徒灭亡以后，东爪哇的贵族、祭司、学者、文人、美术家、音乐家、舞蹈家多逃至巴厘岛避难，约经400年之久创造了巴厘文化，并使该岛成为保存印度教信仰和爪哇古老文化的地方。16世纪以后不断同荷兰殖民者进行斗争，第二次世界大战期间又同日本侵略者进行斗争，1945年与国内各族人民一起获得国家独立。巴厘人受印度文化影响，社会分为婆罗门、刹帝利、吠舍和首陀罗4个种姓。每村为一互助合作的自给自足单位，多属同一父系氏族。实行种姓内婚。巴厘人主要从事农业，修筑梯田，栽种水稻，种稻技术甚高。各村都有统一使用的灌溉设施。

此外，还种玉米、薯类、咖啡、烟草、椰子和茶，饲养牛、猪等家畜。制陶、纺织、木雕、金属制作、编织等手工艺精美。在舞蹈、音乐、绘画、诗歌以及宫室寺庙建筑等方面有卓越才能，在各种仪式中能表演富于印度教色彩的音乐与歌舞。

（9）达雅族

达雅族，中国大陆称达雅克族（印尼文 Dayak），现有人口近百万，集中居住在中加里曼丹。达雅族人以农业为主，其他有打猎、捕鱼及伐木等。达雅族在古代有猎人头、食人的习俗，但现代已经淡化。另外一个现代还保留的特殊习俗是达雅族妇女会佩戴约手镯般大小的大耳环，把耳垂拉到肩膀上。宗教是达雅族的重要社会结构，宗族内的成员紧密结合，同一宗族的达雅人同住在一座长又大的长屋中，这些长屋在印尼语中叫"balai"（堂、厅、院）或"batang"（树干）。宗族通常始自一名受到尊敬的祖宗。

传统上达雅族信奉一种崇拜祖先灵魂，印尼语叫"Kaharingan"的宗教。这种宗教认为人死后会到一个叫"Alam Datu Tunjung Punu Gamari"的地方。为了到达那地方，必须进行特殊的仪式，以保众灵魂及在生的人死后会到达那里。达雅族在长屋中进行这些仪式，通常由"Walian"，即术士主持仪式。另外还有"Panghulu"、"Pembakal"、"Matin"等人可主持仪式。但到了现代，多数达雅人已经加入基督教、天主教。少数住在沿海的达雅人是穆斯林。

（10）托拉查族

托拉查族人口有 100 余万，分布于苏拉威西内地，少数生活在丛林中。托拉查族人笃信万物有灵，认为自己的祖先曾乘驾巨大的竹梯降临人间，因此他们才费尽千辛万苦把墓穴修建在崖壁上，并以此祈求死者的灵魂通过石壁进入天堂。但托拉查人认为，夭折的孩子没有灵魂，必须葬在树干里，借助大树的生长慢慢爬高，最终到达天堂。托拉查人的葬礼冗长而复杂，为圆满完成各项程序，尸体的安葬会延长很长时间，有的甚至会延迟几年。

（11）望加锡族和布吉斯族

望加锡族和布吉斯族人口分别有 100 余万。这两个民族分布于苏拉威西岛西南部。两族原有一个祖先，后一分为二，形成两个民族。但两族在习俗、性格和文化等方面非常相似，所不同的是两族所使用的语言。这两个民族主要从事农耕和渔业，男子多为水手，常年漂泊在外。两族男子一般都有顽强的毅力和吃苦精神，对家庭有高度责任感。

（12）其他民族

沙沙克族，主要分布于努沙登加拉群岛的龙目岛上。他们主要从事农业和捕鱼业，宗教上信仰伊斯兰教和万物有灵论。

尼亚斯族，主要生活在苏门答腊岛西海岸对面的尼亚斯岛上。尼亚斯族人以农业为生，农作物主要是薯类、香蕉和椰子。在信仰方面，绝大多数尼亚斯族人是精灵崇拜者和祖先崇拜者，并仍旧保留着巨石文化。

安汶族，主要居住在马鲁古群岛中的安汶岛上。由于安汶最早受到西方人入侵和统治，他们受西方文化影响较多，在宗教信仰上安汶族人中信仰基督教和天主教的较多。安汶族人从事农业、渔业或经商。

库布族，是印尼人数最少的民族，据1991年统计数据，人口在900～1000人。他们主要居住在苏门答腊岛占碑省的武吉都阿帕拉斯山。他们多数以打猎为生，采集水果、挖掘根块。他们多数信仰原始宗教。

此外，值得一提的是在印尼还生活着数百万已加入了当地国籍的华人、阿拉伯人和印度人，他们实际上已构成了当地民族的一部分。

二 印度尼西亚民族政策

目前，在印尼的多民族中，华侨华人总数有近1000万，约占印尼总人口的5%，印尼是海外华人聚居最多的国家。他们大部分来自中国的南方省份，如海南、福建和广东。大多数印尼华人都不是穆斯林，而且华人的经济地位普遍高于当地印尼人，他们集中居住在大中城市，从事商业活动。在苏哈托统治印尼32年间，华人一度受到极其严厉的排挤，被蔑称为"支那"，华文学校被关闭，不允许华语出现在公共场合，禁止华人庆祝春节等。在震惊世界的1965年"9·30事件"和1998年"黑色五月风暴"中，华人遭到惨绝人寰的烧杀抢掠，大量华人被迫移居其他国家或回到祖国。近年来，华人的社会地位大为改观，有一些华人进入政府部门和国会工作。2006年8月1日，印尼通过新《国籍法》，取消了"本土人"与"非本土人"的区别，废除了对华人和其他少数民族的歧视性条款，承认华人为印尼公民，与本土人享有同样的权利和履行同样的义务。这有利于民族的团结，是一个很大的进步。

压制多样性给印尼带来了惨痛教训。在对待民族、宗教、文化多样性问题上，苏哈托政府采取过一些高压政策，最典型的就是具有独裁统治性质的"新秩序"，对华人和其他少数民族实行文化上同化、经济上剥夺的"爪哇中心主义"，结果导致少数民族感觉受到爪哇人在民族情感上和经济上对其的双重剥夺，最终走向民族分离主义运动之路。在对待华人上，苏哈托政府也实施过一些极端政策，制造了令人震惊的排华事件。另外，为了促进经济发展，苏哈托政府鼓励居民从人口稠密地区向人口稀疏地区迁移，但又没有解决好相应的土地资源分配和就业安置等问题，加上种族和宗教信仰方面的差异性，导致了种族、宗教矛盾越来越深。而1997年亚洲金融危机的爆发对印尼民族紧张关系而言是雪上加霜，各种政治、社会矛盾一齐爆发。东帝汶在这个时期要求的"民族自决"得到国际社会的支持，亚齐、廖内、伊里安查亚分离主义运动和扩大自治的呼声不断高涨。极端宗教势力和民族分离主义运动使整个国家陷入一种斗争、冲突、紧张的状态。

苏哈托下台后，印尼历届政府都把"多元种族、多元宗教和多元文化"作为印尼政府的定位，注重加强民族团结，缓解民族分离主义运动。尤其是瓦希德总统，积极推行民族和解政策，取消了部分歧视华人和其他少数民族的政策，被尊称为印尼"民主之父"。近年来，印尼在民族和解、民主建设方面取得了一些经验，为东南亚其他国家处理民族问题提供借鉴。尤其是2005年，"自由亚齐运动"与印尼政府签订和平协议，结束了与政府长达30年的对抗。

作为一个多民族、多宗教、多元文化的国家，任何一元化的企图都是逆其道而行的。相反，尊重文化多样性，博采多元文化之长，同时在发展过程中增强民族国家的认同感，强化国家整体意识，这样国家既有主心骨，同时又多姿多彩且充满活力。如今文化多样性突出的印尼正以经济的高速发展验证了这样一个事实，即文化多样性并非意味着斗争和冲突。①

佐科政府继续推行多元的民族和解政策，各民族和谐相处，社会整体发展稳定有序。

第二节 印度尼西亚文化

一 印度尼西亚文化概况

印尼是一个有着悠久历史文化的国家，是人类起源地之一。200万年以前，在印尼群岛就有充沛的降雨，使得大量热带植物繁茂生长，为史前文化的出现提供了必需条件。大约在200万年以前，就有原始人类在印尼的土地上劳动、生息和繁衍后代。经过长时期的发展，印尼逐渐与外部接触，与其他文化开始碰撞交融。尤其是伊斯兰教传入印尼之后，印尼母系社会血缘关系逐渐减弱和消失。虽然在伊斯兰教中并不存在明显的女性崇拜，在《古兰经》里也没有明显束缚和贬低女性的规定，但在后来的传播和发展过程中，由于个别伊斯兰教传播地区本身有歧视妇女的文化背景，对妇女的偏见被圣训化。外来宗教文化在影响印尼宗教文化的同时，也在适应当地原来的宗教传统文化。外来宗教文化和本土宗教文化的融合就是彼此既改造对方，又被对方改造的过程，最终达到了融合，孕育出一种具有新特征的文化。印尼的饮食习惯、建筑风格、交通工具、衣着服饰等，在历经了数百年之后，终于形成了别具一格的体系。原始宗教和外来宗教的融合推动了民间祭祀、建筑艺术、歌舞、游艺的兴起和发展。印尼文化一方面吸取了许多外来文化新的元素；另一方面，文化区域内汲取外来文化的程度不同及其他原因形成差异，不断地促进各文化区域交流、融合、互补，推动了文化的不断发展。在佐科上台后，印尼文化继续循着自己的发展轨迹，一方面保留自己的文化

---

① 张党琼：《印度尼西亚：千岛之国的多样文化》，《今日民族》2013年第2期。

传统，推动旅游业的发展；另一方面使传统文化与现代化相适应，推动印尼文化与其他文化的交流互动，以夯实与其他国家的经济、政治关系。

二 印度尼西亚文化活动（2014～2015年）

万隆巴拉希仰安新城举办国际面具展。2014年6月，万隆巴达拉朗（Padalarang）巴拉希仰安（Parahyangan）新城举办了为期一周的国际面具艺术展览。巴拉希仰安新城还特别备有一座专供文化艺术等活动的BalePare的艺术馆，近年来已成为各类艺术家们的集中地。①

占碑省"慕阿拉占碑佛塔"成为国家文化遗产。2014年5月26日，教育与文化部文化总司长卡仲教授（Ka-cung Marijan）及保护文化遗产及博物馆事务经理哈里·维迪安多（Hari Widianto）前往占碑省，专程递交《慕阿拉占碑佛塔成为国家文化遗产》证书给占碑省省长阿古斯·哈山·巴斯里。哈山省长表示为慕阿拉占碑千年佛塔已正式成为国家文化遗产感到欣慰。②

邵锦添50多幅高空摄影作品在GrandCity展出。2014年6月2～12日，泗水邵氏画廊在泗水GrandCity商场底层举办高空摄影图片展，展出由邵锦添从空中拍摄的50多幅有历史性的建筑物作品，包括从空中拍摄的英雄纪念塔、泗水红桥、Grahadi国宾馆、JagirWonokromo水闸、泗水动物园、泗马大桥，以及经济中心等图片。③

万隆独立狮子会联合市图书馆和档案局举办捐书活动。2014年6月8日，为响应市政府迎接国家读书日，万隆独立狮子会代表与万隆图书馆和档案局服务人员在万隆大公园共同开展为学生捐书活动。④

---

① 《国际日报》2014年6月3日，http://www.guojiribao.com/shtml/gjrb/20140603/152310.shtml。
② 《国际日报》2014年6月3日，http://www.guojiribao.com/shtml/gjrb/20140603/152233.shtml。
③ 《国际日报》2014年6月9日，http://www.guojiribao.com/shtml/gjrb/20140609/152996.shtml。
④ 《国际日报》2014年6月12日，http://www.guojiribao.com/shtml/gjrb/20140612/153449.shtml。

哈庀庀中心举行"2014年日惹文化开放与关键决策会议"。2014年6月12~14日，为推动科技融合文化发展，哈庀庀中心基金会举行"2014年日惹文化开放与关键决策会议"。来自国内外的专家发表演说，通过科技让外国更了解印尼文化。①

"卓一卡"志愿者开展文化活动。2014年6月22日（星期日），万隆DAGO尤安达街，"卓一卡"志愿者开展了多姿多彩的文化活动，如巽达民间狮子舞、本札武术、民间音乐，甚至还有中国的舞狮表演。前来参观者成千上万，十分热闹。②

万隆选手在木兰拳国际大赛荣获6项金奖。"2014年海南三亚中国木兰拳暨民族传统文化展示国际大赛"颁奖典礼于6月21日在中国海南省三亚市举行。来自印尼的万隆代表队收获颇丰，取得两个团体大金奖、四个个人大金奖、两个个人大银奖的优异成绩。③

展玉巴棠山古代遗迹成为文物保护区。2014年7月，印尼文化与教育部发布C23/M/2014决定书，宣布展玉的巴棠山成为古代遗迹文物保护区。展玉巴棠山古代遗迹的发现，是印尼近年来考古界的一个辉煌成果，对研究印尼古代民族历史具有重大的意义。④

世界保护老虎组织向印尼授奖。2014年7月，世界保护老虎组织Panthera因印尼成功保护和繁殖老虎而授奖，获奖者包括Artha Graha Peduli基金会、Tambling野生自然保护区、环境与林业部、楠榜省政府以及国家改变环境委员会。⑤

---

① 《国际日报》2014年6月12日，http://www.guojiribao.com/shtml/gjrb/20140614/153738.shtml。
② 《国际日报》2014年6月24日，http://www.guojiribao.com/shtml/gjrb/20140624/154903.shtml。
③ 《国际日报》2014年6月26日，http://www.guojiribao.com/shtml/gjrb/20140626/155198.shtml。
④ 《国际日报》2014年7月3日，http://www.guojiribao.com/shtml/gjrb/20140703/156054.shtml。
⑤ 《国际日报》2014年7月3日，http://www.guojiribao.com/shtml/gjrb/20140718/157649.shtml。

总统与副总统出席国民儿童日庆祝会。印尼国民儿童日是7月23日,全国庆祝会于2014年8月6日在雅加达缩影公园举行,总统苏西洛和副总统布迪约诺出席。庆祝会执行委员会主席是妇女与儿童部长琳达。琳达在致词中说,政府已经实行了多项措施改善儿童状况,开展关心儿童月活动,成立反对儿童性侵犯全国运动组织。①

泗水交响乐举办第81场音乐会庆祝印尼国庆69周年。泗水交响乐团于2014年8月12日(星期二)晚上7时在香格里拉大酒店举办第81场盛大规模的"国庆音乐会",近千名听众肃然聆听。②

书艺协会代表我国参加国际书法交流展。2014年8月13日,印尼书艺协会14位代表赴泰国参加第11届国际书法交流展,参展作品共28幅。国际书法交流展于14日举行开幕式。在大会期间代表团将参与各项书法文化活动。③

2014年创意文化艺术巡游活动开幕。2014年8月18日,苏西洛总统在独立宫为2014年创意文化艺术巡游活动主持开幕仪式。布迪约诺副总统、国务秘书苏迪·希拉拉西和旅游与创意经济部长冯慧兰在旁陪同。④

总统主持2014年国际帆船赛开幕式,政府全力支持把Raja Ampat打造成世界旅游景点。印尼中央政府全力支持把Raja Ampat打造成世界旅游景点,其中一项努力就是举办Raja Ampat国际帆船赛以吸引世界各地的游客。苏西洛总统在主持2014年国际帆船赛开幕式时表示,举办Raja Ampat国际帆船赛的意义在于促进西巴布亚的发展和提高人民的福利。苏西洛同时呼吁

---

① 《国际日报》2014年8月8日,http://www.guojiribao.com/shtml/gjrb/20140808/159544.shtml。

② 《国际日报》2014年8月14日,http://www.guojiribao.com/shtml/gjrb/20140814/160420.shtml。

③ 《国际日报》2014年8月15日,http://www.guojiribao.com/shtml/gjrb/20140815/160497.shtml。

④ 《国际日报》2014年8月19日,http://www.guojiribao.com/shtml/gjrb/20140819/160913.shtml。

来自友好国家的参赛者回国后向他们的亲朋好友宣传 Raja Ampat 的美景。①

纪念印尼独立、抗日战争胜利暨世界反法西斯战争胜利 70 周年图片展在雅加达月光学校展出。2014 年 9 月 11 日，由印尼国际日报、中国新闻社、印尼赤道基金会、西加山口洋乡亲会、印尼梅州会馆和 Permai 中小学校联合举办的"纪念印尼独立、抗日战争胜利暨世界反法西斯战争胜利 70 周年"校园巡回图片展，在雅加达月光学校（Candra Kusuma）开幕，将连展至星期日。展览以"勿忘历史、反对战争、珍视和平"为主题，通过大量珍贵的历史图片，再现印中两国人民英勇抗击日本军国主义侵略的岁月，让印尼各界，特别是年轻一代了解历史，缅怀先烈，珍惜两国先辈们用鲜血和生命换来的和平与自由。②

直葛市政府加强爱国主义教育，贯彻落实国家四大支柱价值观。2014 年 9 月 16 日，为了贯彻落实国家四大支柱的价值观，直葛市政府在市政厅举办"加强对年轻一代的爱国主义教育"研讨会。与会的有来自直葛 0712 军支区的 Jefson Marisano 中校、直葛班渣沙克迪大学社会政治学系的 Sri Sutji-atmi、直葛市教育局秘书 Jo-hardi 硕士、直葛市市长和副市长、0712 军支区司令 Yuli Setiyono 上校、政治与民族团结机构主任、区域工作单位主管、直葛市的高中和中专生。③

爪哇举行诗歌比赛保护地方语言和文学。2014 年 9 月，为落实政府有关保护地方语言与文学的措施，西爪哇省旅游与文化局开展方言诗歌比赛，这些方言即巽达语、井里文语和巴达维马来语。政府将继续用别的形式加强对方言的支持，加大年轻人对方言的认识力度，让方言得以留存，不至于灭绝。④

---

① 《国际日报》2014 年 8 月 30 日，http://www.guojiribao.com/shtml/gjrb/20140830/162504.shtml。
② 《国际日报》2014 年 9 月 12 日，http://www.guojiribao.com/shtml/gjrb/20150912/234921.shtml。
③ 《国际日报》2014 年 9 月 18 日，http://www.guojiribao.com/shtml/gjrb/20140918/164907.shtml。
④ 《国际日报》2014 年 9 月 23 日，http://www.guojiribao.com/shtml/gjrb/20140923/166240.shtml。

印尼全国武术锦标赛于棉兰隆重举行。2014 年 10 月 7 日，由印尼武术协会主办的 2014 年全国成年及少年武术锦标赛，在棉兰 The Regale 国际会议中心大礼堂举行隆重开幕仪式，出席嘉宾包括苏北副省长 H. T. ErryNuradi 和众多军政官员，来自全国 22 个省份共 600 余名武术运动员参赛。此次比赛从 10 月 8 日持续到 11 日。①

印尼摄影协会全国大会开幕。2014 年 10 月 10～12 日，旅游与创意经济部长冯慧兰在旅游部大楼为印尼摄影协会全国代表大会主持开幕仪式并发表演说。据统计，2013 年的摄影产业，包括电影和影视在内获得的增值达 8.4 万亿印尼盾，占国民生产总值的 1.3%。摄影产业也创造了 63755 个就业机会。②

2014 年印尼国际图书展开幕。2014 年 11 月 1～9 日，由印尼出版商协会举办的 2014 年国际图书展销会在雅加达进行。据悉，本次图书展销会主办单位邀请了各国驻印尼大使或文化参赞出席开幕式。来自中、美、英、法、日、沙特阿拉伯等 11 个国家的出版代表团参展。③

泗水艺人俱乐部举行大型歌舞慈善晚会，副省长赛弗拉及外国使节出席。2014 年 11 月 26 日晚，泗水艺人在 Grand City 大礼堂举行大型歌舞慈善晚会，超过 1500 人出席。当晚出席活动的有东爪哇副省长赛弗拉·尤淑夫、国家财经政要及外国使节。中国驻泗水总领事于红、副总领事于杰和日本领事也应邀参加。此次慈善晚会所筹集的善款，将用来给年老的艺人缴纳医疗保险。④

第 20 届国际风筝节在雅加达举行。2015 年 2 月 13～14 日，印尼雅加达

---

① 《国际日报》2014 年 10 月 10 日，http://www.guojiribao.com/shtml/gjrb/20141010/168512.shtml。
② 《国际日报》2014 年 10 月 15 日，http://www.guojiribao.com/shtml/gjrb/20141015/168970.shtml。
③ 《国际日报》2014 年 10 月 31 日，http://www.guojiribao.com/shtml/gjrb/20141031/170900.shtml。
④ 《国际日报》2014 年 10 月 31 日，http://www.guojiribao.com/shtml/gjrb/20141128/173200.shtml。

东区的花园城（Jakarta Garden City）举办了第 20 届国际风筝联欢节。来自 20 个国家和国内各省份的 155 名风筝爱好者竞相展出其独具创意的风筝。①

雅加达政府修建雅加达体育设施以迎接 2018 年亚洲运动会。2015 年 2 月 2 日，主管文化与旅游事务的雅加达副省长茜菲亚娜在省府表明，为了举办 2018 年亚洲运动会，雅加达政府将全面或部分修建雅加达所有的运动场和体育设施。②

西爪哇向政府申报登记三项文化遗产。2014 年 3 月，西爪哇地方政府通过西爪哇文化部和旅游部门向印尼司法人权部长申报登记西爪哇省的三项文化遗产，即印尼武术（Pencak Silat）、民间传统仪式（Upacara Tradisi Ngarot）和美丽的木屐（Kelom Genlis）。③

万隆市府举办大型亚非文化艺术游行活动以纪念万隆会议 60 周年。2015 年 4 月下旬，为纪念万隆亚非会议 60 周年而举办的大型亚非文化艺术游行活动在亚非大街隆重上演。印尼、中国、印度、韩国、朝鲜、日本、缅甸和巴基斯坦等多个亚非国家的文化代表应邀出席万隆文化艺术嘉年华游行。④

万隆将成为亚洲—拉美洲青年会议的主办城市。2015 年 5 月 11 日（周一），万隆市被指定为 2015 年 9 月亚洲—拉美洲青年会议的主办城市。当天，在万隆市 Dalam Kaum 街市展厅，印尼外交部和青年与体育部向万隆市长李德宛传达了这一信息。⑤

---

① 《国际日报》2014 年 12 月 18 日，http://www.guojiribao.com/shtml/gjrb/20141218/3236.shtml。
② 《国际日报》2014 年 2 月 3 日，http://www.guojiribao.com/shtml/gjrb/20150203/180058.shtml。
③ 《国际日报》2014 年 3 月 26 日，http://www.guojiribao.com/shtml/gjrb/20150326/212658.shtml。
④ 《国际日报》2014 年 4 月 27 日，http://www.guojiribao.com/shtml/gjrb/20150427/216658.shtml。
⑤ 《国际日报》2014 年 5 月 13 日，http://www.guojiribao.com/shtml/gjrb/20150513/218530.shtml。

第三节 印度尼西亚教育

一 印度尼西亚教育概况

印尼在1945年独立时就颁布了新宪法,规定国家的指导原则是潘查希拉(Pancsila),即建国五原则:信仰神道、人道主义、民族主义、民主主义和社会公正。印尼的教育方针和教育使命即以宪法和潘查希拉原则为指针。印尼宪法第31条规定"每个公民有权获得教育";第41条规定国家将尽快扫除文盲,迅速实施小学义务教育。在教育改革中,印尼借鉴了美国式的教育制度。印尼各类学校的学制是:学前教育即幼儿园2年;初等教育即小学6年(学生的年龄为7~12岁);中等教育分为初中和初中中技(学生的年龄为13~15岁)以及高中和高中中技(学生的年龄为16~18岁),学制均为3年;高等教育即高等院校,学制5年(学生的年龄为19~23岁)。所以印尼的学制可以概括为"6、3、3、5"制,从小学到大学共17年。大学毕业生毕业后还可考入研究生班。

印尼的学校分为国立和私立两类。国立学校由政府主办,多数为中小学,幼儿园和高等院校较少,办学质量较高。私立学校主要由政党、社团、私营企业和基金会创办,中小学较少,幼儿园和高等院校较多,办学质量一般较差,接受政府文教部和创办单位的双重领导。

印尼政府对教育经费的投入不断增加,而且教育经费占国家总投资的比例也较高。由此促进了印尼教育事业的不断发展,各类学校学生数量不断增加。根据印尼中央统计局提供的数据,印尼2006年教育预算开支4.69万亿盾,占GDP的1.5%。2000年小学入学率为95.5%,初中入学率为78.7%,高中入学率为49.1%,高中以上学历的人占10岁以上公民的18.32%。2004年文盲率为8.5%。

独立以来,印度尼西亚的高等院校也获得了不断发展。目前,印尼国立高等院校已发展到49所,私立高等院校950所。主要的国立大学有设在雅加达的印度尼西亚大学、设在万隆的班查查兰大学、设在日惹的加查马达大学、设在泗水的艾尔朗卡大学、设在登巴萨的勿达雅纳大学以及设在乌戎潘当的哈沙努丁大学等。这些大学都是综合性的文理科大学。此外,较为闻名的学院有万隆的万隆工学院、雅加达附近的印尼工学院以及茂物的农学院等。主要的私立大学有雅加达的印尼基督教大学、万隆的天主教大学、伊斯兰大学等,这些大学也是综合性的文理科大学。

以下一些数据能够反映印尼的教育发展状况:在全民教育体系之下,印尼的识字率是比较高的,政府对教育的投入与社会整体发展水平相适应。在佐科政府时期,学生的入学率继续保持高水平,无论是政府学校还是宗教学校,学校的数量(包括大学数量)都在稳步增加,学生数与教师数量都有提高;政府对教育的投入力度较大。但是从以下数据中也可以看出,印尼各地的教育发展水平是参差不齐的,在一些偏远岛屿及地区和一些经济不发展的地区,入学率及教育的硬件设施不足。总体而言,印尼教育对经济社会发展的适应性还需要进一步增强。

表5-1 2013年和2014年印尼有识字能力人口比例

单位:%

年龄段	城市		农村		城乡总和	
	2013年	2014年	2013年	2014年	2013年	2014年
15~19岁	99.91	99.97	99.21	99.40	99.57	99.69
20~24岁	99.88	99.97	98.87	99.29	99.42	99.67
25~29岁	99.61	99.80	97.57	98.09	98.62	98.97
30~34岁	99.51	99.64	97.04	97.61	98.34	98.67
35~39岁	99.21	99.63	96.35	96.51	97.82	98.12
40~44岁	98.38	98.98	94.18	95.44	96.30	97.23
45~49岁	96.71	97.50	90.34	91.37	93.55	94.46
50岁以上	88.11	93.02	75.85	84.23	81.71	88.44
总 计	96.63	97.97	91.12	93.69	93.92	95.88

资料来源:*Statistical Yearbook of Indonesia 2015*,印度尼西亚中央统计局,http://www.bps.go.id/。

表 5-2 2012/2013~2013/2014 学年印尼学校、老师和学生的数量

学校类别		2012/2013			2013/2014		
		学校	教师	学生	学校	教师	学生
教育部管辖	幼儿园	71356	213823	3993929	74982	302182	4174783
	小学	148272	1533991	26769680	148272	1539819	26504160
	初中	35527	552083	9653093	35488	596089	9715203
	高中	12107	252405	4272860	12409	278711	4292288
	职业高中	10673	176856	4189519	11726	186401	4199657
	大学	—	—	—	3280	230915	5839587
宗教部管辖	小学	23939	336843	3269771	23678	262090	3290240
	初中	15594	324351	2781647	16283	266278	2817027
	高中	6728	198359	1065922	7260	132277	1099366
	大学	—	—	—	678	26671	613665

资料来源：*Statistical Yearbook of Indonesia 2015*，印度尼西亚中央统计局，http://www.bps.go.id/。

二 印度尼西亚教育成就（2014~2015年）

"让贫穷的孩子都有上学的机会"，三宝垄马达兰国民学校教育惠民免收学费。2014年5月13日，三宝垄马达兰国民学校迎来40年校庆，该校以"让贫穷的孩子都有上学的机会"为宗旨，教育惠民，免收学生学费。无论印尼人还是华人入学，该校都只收学杂费，免收学费，因此一直以来广受当地居民的欢迎。由于该校带有福利性质，办学经费除董事会解决之外，也接受社会捐助。①

东爪哇文教局在新埠头县设立首家高中油气专业学校。东爪哇省是印尼生产油气的主要省份之一，可是在该省北塔米纳油气公司做工的人员多数是中爪哇省的籍民，因为中爪哇芝布县（Cepu）拥有高中油气专业学校，因

---

① 《国际日报》2014年5月13日，http://www.guojiribao.com/shtml/gjrb/20140605/152567.shtml。

此专业学校毕业的学生有许多在东爪哇的新埠头、马都拉以及徐都利祖县的国营油气公司任职或者做工。有鉴于此,东爪哇文教局已计划在东爪哇的新埠头县设立高中专业油气学校,而且其将成为东爪哇首家专业油气学校,2014年7月开始招收新生。①

东爪哇文教局在全省设立小型中专以期增加就业率。东爪哇文教局计划在全省的习经院设立小型高中专业学校,并将原先定下的40所增加到80所。在东爪哇全省设立小型高中专业学校极其重要,每所专业学校能收容200名学生,他们毕业后已经拥有工作技术,寻找工作相对容易,亦可以减少失业人数。②

泗水国立普通和专业学校学生被全国各大院校接收人数上升。2014年泗水普通和专业高中学校学生被全国各大院校接收的共计1812人,其中普通高中学生1743人、专业高中学生69人。③

日惹卡迦玛达大学预计将在2025年荣升为世界级大学。截止到2014年9月,卡迦玛达大学共有286个专业方向供本科生、研究生和博士生选择,学校有将近5.7万名学生和2416名教师。就国际化领域而言,卡迦玛达大学已开设9个国际班。④

2015年教育预算开支409.1万亿盾,符合基本宪法不低于总额20%的规定。按照基本宪法的规定,政府在制定国家收支预算案时,教育方面的预算开支至少要等于预算开支总值的20%。因此,民选总统佐科在2015年预算案的教育方面开支不能低于2039.5万亿印尼盾开支总值的20%。根据财政部官方网站发出的最新资料,已获国会全体大会所通过的2015年度国家

---

① 《国际日报》2014年6月18日,http://www.guojiribao.com/shtml/gjrb/20140618/154138.shtml。
② 《国际日报》2014年6月23日,http://www.guojiribao.com/shtml/gjrb/20140623/154738.shtml。
③ 《国际日报》2014年8月5日,http://www.guojiribao.com/shtml/gjrb/20140805/159176.shtml。
④ 《国际日报》2014年9月6日,http://www.guojiribao.com/shtml/gjrb/20140906/163446.shtml。

收支预算案法令，教育方面开支价值共达409.1万亿盾。印尼政府对国家预算案教育方面的开支逐年上升，2008～2013年平均每年增加16.5%的开支金额。①

总统苏西洛和文化与初中级教育部长宣布再增加12家国立高等院校。总统苏西洛和文化与初中级教育部长穆哈默德·努尔宣布再增加12家大学为国立高等院校。目前，印尼只有2家理工学院，即在万隆市和在泗水市的理工学院，未来必须再增加理工大学，比如在苏拉威西设立理工学院。12家大学被定为国立大学后，大学生的人数将大幅上升。②

万隆立人学校举办教育展。2014年10月，来自中国、新加坡、韩国、马来西亚、日本、澳大利亚等国家和印尼雅加达、万隆、日惹、泗水的多所知名大学在万隆立人学校联合举办教育展。各大学在立人学校向大家推介自己的同时，也通过举办讲座会，说明国内外各大学的优劣以及教学特点和学习费用。③

东爪哇文教局派遣拥有国际级竞争水准的600名高中毕业生赴德国做工。东爪哇文教局从东爪哇18间国际级高中专业学校毕业生中挑选了600人赴德国做工。④

雅加达顺德Ipeka小学的学生Nixon Widjaja荣获2014年数学与科学奥林匹克竞赛金牌。雅加达顺德Ipeka小学的学生Nixon Widjaja（11岁）2014年10月参加在巴厘举行的国际数学与科学奥林匹克竞赛，荣获金牌和最佳理论奖。参加竞赛的有来自印尼、新加坡、马来西亚、菲律宾、文莱、印度、哈萨克斯坦、泰国、斯里兰卡、中国、尼泊尔、南非和越南等国的233

---

① 《国际日报》2014年10月4日，http：//www.guojiribao.com/shtml/gjrb/20141004/167677.shtml。
② 《国际日报》2014年10月8日，http：//www.guojiribao.com/shtml/gjrb/20141008/168149.shtml。
③ 《国际日报》2014年10月13日，http：//www.guojiribao.com/shtml/gjrb/20141013/168782.shtml。
④ 《国际日报》2014年11月5日，http：//www.guojiribao.com/shtml/gjrb/20141105/171500.shtml。

个学生。印尼方面派出的学生有 30 名,其中 15 名参加数学比赛,15 名参加自然科学比赛。①

力宝集团在 10 所高等院校捐助奖学金 15 亿盾。2014 年 12 月 2 日,力宝集团董事局主席李文正博士在印尼科技与高等教育部长阿尼斯见证下,移交 15 亿盾捐给 10 所国立高等学院,它们是:苏门答腊岛的朋古鲁大学、楠榜大学、卡迦玛达大学、国立雅加达大学、万隆工艺学院(ITB)、中加里曼丹的巴兰卡拉雅大学、加里曼丹工艺学院、古邦技术学校、国立锡江大学和北努沙技术学校。②

印尼举行首次《国际汉语教师证书》考试(试考),印尼文化与初中级教育部、中国大使馆官员亲临现场视察。2015 年 1 月 31 日上午,印尼首次全国《国际汉语教师证书》考试(试考)在雅加达、棉兰、泗水、锡江、万登、巴淡、北干和普禾格多 8 个城市同时举行,共 141 人参加考试。印尼文化与初中级教育部、中国大使馆官员亲临现场视察。③

雅加达 BudiLuhur 大学与日本鹿儿岛大学举办大学生论坛。2015 年 3 月 20 日,雅加达 Budi Luhur 大学与日本鹿儿岛大学在雅加达 Budi Luhur 大学礼堂联合举办社会企业家精神大学生论坛,出席论坛的有 150 名 Budi Luhur 大学的大学生、25 名鹿儿岛大学的讲师与学生以及 75 名校园周边人士。④

日惹举办全国奥林匹克科学竞赛。印尼文化与初中级教育部 2015 年 5 月 19 日在日惹举行全国奥林匹克科学竞赛,共有来自小学、初中、高中、残障特殊学校及普通学校的 2562 名学生参与。2015 年全国奥林匹克科学竞赛科目包括科技数学及非科技知识、理科、生物科、物理学、化学、电脑资

---

① 《国际日报》2014 年 11 月 10 日,http://www.guojiribao.com/shtml/gjrb/20141110/171899.shtml。
② 《国际日报》2014 年 12 月 3 日,http://www.guojiribao.com/shtml/gjrb/20141203/1505.shtml。
③ 《国际日报》2015 年 2 月 2 日,http://www.guojiribao.com/shtml/gjrb/20150202/179680.shtml。
④ 《国际日报》2015 年 3 月 27 日,http://www.guojiribao.com/shtml/gjrb/20150327/212891.shtml。

讯、天文、地理、经济学，还有对答问题及经商事宜。①

第四节　印度尼西亚宗教

一　印尼宗教概况

印度尼西亚是一个信仰多宗教的国家，官方承认的宗教有伊斯兰教、基督教、天主教、佛教、印度教和孔教。约87%的国民信奉伊斯兰教，是世界上穆斯林人口最多的国家。然而伊斯兰教并非国家宗教。在1945年独立时制定的宪法中规定，印尼是一个世俗国家而不是伊斯兰教国家。6.5%的居民信仰基督教，信仰天主教者占3.1%，其余的居民信仰佛教和印度教等宗教。印尼宪法规定宗教信仰自由，其建国指导思想"潘查希拉（pancasila）"。五基原则第一条就是"信仰神道"，所以印尼政府承认人民选择不同信仰的自由，并支持正常的宗教活动，每年都拨专款用于扶助建设清真寺、教堂、宗教学校，发行宗教经书和开展各种宗教活动。在印尼，各种宗教建筑比邻而居，不同的建筑风格相得益彰。世界上最大的佛教建筑群——婆罗浮屠就位于日惹。总体来说，印尼穆斯林是比较温和和世俗化的，但是近年来印尼也出现了一些比较极端的宗教组织。伊斯兰祈祷团是印尼最大的宗教极端组织，制造了2002年巴厘岛夜总会爆炸案、2003年雅加达万豪酒店爆炸案及2004年澳大利亚驻印尼大使馆爆炸案，被联合国列为恐怖主义组织。

伊斯兰教于13世纪末传入印尼。目前印尼是世界上最大的穆斯林国家，伊斯兰教徒的人数在世界上居首位。伊斯兰教对印尼的政治、经济、文化、教育乃至风俗习惯有极其广泛和深远的影响。每逢伊斯兰教重大节日，伊斯兰教徒都要举行盛大的庆祝活动，政府高级官员亲自参加，并发表讲话。伊

---

① 《国际日报》2015年5月20日，http://www.guojiribao.com/shtml/gjrb/20150520/219376.shtml。

斯兰教的主要节日有：斋戒月、开斋节、古尔邦节等。

基督教和天主教大约于公元15世纪末传入印尼。目前印尼马鲁古群岛的安汶和特尔纳特一带是基督教传播最为广泛、信徒最多的地方。印尼独立后，政府实行宗教自由政策，天主教和基督教获得较大的发展。特别是在印尼的华人，必须选择一种宗教，否则会被认为是共产党。而佛教多少有些中国色彩，因难于与原住民相互认同又不愿选伊斯兰教，大多数华人至少在表面上成了上述两种宗教的信徒。

印度教也是印尼法律承认的六大宗教之一。目前印尼是东南亚各国印度教教徒最多的国家。公元初，由于印度文化的影响，建立在印度婆罗门教基础之上的印度教逐渐流行于爪哇和苏门答腊等岛。伊斯兰教传入后逐渐取代印度教，成为印尼人的主要宗教信仰。目前印尼的印度教主要集中在巴厘岛。印尼全国有印度教庙宇3万多座。其中最大的印度教陵庙是建于9～10世纪的中爪哇日惹附近的普兰邦南陵庙。普兰巴南寺庙群是现今印度尼西亚境内最大、最美丽的印度教庙宇，是记录印度尼西亚人祖先灿烂文化的载体。

佛教在印尼传播很早，公元100～200年间，首批来自印度的佛教徒抵达印尼，传播小乘教和大乘教。佛教的传入也与华人的文化传统有密切的关系。宋、元以来，中国国内盛行的"佛教、道教和儒教"三教文化随着中国和印尼的通商往来和移民等各种渠道传入印尼。因而印尼信奉佛教的主要是华侨和华人。公元850年，婆罗浮屠塔的建立标志着印尼佛教进入了鼎盛时期。印尼独立后承认佛教为印尼的合法宗教之一。

在印度尼西亚宪法中，孔教也是被承认的六大宗教之一。印尼孔教是中国儒教的宗教化，标识着一部分不愿被同化的印尼土生华人宗教形式的文化认同和华人身份认同。根据学者的研究，印度尼西亚孔教的出现及发展经历了三个时期：一是从中华会馆到孔教会、孔教总会（1900～1945年荷兰殖民统治时期）。随着印尼华人民族意识觉醒，开始自觉地维护华人文化传统，1900年出现了第一个正式的孔教组织——巴达维亚（今雅加达）中华会馆，明确宣布孔教为印尼华人的宗教，确立了孔教的基本教义。二是本土化与制度化，从闽南语"孔教会"到印尼的"孔教"（1945～1978年）。这一时期孔教的中央执行机构一直在中爪哇梭罗,其组织与活动发展到外岛各地,并且与一些世界宗教组织也多有来往。1978年8月应邀参加了在比利时举行的世界宗教和平组织会议,这说明印尼孔教已经被世界宗教界所接纳。三是作为"印尼的"宗教,孔教为捍卫合法地位而斗争(1978~2006年)。2006年2月4日苏西洛总统参加孔教举办的纪念孔历2557年新年庆典,重申政府对孔教的承认。其后,在总统指示下宗教部和内政部发布有关文件,承认1965年第1号和1969年第5号总统法令有效。2006年4~5月第一批登记孔教为宗教信仰的居民身份证终于问世,至此,印尼孔教的法律地位问题才算彻底得到解决。①

这六大宗教对印度尼西亚政治、经济、社会等的影响是全方位的。随着印度尼西亚国家意识的逐步增强,宗教对维护印尼国家团结、社会多元并存的和谐局面,产生了积极的"正能量"。

二 印度尼西亚宗教活动(2014~2015年)

印尼苏北大乘净土佛教协会善举,分发300套日需用品并义诊送药。2014年6月1日上午,在卫塞节期间,印尼苏北大乘净土佛教协会在棉兰福凌殿庙举办义诊送药并分发300套日需用品,以帮助福凌殿庙附近的贫困人士。同时还联合苏北捐血协会举行献血活动。②

广化万佛寺正式落成,礼请澳洲悟行法师主持"中峰三时系念法会"。坐落于雅加达西区高善美新村,经过两年多修复竣工的"广化万佛寺"于2014年6月15日上午9时举行落成礼暨中华万姓先祖纪念堂成立仪式,并礼请澳洲净宗学院执行长悟行法师主持"中峰三时系念法会"。③

宗教部长助理Budi Setiawan在雅加达观音寺讲解国法。2014年6月27

---

① 王爱平:《印度尼西亚孔教的形成与发展》,《暨南学报(哲学社会科学版)》2010年第3期。
② 《国际日报》2014年6月3日,http://www.guojiribao.com/shtml/gjrb/20140603/152314.shtml。
③ 《国际日报》2014年6月9日,http://www.guojiribao.com/shtml/gjrb/20140609/152917.shtml。

日，在雅加达芒加勿刹观音寺举行的关于国家结构的演讲会上，宗教部长助理 Budi Setiawan 说明班查希拉的含义，针对信仰独一无二真主、人道主义、印尼统一和团结、民权以及全体人民的福利——给予了讲解。①

三宝垄宗教界人士举行对话会，不同信仰的人和谐相处共创美好生活。2014 年 6 月 26 日，三宝垄市宗教人士和谐论坛（FKUB）在"玄天上帝"活动中心举行对话会。对话会由三宝垄孔教协会主席陈汉协牵头承办。三宝垄市长派出代表 Ragil Kjidodo 出席。出席对话会的还有三宝垄政府宗教官员及其他宗教界代表，包括伊斯兰教、佛教、天主教、基督教、孔教、道教和印度教代表等。其中以伊斯兰教与孔教代表最多。各宗教代表就具体问题坦诚交换意见，加强了彼此理解，取得了一定共识。现场气氛热闹，发言踊跃，和谐友善。②

印尼宗教与文化交流协会举办圣月开斋活动。2014 年 7 月 6 日，由印尼宗教与文化交流协会和印尼伊斯兰教法理事会共同举办的第二次"共享圣月开斋荣耀"活动在雅加达举行。印尼宗教与文化交流协会会长麦培满致辞表示，共同开斋是一个在圣月里促进宗教和谐、加强互动沟通的十分切实有效的活动，希望这种和谐互动在平时也能够充分体现。③

第十二世苏曼嘉皇仁波切主持法会，祈祷国泰民安六时吉祥功德圆满。2014 年 7 月 5～6 日，印尼苏曼嘉皇佛法中心举行"药师佛大法会"，礼请藏传佛教第十二世苏曼嘉皇仁波切主持暨尊胜佛母灌顶仪式和加持，祈祷国泰民安，六时吉祥，一切众生离苦得乐。来自雅加达、茂物、德宝、勿加西和丹格朗等地信徒、护法居士和义工共逾 600 人次参与了法会。④

---

① 《国际日报》2014 年 6 月 9 日，http://www.guojiribao.com/shtml/gjrb/20140627/155250.shtml。
② 《国际日报》2014 年 6 月 30 日，http://www.guojiribao.com/shtml/gjrb/20140630/155638.shtml。
③ 中新社 2014 年 7 月 6 日，http://www.chinanews.com/gj/2014/07-06/6355895.shtml。
④ 《国际日报》2014 年 7 月 10 日，http://www.guojiribao.com/shtml/gjrb/20140710/156681.shtml。

在宗教部注册结婚费用全免。为了提高政府对民众的服务质量以及减轻贫困民众在办理结婚手续上的负担,苏西洛总统在2014年6月27日签署了2014年第48号政府条例,作为修正2004年第47号政府条例中有关宗教部非关税的征收办法。在新的政府条例下,每一位公民无论是在镇区宗教部还是非镇区宗教部注册结婚,费用一律全免。

大乘净土念佛会和马达山同乡联谊会献爱心,向穆斯林贫困老人和孤儿分发斋戒月礼包。2014年7月13日,印尼大乘佛教净土念佛会和马达山同乡联谊会向即将欢度开斋节的穆斯林贫困老人和孤儿献爱心,在雅加达北区Cilincing马伦达村居委会分发斋月礼包,同时分发给雅加达西区Taman Sari镇的所有环卫工人,共分发出了300份礼包以及40份书包和文具。马达山同乡联谊会的理事和印尼大乘佛教净土念佛会的志愿者一同参加了活动。①

泗水凤山古地庙分发饭包与甜品开斋。2014年7月19日,泗水凤山古地庙宇为各宗教和谐,分发了500包饭包与甜品开斋。据悉,古地庙斋戒月期间每逢星期五都向庙宇周围的穆斯林兄弟分发晚餐,并已持续10年。②

印尼斋月新年,泗水郑和清真寺朝拜祷告。2014年7月28日是印尼斋月新年,泗水郑和清真寺举行了穆斯林朝拜祷告活动。当日清晨,众多穆斯林善男信女在清真寺里整齐排队,在悠扬高昂的唱经声中虔诚地默默祷告。据悉,泗水郑和清真寺是印尼第一座用三宝太监郑和的名字命名的清真寺。③

基督教徒在独立宫前聚会。2014年8月3日,勿加西Filadelpia教会和茂物Yasmin教会的基督信徒们在雅加达独立宫前举行礼拜活动,冀望苏西

---

① 《国际日报》2014年7月17日,http://www.guojiribao.com/shtml/gjrb/20140717/157498.shtml。
② 《国际日报》2014年7月19日,http://www.guojiribao.com/shtml/gjrb/20140719/157883.shtml。
③ 中国新闻网2014年7月28日,http://www.chinanews.com/tp/hd2011/2014/07-28/382491.shtml。

洛政府在任期结束前能解决宗教信仰和宗教活动自由受保障问题。①

凤山古地庙庙会举行盂兰盆节净身活动。2014年8月4日，在迎接农历七月盂兰盆节之际，泗水许多市民参加了凤山古地庙庙会举行的净身活动，目的是消除负面的欲望以避免各种邪恶来干扰。②

西爪哇正、副省长与信众开斋节朝拜真主。2014年7月28日（星期一）是回历开斋节，西爪哇省正、副省长赫尔雅宛（Ahmad Heryawan）和德迪（Dedi Miswar）及随员在伽喜布大广场与3000名左右信众一起朝拜真主，诵经感谢真主护佑赐福。回教长老诵经后，省长致辞并讲述古兰经的经节，勉励人们要以先知为榜样，按先知的教导行事为人。③

大史庙（凤山庙）举行中元普度法事，特请法师诵经超度孤魂，引之往西天极乐。2014年8月10日（农历七月十五日），雅加达大史庙（凤山庙）周日下午4时举行盂兰盛会，并请几位本城法师诵经超度无主孤魂，希望他们得生净土引往极乐世界。大史庙每年都收到善信们施献的米粮，法事完毕后，将分发给贫穷地区和老人院、孤儿院、残疾人院，功德无量。④

伊斯兰学者理事会和古兰经诠释委员会反对"伊斯兰国"思想在印尼传播。2014年8月11日，伊斯兰学者理事会梭罗分会主席柴纳尔（Zainal Arifin）发表声明，伊斯兰学者理事会要求梭罗穆斯林不要受到"伊斯兰国"思想的影响。他要求民众对"伊斯兰国"思想的传播提高警惕，如果发现可疑迹象应立即向当局报告。古兰经诠释委员会也指出，"伊斯兰国"教导使用暴力，这已违反了古兰经和圣训。⑤

---

① 《国际日报》2014年8月4日，http：//www.guojiribao.com/shtml/gjrb/20140804/158930.shtml。
② 《国际日报》2014年8月4日，http：//www.guojiribao.com/shtml/gjrb/20140804/159012.shtml。
③ 《国际日报》2014年8月4日，http：//www.guojiribao.com/shtml/gjrb/20140804/159037.shtml。
④ 《国际日报》2014年8月11日，http：//www.guojiribao.com/shtml/gjrb/20140811/159868.shtml。
⑤ 《国际日报》2014年8月23日，http：//www.guojiribao.com/shtml/gjrb/20140823/161676.shtml。

万隆万年堂举办皈依三宝受持五戒受证典礼。2014年8月底，万隆万年堂举办皈依三宝受持五戒受证典礼，恭迎马来西亚佛教真言宗大愿山教团管长上雄下曜比丘传授皈依典礼。80多位赴会佛徒皈依三宝，其中30位受持五戒受证启开觉知。佛徒按法师指导行跪拜礼并受持，受甘露灌顶后搭幔衣，分发皈依证，赐法名，即成为正信的佛教徒。①

泗水郑和清真寺举行创建12周年庆暨新一届理事就职，为华裔伊斯兰信徒与当地族群搭建和谐团结之桥梁。2014年10月11日，泗水郑和清真寺举行创建12周年庆暨新一届理事就职典礼在嘎叮郑和清真寺大广场举行。来自各地的伊斯兰教信徒与华裔信徒出席，场面热闹非凡，一片和谐温馨。如今，"郑和清真寺"更在全国遍地开花，一共10个清真寺以"郑和"为名，为华裔伊斯兰教信徒与当地族群搭建和谐团结之桥梁。②

三宝垄南传佛教信徒向雨季安居比丘捐赠生活用品。2014年10月25日晚，在三宝垄哇都宫的普陀加雅寺院举行南传佛教信徒向比丘捐赠日常生活必需品的活动。信徒同比丘一同诵经之后，举行捐赠活动，随后放水灯，祭奠亡灵。此时正值比丘雨季安居期间，比丘需留在寺院修行，不出外走动，信徒可以向比丘捐赠他们日常所需物品，包括衣服、食物、药品等，以满足他们最基本的生活需求。雨季安居是佛教上座部佛教，即南传佛教的行为规范之一。至今上座部佛教的比丘仍然坚守2500多年前佛陀在世时所教导的行为规范，包括剃除须发、三衣一钵、托钵乞食、半月诵戒及雨季安居，以践行佛陀所教导的简单朴素的生活。③

伊斯兰团体平安夜协助守卫教堂。2014年12月27日，经过广大警员逐一的检查和防守，以及伊斯兰团体的协助，西爪哇4325间教堂的圣诞夜活动平安顺利进行。据悉，今年有两个伊斯兰组织ANSOL（安梭）和FPI

---

① 《国际日报》2014年9月1日，http://www.guojiribao.com/shtml/gjrb/20140901/162732.shtml。
② 《国际日报》2014年10月13日，http://www.guojiribao.com/shtml/gjrb/20141013/168760.shtml。
③ 《国际日报》2014年10月28日，http://www.guojiribao.com/shtml/gjrb/20141028/170535.shtml。

(伊斯兰教捍卫者阵线)约3000名伊斯兰教徒参加了防守教堂的工作。这是个新的突破和好的开端。印尼是潘查希拉的国度,允许信仰自由,各宗教团体应互相尊重、和谐共处、互相帮助。①

宗教部长吁加强伊斯兰温和教义,以对抗激进主义思想意识。2015年4月6日,印尼宗教部长在三宝垄为鲁克曼哈金(Lukman Hakim Saifuddin)Walisongo伊斯兰学院提升为Walisongo伊斯兰大学主持仪式并致辞。宗教部长表示,伊斯兰教义在印尼的传播是明智的、和平的和互相尊重的,没有像"伊斯兰国"那样实行暴力。政府将进一步加强与所有宗教团体和宗教领袖的合作,加强伊斯兰温和教义的传播,高举互相尊重和多元化的旗帜,以对抗激进主义思想意识的侵袭。②

宗教部制定法案保护教徒。2015年4月8日,宗教部长鲁克曼在北苏拉威西省省城万雅老市省政府大楼举行的第4届宗教信徒和睦论坛地区会议开幕式上宣布,宗教部制定的《宗教信徒保护法草案》(RUU PUB)将于4月底公布,征求社会公众、宗教界领袖提出批评意见和建议后再做修订,以便把这项法令编制得更完善。按照印尼宪法第11章规定,国家以至高无上的神为根基。国家保证每一位国民享有宗教信仰自由,并按照各自宗教和信仰进行祈祷。政府承认的宗教有6种,分别是伊斯兰教、基督教、天主教、佛教、印度教和孔教。伊斯兰教是主流强势宗教,信徒占全国总人口2.3亿人的87%左右。各种宗教势力强弱不一,大欺小、强凌弱的现象屡见不鲜、屡禁不止,即使是主流的伊斯兰教内众多不同教派之间的争斗或暴力冲突也司空见惯。因此立法保护宗教信徒的宪制权利是有必要的。

---

① 《国际日报》2014年12月27日,http://www.guojiribao.com/shtml/gjrb/20141227/4313.shtml。
② 《国际日报》2015年4月7日,http://www.guojiribao.com/shtml/gjrb/20150407/213952.shtml。

下篇
大事记及统计数据

一 2014年印度尼西亚大事记

1月1日 印尼警方反恐小组在雅加达近郊的丹格朗与6名恐怖分子嫌犯驳火9个小时，击毙拒捕的6人。

1月3日 印尼能源与矿产资源部定下2014年的煤炭产量指标为3.97亿吨。

1月12日 印尼原矿出口禁令正式生效。即日起，印尼政府将停止所有原矿出口，在印尼采矿的企业必须在当地冶炼或精炼后方可出口。

1月15日 雅加达水灾日趋严重，受水灾影响的民众已达46360人，12996个家庭。雅加达省长佐科威13日宣布雅加达处于水灾紧急状态，苏西洛总统当天也发出指示，要求官员及有关各方致力于救助灾民，特别是病人、儿童和老年人。

1月25日 中爪哇南部地区发生6.5级地震，加簿棉（Kebumen）、巴由马斯（Banyumas）、八加连（Purworejo）、马吉冷（Magelang）、谈满光（Temanggung）、班杜尔（Bantul）、芝拉扎（Cilacap）与日惹特区古仑帕罗科（Kulonprogo）等地有百余间民房遭损坏。

1月27日 俄罗斯政府通过海军陆战队向印尼政府交付37辆BMP-3F两栖坦克。目前，印尼海军陆战队已有总共54辆该国制造的两栖坦克。

1月28日 国会全体会议通过了由政府提出的国家能源政策。此项能源政策将延续至2050年，且有关能源的每一项条例，都应以这项政策作为参考。

1月29日 印尼海洋渔业部长苏达尔佐（Sharif Cicip Sutardjo）表示，在最近两年内，印尼已经不再进口消费食盐。国内消费食盐的产量已能基本自给自足。

2月12日 印尼金属工人工会联盟（FSPMI）属下数千工人周三在雅加达举行示威，要求提高明年工资30%以及不可再有医院或诊所拒绝人民治病。

2月13~14日 东爪哇省克卢德火山出现大范围喷发，23万电力用户中断，周边地区20万名居民被迫紧急撤离，约7.5万名民众在临时庇护所存身。

2月17日 印尼外交部长马蒂和到访的美国国务卿克里在雅加达就如何改善双边合作举行会谈。

2月23日 农业部副部长鲁斯曼（Rusman Heriawan）建议，政府在6个月期间暂停颁发特种大米和上等大米的许可证。在上述6个月期间，必须对全部大米进口商进行评估。

2月25日 俄罗斯副总理德米特里·奥·罗戈律将与经济统筹部长哈达·拉查沙（Hatta Radjasa）在雅加达举行第9届印俄贸易、经济，以及技术合作部门的共同委员会会议。

2月26日 印度尼西亚国军总司令穆尔多科访问中国并于26日与中国中央军委副主席范长龙在北京八一大楼进行了交谈。

2月26日 东加省政府将与俄罗斯铁路公司（Russian Railways）进行合作，在加里曼丹兴建铁路运输网。

2月27日 印尼肥料控股公司（PIHC）通过子公司——东加省肥料公司（PKT），与约旦磷酸盐公司（Jordan Phosphate Mines Company，JPMC）进行合作，在东加省Bontang地区兴建磷酸和硫酸工厂。

3月6日 韩国央行行长金仲秀和印尼银行行长阿古斯玛尔多瓦尔多约在印尼雅加达签署了货币互换协议。

3月12日 印尼总统苏西洛2014年3月12日签署了废除1967年安贝拉内阁第6号歧视华族"支那"称呼的通告，把印尼华人的称呼改回"中华"（Tionghoa），把对中国的称呼从RRC改为RRT（中华人民共和国）。

3月14日 民主斗争党总主席梅加瓦蒂（Megawati Soekarnoputri）公布

其政党的总统候选人为佐科。

3月19日　印尼能源与矿产资源部（ESDM）和新西兰签署谅解备忘录（MoU），将在印尼合作发展地热发电。

3月28日　全长727公里的爪哇北线双轨铁路竣工。

4月4日　苏西洛总统通过第14/2014号总统决定书，规定4月9日议会选举日为国定假日。

4月4日　宪法法院公布判决书，撤销2012年有关议员普选的第8号第247条第5款法令，这意味着普选速计结果可随时公布而无须等待投票计算结束2小时后才可公布的规定。

4月9日　2014～2019年国会、地方议会、地方代表理事会议员大选（普选）于本月举行。普选委员会（普委会KPU）已经把全国185613421人次的合法选民列入固定选民名册上，并呼吁民众（选民）积极踊跃投票。

4月22日　印尼政府批准电力私有化，终结了这一向以来由国家电力公司垄断的电力供应。

5月5日　印尼交通部与奥地利交通、创新和技术部达成协议，在印尼完善运输基础设施及发展运输技术等方面进行合作。

5月10日　根据2014年国会选举正式计票结果显示，印尼民主斗争党获27745122票胜选（119个席位）。星月党（PBB）与印尼公正团结党（PKPI）未能通过所规定的议会门槛。

6月6日　雅加达国际博览会隆重开幕。博览会持续至7月6日，在位于雅加达国际博览馆场所举行，有展示优质产品、文艺表演、美食、娱乐等一系列活动。

6月8日　中国新任驻印尼大使谢锋6日拜会印尼外交部礼宾与领事总司长鲁斯迪，向他递交国书副本。

6月16日　政府和国会预算委员会结果达成共识：于上周通过2014年国家收支预算修正案APBN-P2014。修改项目有：印币汇率为1美元兑11600盾。国民经济增长率5.5%；通货膨胀率5.3%。

7月6日　贸易部批准国营粮食局（Bulog）进口大米，防范大米产量降低。

7月9日　印尼总统大选选举投票日，选举2014～2019年度正副总统。

7月22日　普选委员会（普委会KPU）公布全国性投票计票结果，第二号组合佐科—卡拉以53.15%的得票率领先第一号组合普拉博沃—哈达46.85%的得票率，当选印尼2014～2019年度正、副总统。

7月22日　国电公司在哥伦打洛省运营使用生物质（玉米棒）的发电站，电容量0.5兆瓦。该发电站是印尼使用玉米棒为燃料的第一座发电站。

7月24日　印尼国防部于雅加达香格里拉大厅宴请中华人民共和国中央军事委员会副主席范长龙为首的随团一行。

7月24日　国营煤气（PGN）公司定下指标，建设全长45公里的Muara Karang-Muara Bekasi天然气管道工程将在2015年上旬竣工。

8月22日　印度尼西亚宪法法院推翻了败选总统候选人普拉博沃质疑选举结果的上诉，裁决7月的总统选举结果有效。

9月6日　印度尼西亚能源与矿产资源部长杰罗·瓦芝克（Jero Wacik）宣布辞职，成为现任内阁中第三个因陷入贪腐丑闻而落马的部长。

9月14日　印度尼西亚东部北马鲁古省14日发生沉船事故，造成14人死亡、12人失踪。

9月16日　印尼国会通过亚细安跨国界烟雾污染协议。

9月20日　印尼雅加达获得2018年亚运会主办权，这也是印尼自1962年举办第四届亚运会以来，时隔52年再次获得亚运会主办权。

9月24日　印度尼西亚前执政党民主党前主席阿纳斯被判贪污罪成立，判处8年监禁。

9月27日　印尼国会废除地方首长直选。印尼的省长、市长等地方领导人将由地方立法议会推举，而不再由人民投票选出。

10月6日　中国国家航天局与印度尼西亚海上安全协调机构在雅加达签署印尼遥感地面站项目合作谅解备忘录，以促进两国海上合作发展。

10月8～12日　国际规模博览会——2014年印尼贸易博览会（TEI）

举行，来自97个国家的12000个买家参加本次博览会。

10月27日　佐科总统在雅加达独立宫主持34位部长与2位副部长宣誓就职典礼。

11月2日　印尼和安哥拉政府签署能源合作协议。两国政府同意在互利互惠的基础上，推动经贸合作以及兴建炼油厂和天然气开发。

11月10~11日　在印尼工商总会（KADIN）与中国对外贸易促进协会（CCPIT）联合举办的"中国印尼海上丝绸之路贸易投资经济论坛"上，印尼与中国签订在各领域如物流、交通运输、采矿、能源、蔗糖业和建造工业区的12项合作备忘录。

11月25日　印尼财政部长班邦·布罗佐内戈罗（Bambang Brodjonegoro）在首都雅加达的财政部办公室内签署了协议，同意加入亚洲基础设施投资银行（Asian Infrastructure Investment Bank，简称"亚投行"）。

12月10日　大雅加达数千工人聚集街头游行示威，要求审查工人最低工资。

12月16日　印尼总统佐科在雅加达自由皇宫接收来自四国驻印尼新任大使递交的国书。驻印尼新任大使分别为英国大使Moazzam Malik，荷兰大使Rob Swartbol，黑山大使Branko Perovic，圣马力诺大使Germano Valle Barbero。

12月20日　暴雨使苏门答腊岛和爪哇多个地区受灾严重，北苏门答腊数千房屋受损。

12月21日　距民主党全国代表大会召开几周之前，民主党中央委员会宣布将进行重新选举，一致推举前总统苏西洛作为民主党主席。

12月24日　由于洪水继续在中爪哇、西爪哇和亚齐泛滥，成千上万公顷的稻田被淹，万隆宣布进入紧急状态。

12月27日　印尼文化与初中级教育部长阿尼斯·巴斯维丹表示国家考试将不再成为决定学生毕业的唯一决定性因素，学生的毕业许可权或将转移至学生所在的学校。

12月31日　印尼西部锡纳朋火山连夜喷发9次，相关部门向航空公司发出避免通过火山区的警报。

二 2014年中国—印度尼西亚关系大事记

3月25日 中国人民海军长白山舰电赴印度尼西亚参加"科摩多"多边人道主义救援演习。

3月25日 外交部副部长刘振民应约会见印度尼西亚战略与国际问题研究中心执行董事、知名学者瓦南迪,双方就中印尼关系、中国—东盟关系等交换了意见。

4月4日 中国科学院院长白春礼一行在雅加达访问了印度尼西亚科学院,双方签署了《科技合作谅解备忘录》,以推动两院间开展互惠互利型科技合作。此外,中国科学院植物研究所也与印度尼西亚科学院生物研究中心签署了合作协议。

4月8日 商务部发布本年度第20号公告,决定自2014年4月9日起,终止对原产于马来西亚、新加坡和印度尼西亚的进口丙烯酸酯所适用的反倾销措施。

4月20日 海军新闻发言人梁阳20日在青岛举行的新闻发布会上说,经中央军委批准,第14届西太平洋海军论坛年会将于4月22日开幕。中国海军向包括印度尼西亚在内的所有成员国发出了参会邀请。

4月23日 "海上合作—2014"多国海上联合演习在青岛附近海域举行。包括中国、印度尼西亚在内的8个国家参加了这次演习。

4月23日 中央军委副主席范长龙在青岛集体会见了来华出席西太海军论坛第14届年会的各国海军代表团团长。

5月5日 外交部副部长刘振民会见印尼新任驻华大使苏更。

5月12日 中国—印度尼西亚海上合作委员会第二次会议在印度尼西亚雅加达召开。双方一致认为,两国加强海上务实合作具有重要意义。

5月14日 外交部长王毅应约同印度尼西亚外交部长马蒂通电话。王毅应询介绍了目前中越海上摩擦的实际情况,马蒂表示印尼在南海主权问题上不持立场，愿与中方共同维护南海地区和平稳定。

6月3日　由中国海军远洋航海训练舰郑和舰、导弹护卫舰潍坊舰组成的舰艇编队抵达印度尼西亚泗水，开始对印尼进行为期5天的友好访问。

8月18日　作为中国—东盟文化交流年重点活动之一的"东盟最佳表演艺术—中国主宾国"展演活动在印度尼西亚首都雅加达举行。

8月26日　中央军委副主席范长龙在八一大楼会见来华参加第九届孙子兵法研讨会的印度尼西亚国防部副部长沙夫里。

9月15日　中国国务院侨务办公室主任裘援平一行开始赴东南亚访问，代表团先后到访缅甸、印度尼西亚和新加坡，推动当地侨胞与祖（籍）国的交流与合作，促进中国与缅、印尼、新等国关系发展。

9月21日　中央军委副主席范长龙在钓鱼台国宾馆会见到访的印度尼西亚国防部长普尔诺莫。双方表示要进一步加强两军高层交往与务实合作，推动两国两军关系全面深入发展。

9月22日　中国国务委员兼国防部长常万全在北京八一大楼与到访的印度尼西亚国防部长普尔诺莫举行会谈。

10月24日　国家主席习近平同印度尼西亚总统佐科·维多多通电话。习近平祝贺佐科就任印尼新一届总统。

11月1日　外交部发言人洪磊宣布，应印度尼西亚外交部长蕾特诺·马尔苏迪邀请，外交部长王毅将于2日至3日访问印尼。

11月9日　中国国家主席习近平在人民大会堂会见到访的印度尼西亚总统佐科。双方表示要以海上和基础设施建设等领域为重点，带动两国整体合作。

12月12日　全国人大常委会副委员长张平在人民大会堂会见了由丹多维·叶海亚副主席率领的印度尼西亚国会第一委员会代表团一行。双方就中印尼关系、立法机构间的交流等共同关心的话题交换了意见。

三 经济社会数据统计表格

表1 印尼人口数量及增长率

单位：千人，%

省份	人口		人口增长率	
	2010年	2014年	2001~2010年	2010~2014年
亚齐特区	4494.4	4906.8	2.36	2.06
北苏门答腊省	12982.2	13766.9	1.1	1.39
西苏门答腊省	4846.9	5131.9	1.34	1.34
廖内省	5538.4	6188.4	3.58	2.64
占碑省	3092.3	3344.4	2.56	1.85
南苏门答腊省	7450.4	7941.5	1.85	1.5
明古鲁省	1715.5	1844.8	1.67	1.74
楠榜省	7608.4	8026.2	1.24	1.26
邦加—勿里洞省	1223.3	1343.9	3.14	2.23
廖内群岛省	1679.2	1917.4	4.95	3.16
大雅加达首都特区	9607.8	10075.3	1.41	1.11
西爪哇省	43053.7	46029.6	1.9	1.58
中爪哇省	32382.7	33522.7	0.37	0.82
日惹特区	3457.5	3637.1	1.04	1.2
东爪哇省	37476.8	38610.2	0.76	0.69
万丹省	10632.2	11704.9	2.78	2.3
巴厘省	3890.8	4104.9	2.15	1.24
西努沙登加拉省	4500.2	4773.8	1.17	1.4
东努沙登加拉省	4683.8	5036.9	2.07	1.71
西加里曼丹省	4396	4716.1	0.91	1.68
中加里曼丹省	2212.1	2439.9	1.79	2.38
南加里曼丹省	3626.6	3922.8	1.99	1.87
东加里曼丹省	3553.1	3351.4	3.81	2.64
北加里曼丹省	—	618.2	—	—

续表

省份	人口		人口增长率	
	2010年	2014年	2001~2010年	2010~2014年
北苏拉威西省	2270.6	2386.6	1.28	1.17
中苏拉威西省	2635	2831.3	1.95	1.71
南苏拉威西省	8034.8	8432.2	1.17	1.13
东南苏拉威西省	2232.6	2448.1	2.08	2.2
哥伦达洛省	1040.2	1115.6	2.26	1.65
西苏拉威西省	1158.6	1258.1	2.68	1.95
马鲁古省	1533.5	1657.4	2.8	1.82
北马鲁古省	1038.1	1138.7	2.47	2.21
西巴布亚省	760.4	849.8	3.71	2.65
巴布亚省	2833.4	3091	5.39	1.99

表2 2010~2014年印尼国内生产总值（现行市场价格）

单位：亿印尼盾

行业分类	2010年	2011年	2012年	2013年	2014年
1. 农业、畜牧业、林业和渔业	985470.5	1091447.1	1193452.9	1310427.3	1446722.3
a. 粮食作物	482377.1	529967.8	574916.3	621832.7	668337.7
b. 地产作物	136048.5	153709.3	162542.6	174638.4	192921.5
c. 畜牧业及其产品	119371.7	129297.7	145720.0	165162.9	184246.5
d. 林业	48289.8	51781.3	54906.5	56994.2	60872.8
e. 渔业	199383.4	226691.0	255367.5	291799.1	340343.8
2. 采掘业	719710.1	876983.8	972458.4	1026297.0	1058750.2
a. 石油和天然气开采	290467.3	370222.9	386560.2	401139.1	413105.2
b. 非油气开采	332970.0	397629.1	461651.0	482823.2	480081.2
c. 采石	96272.8	109131.8	124247.2	142334.7	165563.8

续表

行业分类	2010年	2011年	2012年	2013年	2014年
3. 制造业	1599073.1	1806140.5	1972523.6	2152802.8	2394004.9
a. 石油和天然气制造业	214432.7	253078.6	254556.7	267003.5	290286.4
1）石油精炼厂	124110.7	131482.3	130273.6	144769.7	161457.8
2）液化天然气	90322.0	121596.3	124283.1	122233.8	128828.6
b. 非油气制造业	1384640.4	1553061.9	1717966.9	1885799.3	2103718.5
1）食品、饮料和烟草行业	465367.9	546752.0	623194.6	674269.4	776857.7
2）纺织、皮革制品及制鞋业	124204.2	143385.2	156634.1	172422.5	186355.1
3）木材及其他产品行业	80541.6	84481.4	85495.4	94651.1	106839.6
4）印刷品行业	65822.2	69339.6	67109.5	72781.3	80600.9
5）肥料、化工及橡胶制品行业	176212.4	189700.0	216863.8	230236.1	242599.1
6）水泥、采石和非金属产品行业	45514.5	50790.5	57996.3	63973.8	67933.8
7）钢铁基础金属工业	26853.9	31101.1	33212.7	35746.1	38615.3
8）运输设备、机械设备行业	389600.1	426233.7	465889.1	529828.8	590282.0
9）其他制造业产品	10523.6	11278.4	11571.4	11890.2	13635.0
4. 电力、天然气和水供应	49119.0	55882.3	62271.6	70339.6	81131.0
a. 电力	30450.3	35443.1	39377.6	46521.5	54730.7
b. 城市燃气	13353.7	14833.9	16906.7	17379.8	19456.6
c. 水供应	5315.0	5605.3	5987.3	6438.3	6943.7
5. 建筑业	660890.5	753554.6	844090.9	907267.0	1014540.8
6. 贸易、酒店和餐馆	882487.2	1023724.8	1148791.0	1301175.0	1473559.7
a. 批发零售贸易	703565.8	827456.5	929746.1	1052709.3	1191231.4
b. 酒店	23876.6	26560.5	32276.6	39453.6	46970.2
c. 餐馆	155044.8	169707.8	186768.3	209012.1	235358.1
7. 运输与通信	423172.2	491287.0	549105.4	635302.9	745648.2
a. 交通运输	217318.1	254524.2	287346.1	344485.8	425179.0
1）铁路运输	2260.2	2367.1	2478.3	2687.2	3626.4
2）公路运输	121863.0	140603.6	152548.2	184216.1	220916.9
3）海洋运输	16929.8	18589.9	19661.8	21656.3	25419.5
4）河流、湖泊和渡轮运输	6918.1	7646.2	8765.7	10675.9	12543.2
5）航空运输	34781.0	46701.8	62153.3	79038.2	111231.8
6）服务于运输	34566.0	38615.6	41738.8	46212.1	51441.2
b. 通信	205854.1	236762.8	261759.3	290817.1	320469.2

续表

行业分类	2010年	2011年	2012年	2013年	2014年
8. 金融、房地产和商业服务	466563.8	535152.9	598433.3	682973.2	771961.5
a. 银行	146914.5	166489.8	191095.0	224972.7	252216.3
b. 非银行金融机构	59201.4	70576.4	79807.1	90870.8	103994.7
c. 服务于金融业	3481.1	4075.8	4582.2	5117.1	5662.5
d. 房地产	168220.6	191928.5	209521.8	232221.7	258868.5
e. 商务服务	88746.2	102082.4	113427.2	129790.9	151219.5
9. 服务业	660365.5	785014.1	889798.8	1000691.7	1108610.3
a. 政府	359840.9	433370.9	486315.2	541191.3	579981.2
1）政府行政与国防	220543.4	266410.1	300520.4	333960.9	358608.7
2）其他政府服务	139297.5	166960.8	185794.8	207230.4	221372.5
b. 私人	300524.6	351643.2	403483.6	459500.4	528629.1
1）社会和社区服务	114237.6	135184.9	159177.1	185103.2	215684.0
2）娱乐和娱乐服务	17345.0	20455.7	23069.3	26483.8	31351.5
3）个人和家庭服务	168942.0	196002.6	221237.2	247913.4	281593.6
国内生产总值	6446851.9	7419187.1	8230925.9	9087276.5	10094928.9
非油气行业的国内生产总值	5941951.9	6795885.6	7589809.0	8419133.4	9391537.3

表3 2010~2014年印尼国内生产总值增长率

单位：%

行业分类	2010年	2011年	2012年	2013年	2014年
1. 农业、畜牧业、林业和渔业	3.01	3.37	4.20	3.44	3.29
a. 粮食作物	1.64	1.75	3.09	1.90	1.33
b. 地产作物	3.49	4.47	6.22	4.40	4.79
c. 畜牧业及其产品	4.27	4.78	4.69	4.73	4.69
d. 林业	2.41	0.85	0.16	0.11	0.19
e. 渔业	6.04	6.96	6.49	6.86	6.97
2. 采掘业	3.86	1.60	1.58	1.41	-0.22
a. 石油和天然气开采	0.96	-1.03	-3.64	-3.16	-2.60
b. 非油气开采	7.30	3.41	6.58	5.30	0.19
c. 采石	6.50	7.32	7.45	6.23	6.28

续表

行业分类	2010年	2011年	2012年	2013年	2014年
3. 制造业	4.74	6.14	5.74	5.56	4.86
a. 石油和天然气制造业	0.56	-0.94	-2.80	-1.76	-2.27
1) 石油精炼厂	1.25	0.53	-1.93	1.14	1.32
2) 液化天然气	0.01	-2.15	-3.53	-4.26	-5.53
b. 非油气制造业	5.12	6.74	6.42	6.10	5.34
1) 食品、饮料和烟草行业	2.78	9.14	7.57	3.34	7.24
2) 纺织、皮革制品及制鞋业	1.77	7.52	4.27	6.06	2.35
3) 木材及其他产品行业	-3.47	0.35	-3.14	6.18	7.33
4) 印刷品行业	1.67	1.40	-4.75	4.45	6.15
5) 肥料、化工及橡胶制品行业	4.70	3.95	10.50	2.21	1.27
6) 水泥、采石和非金属产品行业	2.18	7.19	7.80	3.00	1.52
7) 钢铁基础金属工业	2.38	13.06	5.86	6.93	4.21
8) 运输设备、机械设备行业	10.38	6.81	7.03	10.54	6.05
9) 其他制造业产品	3.00	1.82	-1.13	-0.70	8.91
4. 电力、天然气和水供应	5.33	4.71	6.32	5.78	5.50
a. 电力	5.42	8.22	8.46	7.98	6.18
b. 城市燃气	4.92	-2.84	2.45	1.43	5.17
c. 水供应	5.76	3.28	2.99	2.40	2.27
5. 建筑业	6.95	6.07	7.39	6.57	6.58
6. 贸易、酒店和餐馆	8.69	9.24	8.16	5.89	4.64
a. 批发零售贸易	9.70	10.01	8.68	5.84	4.42
b. 酒店	6.78	10.09	9.56	8.91	8.15
c. 餐馆	3.31	4.16	4.22	5.24	4.96
7. 运输与通信	13.41	10.70	9.98	9.80	9.31
a. 交通运输	7.19	7.68	6.57	7.06	7.43
1) 铁路运输	5.02	-3.99	-6.67	2.71	21.00
2) 公路运输	5.11	6.57	7.13	7.82	7.73
3) 海洋运输	0.10	3.30	4.27	6.09	6.95
4) 河流、湖泊和渡轮运输	7.37	4.02	6.66	6.97	6.82
5) 航空运输	18.99	14.34	8.30	5.78	6.77
6) 服务于运输	5.20	6.85	5.39	7.47	7.35
b. 通信	17.81	12.64	12.08	11.41	10.36

续表

行业分类	2010年	2011年	2012年	2013年	2014年
8. 金融、房地产和商业服务	5.67	6.84	7.14	7.57	5.96
a. 银行	4.78	6.90	8.30	9.19	4.73
b. 非银行金融机构	6.53	7.30	7.02	7.07	7.59
c. 服务于金融业	5.89	7.87	6.31	5.10	3.95
d. 房地产	5.53	6.32	6.05	6.02	5.20
e. 商务服务	7.43	7.30	6.48	6.81	9.15
9. 服务业	6.04	6.80	5.22	5.47	5.92
a. 政府	4.65	5.39	1.82	1.45	1.23
1）政府行政与国防	4.57	5.33	1.69	1.37	1.22
2）其他政府服务	4.78	5.49	2.05	1.58	1.25
b. 私人	7.10	7.85	7.68	8.23	8.94
1）社会和社区服务	6.41	6.99	7.19	7.30	8.02
2）娱乐和娱乐服务	7.46	8.17	7.74	8.86	8.97
3）个人和家庭服务	7.32	8.13	7.86	8.50	9.28
国内生产总值	6.22	6.49	6.26	5.73	5.06
非油气行业的国内生产总值	6.60	6.98	6.85	6.20	5.44

表4　印尼主要进口产品（2010～2014年）

单位：(到岸价：百万美元)

产品	2010年	2011年	2012年	2013年	2014年
大米	360.8	1513.2	945.6	246	388.2
化肥	1403.4	2587.5	2619.3	1747.6	1822.1
原油	27412.7	40701.5	42564.2	45266.4	43459.9
钢铁管材	1594.5	1631.0	2554.5	2302.6	1789.9
机动车辆	2863.3	4196.2	5542.2	3361.8	2328.9
电信设备	6360.2	7443.5	7519.4	7480.6	7010.6
特种工业机械	6309.8	8742.1	14598.7	12954.7	12292.1
水泥	81.8	97.2	213.2	255.1	249.6

表5　印尼主要出口产品（2010～2014年）

单位：（离岸价：百万美元）

产　品	2010年	2011年	2012年	2013年	2014年
原油	10402.9	13828.7	12293.4	10204.7	9215.0
石油产品	3967.3	4776.8	4163.4	4299.1	3623.5
天然气	13669.5	22871.5	20520.5	18129.2	17180.3
烟草	73.7	61.6	61.6	97.1	83.1
水果	131.8	173.0	183.4	186.6	302.2
咖啡	812.3	1034.7	1243.8	1166.2	1030.7
茶	149.6	136.4	125.0	131.3	107.3
可可豆	1191.5	617.1	388.3	449.9	200.7
金枪鱼	197.1	219.4	299.9	276.7	210.3
虾	861.9	1066.0	1065.2	1346.4	1706.8
螃蟹与扇贝	169.7	254.9	312.6	283.6	269.0
煤	18499.4	27221.9	26166.3	24501.4	20819.3
铜矿	6882.2	4700.6	2595.4	3007.1	1683.9
镍矿	532.4	1428.0	1489.1	1685.2	1859.1
棕榈油	13469.0	17261.2	17602.2	15838.9	17464.9
服装	6598.1	7801.6	7304.8	7502	7451.1
鞋	2501.8	3301.9	3524.6	3860.4	4108.4
胶合板	1635.4	1953.3	2011.4	2176.2	2372.5
纸及其制品	4241.8	4214.5	3972.1	3802.2	3779.9
橡胶粉	6942.7	11209.3	7523.6	6609.6	4539.7
铜产品	3305.8	3810.7	1886.2	1737.6	1967.4
音像产品	3875.4	3626.3	3969.6	3727.3	3169.2
电脑及其组件	873.5	718.2	691.5	532.9	568.6
电气设备	6335.5	7364.3	6481.9	6418.6	6259.1

表6 印尼主要进口国家和地区

单位：百万美元

国家/地区		2010年	2011年	2012年	2013年	2014年
亚洲	东盟	38912.2	51108.9	53662.2	53851.4	50726
	泰国	7470.7	10405.1	11438.3	10703.1	9781.0
	新加坡	20240.8	25964.7	26087.3	25581.8	25185.7
	菲律宾	706.3	852.4	799.7	777.4	699.7
	马来西亚	8648.7	10404.9	12243.5	13322.5	10855.4
	缅甸	31.9	71.3	63.5	73.2	122.1
	柬埔寨	4.7	7.9	11.6	17.8	18.7
	文莱	666.2	1018.4	419.8	645.4	594.3
	老挝	0.6	1.3	3.3	7.6	51.3
	越南	1142.3	2382.9	2595.0	2722.6	3417.8
	日本	16965.8	19436.6	22767.8	19284.3	17007.6
	中国	20424.2	26212.2	29385.8	29849.5	30624.3
	韩国	7703.0	12999.7	11970.4	11592.6	11847.4
	其他	17016.9	22505.3	24086.7	24471.9	23050.8
非洲		2455.4	4029.9	5703.4	5549.6	5465.6
大洋洲	澳大利亚	4099.0	5177.1	5297.6	5038.2	5647.5
	新西兰	726.9	729.2	696.3	806	836
	其他	54.3	37.6	62.4	23.4	38.5
美洲	北美自贸区	10720.5	13241.7	13981.8	11648.9	10217.8
	美国	9399.2	10813.2	11602.6	9065.7	8170.1
	加拿大	1108.4	2015.8	1810.8	2067.4	1860.2
	墨西哥	212.9	412.7	568.4	515.8	187.5
	拉丁美洲	3212.9	4231.1	4457	4768.4	4562.3

续表

	国家/地区	2010年	2011年	2012年	2013年	2014年
欧洲	欧盟	9862.5	12499.7	14132.2	13708.1	12691.4
	英国	937.9	1173.9	1366.3	1081.9	894.8
	荷兰	681.9	808.5	880.2	1033.8	908.3
	法国	1340.5	2004.6	1924.2	1590.7	1332.5
	德国	3006.7	3393.8	4188.6	4426.3	4091.2
	奥地利	292	396.4	324.5	383.6	343
	比利时	555.4	593.6	628.1	642.5	585.5
	丹麦	168.4	176.2	173.5	199.3	168.0
	瑞士	725.6	886.2	1298.7	825.6	691.1
	芬兰	358.7	500.1	448.8	442.5	668.4
	爱尔兰	102.0	107.9	109.9	115.8	100.9
	意大利	909.7	1222.8	1523.8	1695.6	1722.9
	西班牙	309.3	379.6	459.1	545.2	517.1
	其他欧盟国家	474.4	856.1	806.5	725.3	667.9
	其他欧洲国家	3509.7	5226.6	5485.9	6036.4	5463.4
总计		135663.3	177435.6	191689.5	186628.7	178178.8

表7 印尼主要出口国家和地区

单位：百万美元

	国家/地区	2010年	2011年	2012年	2013年	2014年
亚洲	东盟	33347.5	42098.9	41829.1	40630.0	39668.1
	泰国	4566.6	5896.7	6635.1	6061.9	5783.1
	新加坡	13723.3	18443.9	17135.0	16686.3	16728.3
	菲律宾	3180.7	3699.0	3707.6	3817.0	3887.8
	马来西亚	9362.6	10995.8	11278.3	10666.6	9730.0
	缅甸	284.2	359.5	401.6	556.4	566.9
	柬埔寨	217.7	259.5	292.2	312.4	415.8

续表

国家/地区		2010年	2011年	2012年	2013年	2014年
亚洲	文莱	61.0	81.7	81.8	122.7	100.3
	老挝	5.5	8.6	23.8	5.8	4.6
	越南	1946.2	2354.2	2273.7	2400.9	2451.3
	日本	25781.8	33714.7	30135.1	27086.3	23117.5
	中国香港	2501.4	3215.5	2631.9	2693.3	2777.6
	韩国	12574.6	16388.8	15049.9	11422.5	10601.1
	中国台湾	4837.6	6584.9	6242.5	5862.4	6425.1
	中国	15692.6	22941.0	21659.5	22601.5	17605.9
	其他	17406.6	22902.8	22059.7	22630.6	24076.8
非洲		3657.0	5675.3	5713.7	5615.5	6262.9
大洋洲	澳大利亚	4244.4	5582.5	4905.4	4370.5	4948.4
	新西兰	396.2	371.7	441.0	469.5	481.4
	其他	249.8	348.9	336.4	367.5	308.6
美洲	北美自贸区	15761.2	18077.8	16316.7	17161.3	18136.0
	美国	14266.6	16459.1	14874.4	15691.7	16530.1
	加拿大	731.9	960.3	792.4	782.3	755.0
	墨西哥	762.7	658.4	649.9	687.3	850.1
	拉丁美洲	2740.3	3295.2	2975.2	3018.5	2819.0
欧洲	欧盟	17127.4	20508.9	18027.3	16763.7	16893.6
	英国	1693.2	1719.7	1696.8	1634.8	1658.6
	荷兰	3722.5	5132.5	4664.3	4106.0	3984.6
	法国	1122.8	1284.6	1128.2	1062.7	1019.3
	德国	2984.7	3304.7	3075.0	2883.4	2821.6
	比利时	1190.1	1374.7	1297.7	1259.3	1217.3

续表

国家/地区		2010年	2011年	2012年	2013年	2014年
欧洲	丹麦	180.2	250.2	229.4	224.5	226.6
	瑞典	156.5	170.4	166.3	162.4	177.1
	芬兰	122.7	219.0	197.8	149.1	111.4
	意大利	2370.0	3168.3	2277.0	2128.6	2286.9
	西班牙	2328.7	2427.9	2069.3	1810.4	1937.6
	希腊	155.4	157.5	139.9	149.2	157.4
	波兰	313.3	379.5	340.0	365.4	396.0
	其他欧盟国家	787.3	919.9	745.6	827.9	899.1
	其他欧洲国家	1450.7	1789.7	1696.9	1858.7	1778.1
总计		157779.1	203496.6	190020.3	182551.8	175980.0

表8　2015年印尼主要外资来源国家和地区

单位：百万美元，个

排名	国家/地区	投资额	项目数
1	新加坡	5832.1	1302
2	日本	2705.1	1010
3	马来西亚	1776.3	448
4	荷兰	1726.3	181
5	英国	1588.0	182
6	美国	1299.5	179
7	韩国	1126.6	1054
8	中国	800	501
9	中国香港	657.3	197
10	澳大利亚	647.3	226
11	英属维尔京群岛	624	240
12	毛里求斯	540.7	45

续表

排名	国家/地区	投资额	项目数
13	泰国	317.7	55
14	法国	200.2	115
15	加拿大	164.2	34
16	瑞士	150.8	56
17	塞舌尔	118.8	15
18	中国台湾	114.7	150
19	卢森堡	85.8	23
20	土耳其	64.1	25
21	意大利	63	51
22	德国	50.2	115
23	阿富汗	42.3	6
24	印度	37.1	137
25	开曼群岛	28.5	23
26	阿联酋	25.4	22
27	新西兰	17.5	15
28	西班牙	15.7	25
29	西萨摩亚	15.3	13
30	比利时	13.6	21
31	菲律宾	11.5	10
32	塞浦路斯	7.6	2
33	马绍尔群岛	4.8	9
34	波兰	4.4	5
35	芬兰	3.6	7
36	俄罗斯	3.6	25
37	巴哈马	3.3	2
38	约旦	3.1	3
39	沙特	2.9	6
40	巴基斯坦	2.5	20
41	瑞典	1.7	12

续表

排名	国家/地区	投资额	项目数
42	奥地利	1.6	13
43	丹麦	1.4	15
44	黎巴嫩	0.9	5
45	文莱	0.8	2
46	伊朗	0.7	5
47	肯尼亚	0.7	2
48	波多黎各	0.6	1
49	埃及	0.6	3
50	匈牙利	0.5	3
51	南非	0.5	1
52	孟加拉国	0.5	2
53	尼日利亚	0.5	4
54	刚果	0.5	1
55	几内亚	0.5	3
56	葡萄牙	0.4	1
57	伊拉克	0.4	2
58	摩洛哥	0.3	2
59	马里	0.3	2
60	坦桑尼亚	0.2	1
61	捷克	0.2	4
62	布基纳法索	0.2	1
63	索马里	0.2	1
64	海峡群岛	0.2	1
65	爱沙尼亚	0.2	2
66	马尔代夫	0.1	3
67	挪威	0.1	3
68	柬埔寨	0.1	1
69	越南	0	2
70	尼泊尔	0	1

续表

排名	国家/地区	投资额	项目数
71	苏格兰	0	3
72	突尼斯	0	1
73	巴拿马	0	7
74	阿根廷	0	1
75	保加利亚	0	2
76	直布罗陀	0	1
77	冈比亚	0	1
78	伯利兹	0	1
79	墨西哥	0	1
80	冰岛	0	1
81	斯诺文尼亚	0	1
82	巴西	0	2
83	斯洛伐克	0	2
84	危地马拉	0	2
85	其他	7619.4	2205
总 计		28529.7	8885

表9 2014年印尼外商主要投资行业

单位：百万美元，个

编号	投资行业	投资额	项目数
1	采掘业	4665.1	552
2	食品工业	3139.6	640
3	交通运输、仓储及通信	3000.9	228
4	金属、机械、电子行业	2471.9	690
5	化工医药行业	2323.4	377
6	粮食作物和种植园	2206.7	324
7	运输设备及其他运输行业	2061.3	295
8	建筑业	1383.6	147

续表

编号	投资行业	投资额	项目数
9	电力、煤气、水的供应	1248.8	118
10	房地产、工业地产、办公楼	1168.4	255
11	非金属矿产	916.9	104
12	贸易和修理	866.8	2339
13	纸和印刷业	706.5	87
14	橡胶与塑料工业	543.9	255
15	酒店宾馆	513.1	407
16	纺织业	422.5	285
17	其他服务业	337.5	1339
18	皮具及鞋业	210.6	102
19	其他产业	151.8	168
20	木材工业	63.7	61
21	林业	53.3	28
22	渔业	35.3	47
23	畜牧业	30.8	26
24	医疗器械、精密光学仪器和钟表业	7.2	11
	总计	28529.7	8885

表10　印尼2010～2014年外国游客数量

单位：人

国家/地区	2010年	2011年	2012年	2013年	2014年
亚太地区	5527342	6050406	6376116	6943413	7475050
文莱	35874	38679	16423	16932	19078
马来西亚	1171737	1173351	1269089	1380686	1418256
菲律宾	171181	210029	236866	247573	248182
新加坡	1206360	1324839	1324706	1432060	1559044
泰国	111645	115036	114867	125059	114272
越南	24929	31106	33598	43249	48018
中国香港	73658	84985	81782	95258	94560

续表

国家/地区	2010年	2011年	2012年	2013年	2014年
印度	159373	181791	196983	231266	267082
日本	416151	423113	463486	497399	505175
韩国	296060	320596	328989	351154	352004
巴基斯坦	5772	6598	5330	6281	7057
孟加拉国	5557	6394	5998	8132	13891
斯里兰卡	6195	7019	8786	8288	8760
中国台湾	214192	228922	217708	247146	220328
中国	511188	594997	726088	858140	1050705
澳大利亚	769585	933376	952717	983911	1145576
新西兰	45335	52458	59606	67852	79380
其他	302550	317117	333144	343027	321682
美洲	255465	293306	312525	343573	361220
美国	177677	203205	217599	236375	246397
加拿大	48349	57129	58245	65385	68432
其他	29439	32972	36681	41813	46391
欧洲	1048543	1110871	1174079	1285097	1337552
奥地利	16889	17374	19120	21645	20599
比利时	24493	24579	28243	34414	33601
丹麦	17565	19950	21168	22890	22577
法国	160913	171736	184273	201917	208537
德国	144411	149110	158212	173470	184463
意大利	39211	42256	46651	56705	62265
荷兰	158957	163268	152749	161402	168494
西班牙	30574	30657	34991	39383	47376
葡萄牙	11629	13661	15406	18194	17675
瑞典	24603	26504	26097	29281	32308
挪威	16226	17803	17118	18174	17253
芬兰	11566	13137	15035	15074	15332
瑞士	35334	38704	37756	43906	45567
英国	192335	201221	219726	236794	244594

续表

国家/地区	2010 年	2011 年	2012 年	2013 年	2014 年
俄罗斯	83836	96438	99448	99872	94345
其他	80001	84473	98086	111976	122566
中东和非洲	171594	195148	181692	230046	261589
总 计	7002944	7649731	8044462	8802129	9435411

表 11　2013 年和 2014 年印尼有识字能力人口比例

单位：%

年龄段	城 市		农 村		城乡总和	
	2013 年	2014 年	2013 年	2014 年	2013 年	2014 年
15～19 岁	99.91	99.97	99.21	99.40	99.57	99.69
20～24 岁	99.88	99.97	98.87	99.29	99.42	99.67
25～29 岁	99.61	99.80	97.57	98.09	98.62	98.97
30～34 岁	99.51	99.64	97.04	97.61	98.34	98.67
35～39 岁	99.21	99.63	96.35	96.51	97.82	98.12
40～44 岁	98.38	98.98	94.18	95.44	96.30	97.23
45～49 岁	96.71	97.50	90.34	91.37	93.55	94.46
50 岁以上	88.11	93.02	75.85	84.23	81.71	88.44
总 计	96.63	97.97	91.12	93.69	93.92	95.88

表 12　2012/2013～2013/2014 年印尼学校、老师和学生的数量

学校类别		2012/2013			2013/2014		
		学校	教师	学生	学校	教师	学生
教育部管辖	幼儿园	71356	213823	3993929	74982	302182	4174783
	小学	148272	1533991	26769680	148272	1539819	26504160
	初中	35527	552083	9653093	35488	596089	9715203
	高中	12107	252405	4272860	12409	278711	4292288
	职业高中	10673	176856	4189519	11726	186401	4199657
	大学	—	—	—	3280	230915	5839587

续表

学校类别		2012/2013			2013/2014		
		学校	教师	学生	学校	教师	学生
宗教部管辖	小学	23939	336843	3269771	23678	262090	3290240
	初中	15594	324351	2781647	16283	266278	2817027
	高中	6728	198359	1065922	7260	132277	1099366
	大学	—	—	—	678	26671	613665

资料来源：表1、表2、表3、表4、表5、表6、表7、表10、表11、表12来源于 *Statistical Yearbook of Indonesia 2015*，印度尼西亚中央统计局，http：//www.bps.go.id/；

表8、表9数据来源于 *DOMESTIC AND FOREIGN DIRECT INVESTMENT REALIZATION IN QUARTER IV AND JANUARY-DECEMBER 2014*，印度尼西亚投资协调委员会，http：//www6.bkpm.go.id/file_uploaded/public/Bahan%20Paparan%20TW%20IV%202014–Eng.pdf。

附　主要参考文献和资料

一　文献类

（一）著作、报告类

1. 厦门大学历史系印度尼西亚简史编写组：《印度尼西亚简史》，商务印书馆，1978年。

2. *Statistical Yearbook of Indonesia* 2014，印度尼西亚中央统计局，2014年。

3. *Statistical Yearbook of Indonesia* 2015，印度尼西亚中央统计局，2015年。

4. 《BP世界能源统计年鉴（2015年版）》，英国石油公司（BP公司），2015年。

5. 《2015年营商环境报告》，世界银行，2015年。

6. *DOMESTIC AND FOREIGN DIRECT INVESTMENT REALIZATION IN QUARTER IV AND JANUARY-DECEMBER* 2014，印度尼西亚投资协调委员会，2015年。

（二）论文类

1. 维克拉姆·尼赫鲁（Vikram Nehru）：《佐科维迎击经济政治双重挑战》，永年译，《博鳌观察》2014年10月。

2. 秦为芬：《印尼电力产业现状、规划分析及对中方之启示》，《战略决策研究》2015年第1期。

3. 庄毅：《当前印尼矿业发展现状及其政策分析》，《东南亚纵横》2013 年 02 期。

4. 吴世勇，张德荣：《印度尼西亚水电开发考察启示》，《四川水力发电》第 34 卷，第 2 期，2015 年 4 月。

5. 唐新华，邱房贵：《论印度尼西亚矿业投资环境及其相关法律制度》，《东南亚纵横》2015 年第 3 期。

6. 刘佳欣：《印尼出口政策梳理与趋势分析》，《中国粉体工业》2014 年第 1 期。

7. 郑娟尔，袁国华：《王世虎. 印尼矿业法规政策变化对中国的影响研究》，《中国国土资源经济》2014 年第 5 期。

8. 吴崇伯：《论中国与印尼的能源合作》，《人民论坛·学术前沿》2014 年 4 月 15 日第 8 期。

9. 郑国富：《中国与印度尼西亚双边经贸合作关系论析》，《江南社会学院学报》2015 年 1 月。

10. 杨晓强，欧芮：《印度尼西亚：2013 年回顾与 2014 年展望》，《东南亚纵横》2014 年 2 月。

11. 金亚杰：《印尼石油业现状及投资机遇分析》，《石油观察》2014 年第 2 期。

12. 姜雅：《万岛之国如何应对灾害频频——印度尼西亚地灾与防治概况》，《资源导刊》2015 年第 4 期。

13. 张党琼：《印度尼西亚：千岛之国的多样文化》，《今日民族》2013 年第 2 期。

14. 谢晶仁：《印尼新能源战略分析及对我国的启示》，《农业工程技术》2012 年第 3 期。

15. "Prashnath Parameswaran. Between Aspiration and Reality：Indonesian Foreign Policy After the 2014 Elections", the Washington Quarterly, Fall 2014.

二 报刊类（以2014年全年和2015年1～6月报刊为主）

1. （印度尼西亚）The Jakarta Post
2. （印度尼西亚）The Jakarta Globe
3. （印度尼西亚）《国际日报》
4. （印度尼西亚）《千岛日报》
5. （印度尼西亚）《商报》
6. （印度尼西亚）《星洲日报》
7. *The Wall Street Journal*
8. 《亚太日报》
9. 《亚洲周刊》
10. 《联合早报》
11. 《人民日报》

三 网站类

（一）印度尼西亚

1. 印度尼西亚中央统计局，http：//www.bps.go.id/
2. 印度尼西亚外交部官网，http：//www.kemlu.go.id/Pages/Default.aspx
3. 印尼驻华大使馆，http：//www.kemlu.go.id/beijing/
4. 印度尼西亚中央银行，http：//www.bi.go.id/en/moneter/informasi-kurs/referensi-jisdor/Default.aspx
5. 印尼华人网，http：//www.ydnxy.com/
6. 安塔新闻社（*Antaranews*），http：//www.antaranews.com/

（二）中国

1. 中华人民共和国外交部，http：//www.fmprc.gov.cn/

2. 中国商务部，http：//www. mofcom. gov. cn/

3. 中华人民共和国驻印度尼西亚共和国大使馆经济商务参赞处，http：//id. mofcom. gov. cn/

4. 中华人民共和国驻棉兰总领馆经济商务室，http：//medan. mofcom. gov. cn/

5. 中国国际贸易促进委员会，http：//www. ccpit. org/

6. 新华网，http：//news. xinhuanet. com/

7. 中新网，http：//www. chinadaily. com. cn/

8. 参考消息，http：//www. cankaoxiaoxi. com/

9. 中国新闻网，http：//www. chinanews. com/

10. 中国经济网，http：//intl. ce. cn/

11. 中国贸易促进网，http：//www. tdb. org. cn/

12. 中国林业网，印度尼西亚林业，http：//indonesia. forestry. gov. cn/

（三）国际

1. The Diplomat，http：//thediplomat. com/

2. The Economist，http：//www. economist. com/

3. Global Business Guide Indonesia，http：//www. gbgindonesia. com/

4. cogit ASIA CSIS Asia Policy Blog，http：//cogitasia. com/

5. Lowy Institute for International Policy，http：//www. lowyinstitute. org/

6. 国际在线，http：//gb. cri. cn/

7. 美国国务院网站，http//www. state. gov/e/eb/rls/other/ics/2014/22611. htm

8. Center for American Progress，https：//www. americanprogress. org/

9. CNN，http：//edition. cnn. com/

图书在版编目(CIP)数据

印度尼西亚国情报告.2015/韦红主编.—北京：
社会科学文献出版社，2015.12
　ISBN 978-7-5097-8345-0

　Ⅰ.①印… Ⅱ.①韦… Ⅲ.①印度尼西亚-研究报告-
2015　Ⅳ.①K934.2

中国版本图书馆 CIP 数据核字（2015）第 268900 号

印度尼西亚国情报告(2015)

主　　编／韦　红
副 主 编／王勇辉

出 版 人／谢寿光
项目统筹／祝得彬
责任编辑／杨　慧　仇　扬

出　　版／社会科学文献出版社·全球与地区问题出版中心（010）59367004
　　　　　地址：北京市北三环中路甲 29 号院华龙大厦　邮编：100029
　　　　　网址：www.ssap.com.cn
发　　行／市场营销中心（010）59367081　59367090
　　　　　读者服务中心（010）59367028
印　　装／北京季蜂印刷有限公司
规　　格／开 本：787mm×1092mm　1/16
　　　　　印 张：19.5　字 数：290 千字
版　　次／2015 年 12 月第 1 版　2015 年 12 月第 1 次印刷
书　　号／ISBN 978-7-5097-8345-0
定　　价／89.00 元

本书如有破损、缺页、装订错误，请与本社读者服务中心联系更换

△ 版权所有 翻印必究